2024/25

世界经济运行报告

SHIJIE JINGJI
YUNXING BAOGAO

国家统计局国际统计信息中心　编

中国统计出版社
China Statistics Press

图书在版编目(CIP)数据

世界经济运行报告. 2024/25 / 国家统计局国际统计信息中心编. -- 北京 : 中国统计出版社, 2025. 5.
ISBN 978-7-5230-0730-3

Ⅰ. F11-66

中国国家版本馆 CIP 数据核字第 2025TT3252 号

世界经济运行报告 2024/25

作　　者/国家统计局国际统计信息中心
责任编辑/郭　栋
封面设计/李雪燕
版式设计/张　冰
出版发行/中国统计出版社有限公司
通信地址/北京市丰台区西三环南路甲 6 号　邮政编码/100073
发行电话/邮购(010)63376909　书店(010)68783171
网　　址/http://www.zgtjcbs.com
印　　刷/河北鑫兆源印刷有限公司
经　　销/新华书店
开　　本/787×1092mm　1/16
字　　数/340 千字
印　　张/19.75
版　　别/2025 年 5 月第 1 版
版　　次/2025 年 5 月第 1 次印刷
定　　价/65.00 元

编者的话

国际统计信息中心作为国家统计局对外开展国际统计业务交流与合作的窗口，监测分析世界经济形势运行是其重要职责。国际统计信息中心立足专业特长和资源优势，积极开发利用国际统计数据，关注世界经济最新进展，捕捉热点，对世界经济形势做出研判和预测，并以国际视角开展专题分析和国际对比研究。《世界经济运行报告 2024/25》汇集了国际统计信息中心一年来分析研究相关成果，内容包括世界经济运行监测分析、世界经济形势回顾与展望、国际比较研究、国际热点问题研究和统计数据五大部分。

需要说明的是，本书使用的数据均来自国际组织、有关国家政府统计部门及研究咨询机构。由于数据来源、汇总方法和发布时间不同，加之数据修订等原因，不同出处的同一国家（或地区）同一指标的同一数据可能不一致，敬请读者注意。有关国际组织公布的中国统计数据可能与我国官方统计数据有出入，我们在数据表中均注明了数据来源，以便读者正确理解和使用。

受水平所限，书中难免存在不足，恳请批评指正。

编　者

2025 年 5 月

#《世界经济运行报告2024/25》 目录

一、世界经济运行监测分析

二、世界经济形势回顾与展望

三、国际比较研究

四、国际热点问题研究

五、统计数据

1. 世界经济和国际市场

2. 国别经济

一 世界经济运行监测分析

世界经济缓慢复苏
前景改善但仍显脆弱

——2024 年 1 月份世界经济形势分析

近期,尽管制造业、服务业活动有所回暖,全球通胀压力持续缓解,但核心通胀黏性仍然较强,主要经济体货币政策仍存较大不确定性,叠加全球贸易恢复乏力,世界经济复苏态势仍显脆弱。1 月 30 日,国际货币基金组织(IMF)发布《世界经济展望》报告,预计 2024 年世界经济增速为 3.1%,低于 2000—2019 年 3.8%的平均增速。IMF 报告指出,全球经济复苏面临地缘政治紧张局势再度加剧、核心通胀仍较顽固、财政政策空间受限等多重风险挑战,复苏前景仍显脆弱。

一、世界经济主要领域运行情况

(一)从需求端看,全球贸易活动恢复乏力

1 月份,IMF 发布《世界经济展望》报告预测,2023 年全球货物和服务贸易量仅增长 0.4%,增速较上年大幅回落 4.8 个百分点。其中,发达经济体贸易量增长 0.3%,新兴和发展中经济体增长 0.6%,增速分别回落 5.8 和 3.1 个百分点。2024 年全球货物和服务贸易量将增长 3.3%,远低于 4.9%的历史平均水平。**先行指标改善有限。**1 月份,全球制造业采购经理指数(PMI)新出口订单指数为 48.8%,较上月回升 0.7 个百分点,仍连续 23 个月低于荣枯线。**货运价格高位回落。**随着部分港口拥堵、运力紧张导致的市场恐慌情绪逐渐消退,2 月 16 日,波罗的海干散货指数(BDI)为 1610.0,较上年末下跌 23.1%,但仍为 2023 年 5 月以来相对高位。2 月 9 日当周,上海出口集装箱运价指数(SCFI)为 2166.31,为

2022年9月以来相对高位,较上年末上涨23.1%。

(二)从供给端看,主要行业活动有所回暖

1月份,标普**全球制造业**PMI为50.0%,较上月回升1.0个百分点,结束此前连续16个月的收缩,新订单、新出口订单和就业指数收缩均有所放缓;**全球服务业**PMI为52.3%,回升0.7个百分点,创近6个月新高,新出口订单指数自2023年8月以来首次重回扩张区间。

(三)从金融市场看,国际金融市场有所改善

全球股市小幅上涨。截至2月16日,明晟全球股票指数较上年末累计上涨4.3%,其中2月15日创历史最高收盘价;明晟新兴市场股指上涨0.7%。**债市收益率波动上行**。由于超预期的美国就业、通胀等经济数据推动了市场对美联储降息启动时间点的重新定价,截至2月16日,美国十年期国债收益率较上年末累计上涨42.0个基点,为2023年11月30日以来次高;德国、英国、日本十年期国债收益率分别上涨36.0、56.0和9.0个基点。**美元指数上涨**。2月16日,美元指数收于104.2766,较上年末上涨2.9%,其中2月13日(104.8646)创2023年11月13日以来最高收盘价。主要货币兑美元中,欧元、英镑、日元较上年末分别贬值2.4%、1.0%、6.1%,截至2月9日,人民币小幅贬值0.3%。

(四)从商品市场看,大宗商品价格走势分化

根据世行数据,1月份,国际大宗商品价格指数为102.9(2010年=100),为2023年6月以来次低,环比上涨0.8%;国际能源价格指数为101.2,为2023年7月以来次低,上涨1.6%;非能源价格指数为106.5,下跌0.7%。其中,农产品环比下跌0.7%,金属和矿产下跌0.3%,化肥下跌2.9%。**国际油价近期宽幅震荡**。1月29日,石油输出国组织(OPEC)一揽子油价升至84.19美元/桶,为2023年12月以来最高,此后快速回落至2月5日的77.50美元/桶,2月15日再度回升至81.36美元/桶,较上年末上涨3.7%。

(五)从政策环境看,美欧政策转向仍不确定

美联储降息步伐未定。1月31日,美联储宣布维持利率在5.25%—5.50%区间,连续第4次维持利率水平不变,并暗示暂时不会降息。由于近期经济和就业等数据韧性仍强,市场对美联储短期内降息的预期降温。2月13日,芝加哥商品交易所"美联储观察"工具显示,美联储3月份维持利率不变的概率为91.5%,5月份降息25个基点的概率为61.9%。**欧洲央行表示降息尚早**。欧洲央行1月份货币政策会议连续第3次维持利率不变。欧洲央行表示,目前通胀控制尚未达到目标,未来需要观望更多数据。**日本央行或开始讨论退出负利率**。1月23日,日本央行将基准利率维持在历史低点-0.1%,将根据需要继续实施量化质化宽松和收益率曲线控制(YCC)。但1月份政策会议委员意见摘要显示,实现2%通胀目标的可能性正在上升,央行有必要开始讨论退出现行货币政策的问题。

二、主要经济体经济运行情况

(一)美国经济韧性较强

经济较快增长。2023年四季度,美国国内生产总值(GDP)环比折年率增速为3.3%,高于预期的2.0%,较上季度回落1.6个百分点;同比增长3.1%,为2022年1季度以来最快增速。全年增速为2.5%,较上年回升0.6个百分点。**工业生产活动持续改善**。12月份,工业生产环比增长0.1%,增速由负转正,同比增长0.9%,为2023年1月以来最高增速;制造业生产环比增长0.1%,为2023年7月以来次高增速,同比增长1.6%,为2022年10月以来最高增速;工业产能利用率为78.6%,与上月持平,为年内最低。**国内消费保持增长**。12月份,零售额环比增长0.6%,连续两个月增长;同比增长4.0%,增速较上月回落0.1个百分点,为2023年2月以来次高。2023年,零售额增速为3.2%,较上年回落6.3个百分点,为近3年最低水平。**对外贸易略有好转**。12月份,货物和服务出口额为2582.5亿美元,环比增长1.5%,同比增长3.2%;进口额为3204.5亿美元,环比增长1.3%,同比下降0.4%;贸易逆差较上月扩大3.2亿美元至622.0亿美元。**核心通胀仍显顽固**。2024年1月,居民消费价格指数(CPI)同比上涨3.1%,涨幅较上月回落0.3个百分点,为近7个月最低;核心CPI上涨3.9%,涨幅与上月持平;工业生产者出厂价格指数(PPI)上涨0.9%,回落0.1个百分点,为2023年6月以来次低。**劳动力市场仍然强劲**。1月份,失业率为3.7%,与上月持平,为近6个月最低,低于市场预期的3.8%;新增非农就业人口为35.3万人,为2023年1月以来最大增幅。

（二）欧元区经济增长乏力

经济增速低位徘徊。2023 年四季度，欧元区 GDP 环比增长 0.0%，增速较上季度由负转平，同比增长 0.1%，加快 0.1 个百分点；全年增长 0.5%，较上年回落 2.9 个百分点，为近 3 年最低增速。**制造业、服务业活动延续收缩态势。**1 月份，欧元区制造业 PMI 较上月回升 2.2 个百分点至 46.6%，创 2023 年 3 月以来新高，但仍连续 19 个月低于荣枯线；服务业 PMI 回落 0.4 个百分点至 48.4%，连续 6 个月低于荣枯线。**消费市场持续疲软。**2023 年 12 月，零售量同比下降 0.8%，降幅较上月扩大 0.4 个百分点，连续 15 个月下降；2023 年下降 1.8%，为 2020 年以来首次负增长。**货物贸易持续收缩。**2023 年 12 月，货物出口额同比下降 8.8%，进口额下降 18.7%；贸易顺差为 168.1 亿欧元，连续 8 个月顺差。**通胀压力有所缓解。**1 月份，CPI 同比上涨 2.8%，涨幅较上月回落 0.1 个百分点，为 2021 年 7 月以来次低；核心 CPI 上涨 3.3%，涨幅回落 0.1 个百分点，再创 2022 年 3 月以来新低。2023 年 12 月，PPI 同比下降 10.6%，降幅扩大 1.8 个百分点，为近 3 个月最大降幅；2023 年下降 3.2%，为 2009 年以来最大降幅。**劳动力市场供给紧张。**2023 年 12 月，失业率为 6.4%，与上月持平，失业人数为 1090.9 万人，较上月减少 1.7 万人，创有记录以来新低。

（三）日本经济延续温和复苏态势

经济低速增长。2023 年四季度，日本 GDP 环比下降 0.1%，降幅较上季度收窄 0.7 个百分点，同比增长 1.0%，回落 0.7 个百分点；全年增长 1.9%，较上年加快 0.9 个百分点。**工业生产持续萎缩。**2023 年 12 月，工业生产同比下降 1.0%，连续 2 个月负增长；2023 年下降 1.1%，降幅较上年扩大 1.0 个百分点。**消费市场较为活跃。**12 月份，零售额同比增长 2.3%，增速较上月回落 3.1 个百分点，主要受上年末高基数影响；2023 年增长 5.5%，增速较上年加快 2.9 个百分点，创 1991 年以来新高。**进出口走势分化。**12 月份，货物出口额同比增长 9.7%，为 2022 年 12 月以来最高；进口额下降 6.9%，连续 9 个月负增长；贸易时隔 2 个月重回顺差，为 689 亿日元。2023 年，出口额增长 2.8%，进口额下降 7.0%，由于能源进口价格大幅回落导致进口额减少，贸易逆差较上年收窄 11.0 万亿日元至 9.3 万亿日元。**通胀逐步降温。**12 月份，CPI 同比上涨 2.6%，涨幅较上月回落 0.2 个百分点，为 2022 年 6 月以来最低；PPI 同比上涨 0.2%，创 2021 年 2 月以来新低。2023 年，CPI、PPI 涨幅分别为 3.2%和 4.2%，为 1991 年以来新高和 2008 年以来高位。**劳动力供给趋紧。**12 月份，失业率较上月回落 0.1 个百分点至 2.4%，为 2019 年 12 月以来最低；求人倍率降至 1.27，为 2022 年 5 月以来最低。2023 年，失业率为 2.6%，与上年持平，为近 4 年最低；求人倍率为 1.31，为近 4 年最高。

（四）新兴经济体经济运行总体向好

制造业活动修复加快。1 月份，在强劲需求拉动下，印度制造业 PMI（56.5%）回升 1.6 个百分点，为 2023 年 9 月以来最高；韩国（51.2%）和巴西（52.8%）均重回扩张区间，分别为 2022 年 6 月和 7 月以来最高；俄罗斯（52.4%）回落 2.2 个百分点，连续 21 个月扩张；墨西哥（50.2%）回落 1.8 个百分点，连续 4 个月扩张。**对外贸易有所好转。**1 月份，韩国进出口贸易总额同比增速为 3.5%，自 2022 年 10 月以来首次实现正增长，其中，出口（18.0%）增长强劲，连续 4 个月为正，进口（-7.9%）降幅收窄，为 2023 年 3 月以来最小降幅；印度（3.1%）和巴西（9.6%）分别自 2023 年 10 月和 3 月以来首次实现正增长，越南（6.9%，2023 年 12 月）增速较上月加快 1.2 个百分点。**通胀显著回落。**1 月份，韩国 CPI 同比涨幅（2.8%）较上月回落 0.4 个百分点，连续 3 个月回落，为 2023 年 7 月以来最低；越南（3.4%）回落 0.2 个百分点，为 2023 年 8 月以来最低；菲律宾（2.8%）和中国台湾（1.8%）分别回落 1.1 和 0.9 个百分点，为 2020 年 10 月和 2023 年 6 月以来最低。**劳动力市场持续改善。**12 月份，印度失业率（8.7%）较上月回落 0.5 个百分点，为近 3 个月新低；巴西（7.4%）回落 0.1 个百分点，连续 9 个月回落；墨西哥（2.6%）回落 0.1 个百分点，为 2023 年 3 月以来最低；中国台湾（3.4%）和中国香港（2.9%）均与上月持平；韩国（3.3%）回升 0.5 个百分点，为 2022 年 1 月以来最高。

三、IMF 对世界经济的最新判断

2024 年 1 月 30 日，IMF 发布最新《世界经济展望》表示，当前全球经济展现较强韧性，通胀稳步下降，未来经济软着陆可能性上升。2023 年世界经济增速预期为 3.1%，较上年回落 0.4 个百分点；2024 年，由于美国经济复苏、中国增长前景改善以及部分新兴经济体增长强劲，将提振全球经济发展信心，世界经济增速预期较2023年10月预测值上调0.2个百分点至3.1%。**发达经济体经济增速放缓**。2024年发达经济体经济增长预期为1.5%，较上年小幅回落0.1个百分点。**新兴和发展中经济体经济增长企稳**。受中国和印度增长拉动，2024年新兴和发展中经济体增速预期为4.1%，连续三年稳定增长。IMF报告指出，全球经济复苏仍面临多重风险挑战。地缘政治紧张局势再度加剧导致食品、能源等运输成本上涨，叠加极端天气冲击，或将导致大宗商品价格飙升；若劳动力市场持续紧张和全球供应链再度收紧，或将引发利率预期上行和资产价格下跌，导致核心通胀回落慢于预期和金融市场不稳定性上升，进而阻碍全球经济复苏；由于财政赤字高于疫情前水平且偿债成本较高，部分经济体财政政策空间受限，可能导致短期经济增长低于预期。

表　世界及部分经济体2024—2025年GDP增速预期

经济体	2023年GDP估计值（%）	2024年GDP增速		2025年GDP增速	
		1月份预测值（%）	较2023年10月变化（百分点）	1月份预测值（%）	较2023年10月变化（百分点）
世　界	3.1	3.1	+0.2	3.2	—
发达经济体	1.6	1.5	+0.1	1.8	—
美　国	2.5	2.1	+0.6	1.7	-0.1
欧元区	0.5	0.9	-0.3	1.7	-0.1
日　本	1.9	0.9	-0.1	0.8	+0.2
英　国	0.5	0.6	—	1.6	-0.4
新兴和发展中经济体	4.1	4.1	+0.1	4.2	+0.1
中　国	5.2	4.6	+0.4	4.1	—
印　度	6.7	6.5	+0.2	6.5	+0.2
俄罗斯	3.0	2.6	+1.5	1.1	+0.1
巴　西	3.1	1.7	+0.2	1.9	—
南　非	0.6	1.0	-0.8	1.3	-0.3

数据来源：IMF《世界经济展望》报告（2024年1月30日）。

（执笔：释经组①；成文于2024年2月）

① 成员：付凌晖、石庆焱、石婷、李婧婧、郝悦、朱祎、王猛猛、赵宇欣。

世界经济增长动能有所改善复苏前景仍面临多重风险

——2024 年 2 月份世界经济形势分析

近期,全球制造业活动重回扩张区间,服务业活动持续扩张,国际贸易缓慢恢复,世界经济增长动能有所改善。从主要经济体看,美国经济有所降温但仍具韧性,欧元区经济弱势复苏,日本经济缓慢修复,新兴经济体经济继续复苏。下阶段,由于通胀仍具黏性,美欧对降息持谨慎态度,高利率可能将维持较长时间,叠加地缘冲突持续扰动国际贸易,世界经济仍面临下行风险。据经济合作与发展组织(OECD)《经济展望》预测,2024 年世界经济增速为 2.9%,较 2023 年回落 0.2 个百分点。

一、世界经济主要领域运行情况

(一)从景气度看,世界经济景气度继续小幅回升

2 月份,OECD 监测的 G20 领先指标为 100.56,较上月上升 0.11 点,连续 16 个月回升且连续 7 个月位于长期趋势线 100 以上,创 2022 年以来新高。

(二)从需求端看,全球贸易缓慢恢复

3 月 8 日,世界贸易组织(WTO)发布最新一期货物贸易晴雨表指数为 100.6,连续两个季度高于长期趋势线 100。**先行指标持续改善。**2 月份,全球制造业 PMI 新出口订单指数为 49.4%,较上月回升 0.6 个百分点,连续 4 个月回升。**红海紧张局势推升国际运价。**3 月 11 日,波罗的海干散货指数(BDI)升至 2377,创年内新高,较 1 月末上涨 70.0%。

(三)从供给端看,主要行业景气度有所改善

2 月份,标普**全球制造业** PMI 为 50.3%,较上月回升 0.3 个百分点,

自2022年8月以来首次回升至荣枯线以上，新订单、新出口订单指数均有所回升；**全球服务业**PMI为52.4%，回升0.1个百分点，创2023年7月以来新高。

（四）从金融市场看，乐观预期推动股价上涨

全球股市再创新高。截至3月12日，明晟全球股票指数较1月末上涨6.2%，创历史最高收盘价；明晟新兴市场股指上涨7.4%，创2022年4月18日以来最高收盘价。**债市收益率波动上行。**截至3月12日，美国十年期国债收益率较1月末上涨17.0个基点，其中2月22日收于4.33%，为2023年12月以来最高；德国、日本、英国十年期国债收益率分别上涨7.0、4.6和9.4（3月11日）个基点。**美元指数冲高回落。**2月13日，美元指数升至104.9，创2023年11月13日以来新高，3月12日收于102.9，较1月末下跌0.6%。主要货币兑美元中，欧元、英镑、人民币较1月末分别升值1.0%、0.9%和0.1%，日元贬值0.5%。

（五）从商品市场看，大宗商品价格小幅回升

根据世界银行数据，2月份，国际大宗商品价格指数为103.8（2010年=100），环比上涨0.8%；国际能源价格指数为102.3，上涨1.1%；非能源价格指数为106.8，上涨0.3%，仍为2021年3月以来次低。其中，农产品环比上涨1.2%，化肥上涨1.8%，金属和矿产下跌1.9%。**国际油价小幅波动。**3月8日，OPEC一揽子油价升至83.1美元/桶，较1月末上涨0.1%。

（六）从政策环境看，美欧降息步伐仍较谨慎

美联储降息预期降温。美国就业市场较为稳健，通胀压力仍然较大，叠加美联储议息会议报告表示并不急于降息，市场对美国降息预期持续降温。3月11日，芝加哥商品交易所（CME）“美联储观察”工具显示，美联储3月份维持利率不变的概率为97.0%，较2月初的64.5%大幅上调；开启降息的时点后移至6月份，全年降息次数由接近6次逐步修正至3次。**欧洲央行谨慎降息。**3月7日，欧洲央行货币政策会议宣布维持关键利率水平不变，并表示尽管通胀水平明显放缓，但尚缺少足够证据及信心支撑通胀回落至2%的中期目标。**日本央行考虑退出负利率政策。**3月9日，据日本媒体报道，日本央行正考虑做出重大政策调整，包括放弃长期执行的收益率曲线控制政策（YCC），且更多央行官员倾向于3月份结束负利率政策。

二、主要经济体经济运行情况

(一)美国经济降温但仍具韧性

经济增长趋于放缓。3月7日,亚特兰大联储预计美国一季度GDP环比折年率增速为2.5%,较上年四季度回落0.7个百分点。据此推算,一季度GDP环比增长0.6%,较上年四季度回落0.2个百分点;同比增长3.2%,加快0.1个百分点。**工业生产仍然疲弱**。1月份,工业生产环比下降0.1%,增速为近3个月来首次转负,同比增长0.3%,增速较上月回落0.7个百分点;制造业生产环比下降0.5%,增速为近3个月来首次转负,同比下降0.9%,较上月由正转负;工业产能利用率为78.5%,较上月回落0.2个百分点,创2021年9月以来新低。**国内消费有所降温**。1月份,零售额环比下降0.8%,增速较上月由正转负;同比增长2.0%,较上月回落1.7个百分点,为近7个月最低增速。**对外贸易增速回落**。1月份,货物和服务出口额为2571.9亿美元,环比增长0.1%,同比下降0.4%;进口额为3246.3亿美元,环比增长1.1%,同比下降1.2%;贸易逆差较上月扩大32.7亿美元至674.3亿美元,创2023年4月以来新高。**通胀压力依然较大**。2月份,CPI同比上涨3.2%,涨幅较上月扩大0.1个百分点,为近8个月次低;核心CPI上涨3.8%,涨幅回落0.1个百分点,为2021年4月以来最低;1月份,PPI上涨0.9%,涨幅回落0.1个百分点,高于预期的0.6%。**劳动力市场仍具韧性**。2月份,失业率为3.9%,较上月上升0.2个百分点,高于市场预期的3.7%;新增非农就业人数为27.5万人,高于市场预期的20.0万人。

(二)欧元区经济弱势复苏

经济延续低速增长。2月14日,欧盟委员会发布《冬季经济展望》,预计欧元区一季度GDP环比增长0.2%,较2023年11月预测值下调0.1个百分点,据此推算,一季度GDP同比增长0.2%。**制造业活动持续收缩,服务业活动重回扩张区间**。2月份,制造业PMI较上月回落0.1个百分点至46.5%,连续20个月低于荣枯线;服务业PMI回升1.8个百分点至50.2%,为近7个月首次重回扩张区间。**消费需求持续低迷**。1月份,零售量同比下降1.0%,连续16个月下降,降幅较上月扩大0.5个百分点。**货物贸易持续收缩**。2023 年 12 月,货物出口额同比下降 8.8%,进口额下降 18.7%;贸易顺差为 168.1 亿欧元,连续 8 个月顺差。**通胀压力进一步缓解**。2 月份,CPI 同比上涨 2.6%,涨幅较上月回落 0.2 个百分点,为 2021 年 7 月以来次低;核心 CPI 上涨 3.1%,涨幅回落 0.2 个百分点,再创 2022 年 3 月以来新低;1 月份,PPI 同比下降 8.6%,降幅收窄 2.1 个百分点,为近 6 个月最小降幅。**劳动力市场继续改善**。1 月份,失业率为 6.4%,较上月回落 0.1 个百分点,失业人数为 1100.9 万人,较上月减少 3.4 万人,均创有记录以来新低。

(三)日本经济缓慢修复

经济增长转弱。2 月 27 日,日本经济研究中心预测,日本一季度 GDP 环比增速为-0.1%,较上年四季度由正转负;同比增速为-0.1%,为 2021 年一季度以来首次转负。**工业生产持续收缩**。1 月份,工业生产同比下降 1.5%,降幅较上月扩大 0.5 个百分点。**消费市场稳步改善**。1 月份,零售额同比增长 2.3%,增速较上月回落 0.1 个百分点;环比增长 0.8%,较上月由负转正。**出口保持较快增长**。1 月份,货物出口额同比增长 11.9%,增速较上月加快 2.2 个百分点,为 2022 年 11 月以来最快增速;进口额下降 9.6%,连续 10 个月负增长;贸易逆差为 17603 亿日元,较上月由顺转逆。**通胀有所回落**。1 月份,CPI 同比上涨 2.2%,涨幅较上月回落 0.4 个百分点,但仍连续 22 个月高于 2.0%的目标水平;PPI 同比上涨 0.2%,涨幅与上月持平,保持 2021 年 2 月以来最低。**劳动力市场供求依然紧张**。1 月份,失业率较上月回落 0.1 个百分点至 2.4%,为 2019 年 12 月以来最低;求人倍率为 1.27,与上月持平,为 2022 年 5 月以来最低。

(四)新兴经济体经济持续复苏

制造业活动延续扩张势头。2 月份,印度制造业 PMI 为 56.9%,较上月上升 0.4 个百分点,创 2023 年 9 月以来新高,俄罗斯为 54.7%,巴西为 54.1%,越南为 50.4%,分别上升 2.3、1.3、0.1 个百分点,扩张加快;韩国为 50.7%,印尼为 52.7%,分别回落 0.5 和 0.2 个百分点,扩张放缓。**对外贸易温和复苏**。2 月份,韩国进出口贸易总额同比下降 4.6%,其中,出口增长 4.8%,连续 5 个月正增长;巴西进出口贸易总额同比增长 9.8%,较上月加快 0.3 个百分点,连续 3 个月正增长。**通胀涨幅回升**。2 月份,韩国CPI同比上涨3.1%，较上月回升0.3个百分点；越南CPI上涨4.0%，菲律宾CPI上涨3.4%，均回升0.6个百分点；印尼CPI上涨2.8%，回升0.2个百分点，为近3个月最高。**劳动力市场总体稳定。1月份**，俄罗斯失业率为2.9%，较上月回落0.1个百分点；印度为6.8%，回落1.9个百分点，为2022年9月以来最低；韩国为3.0%，回落0.2个百分点，为2023年以来次高；巴西为7.6%，墨西哥为2.9%，分别回升0.2和0.3个百分点，均为近4个月最高。

三、OECD对世界经济的最新判断

2月5日，OECD发布最新《经济展望》表示，尽管美国和部分新兴经济体增长较为强劲，但受欧元区等经济体增速放缓拖累，世界经济复苏缓慢。2024年世界经济增速预期为2.9%，较上年回落0.2个百分点，较2023年11月预测值上调0.2个百分点。主要经济体通胀持续回落。美国和欧元区预计分别从2023年的3.7%和5.4%回落至2024年的2.2%和2.6%，日本预计从2023年的3.3%回落至2024年的2.6%，印度预计从2023年的5.7%回落至2024年的4.9%。

OECD《经济展望》指出，世界经济复苏前景仍面临多重风险。一是地缘政治紧张局势和服务价格上行压力或将导致通胀上升，进一步影响美欧等主要经济体货币政策转向预期，引发金融市场重新定价，加大经济增长前景不确定性。二是紧缩性货币政策负面效应或将强于预期。由于全球货币政策收紧的规模较大且速度较快，家庭和企业的偿债负担有所加重。未来，随着更多债务到期，高利率对就业和经济增长的滞后影响或将日益凸显。三是各经济体面临债务负担和支出压力不断增加的财政挑战。随着低收益债券到期并被新的高收益债券所取代，政府偿债成本持续上升，此外，应对人口老龄化、气候变化和增加国防开支等计划将导致未来财政支出压力不断增加。

表　世界及部分经济体 2024—2025 年 GDP 增速预期

经济体	2023 年 GDP 估计值（%）	2024 年 GDP 增速		2025 年 GDP 增速	
		2 月份预测值（%）	较 2023 年 11 月变化（百分点）	2 月份预测值（%）	较 2023 年 11 月变化（百分点）
世　界	**3.1**	**2.9**	**+0.2**	**3.0**	—
美　国	2.5	2.1	+0.6	1.7	—
中　国	5.2	4.7	—	4.2	—
欧元区	0.5	0.6	-0.3	1.3	-0.2
德　国	-0.1	0.3	-0.3	1.1	-0.1
法　国	0.9	0.6	-0.2	1.2	—
意大利	0.7	0.7	—	1.2	—
日　本	1.9	1.0	—	1.0	-0.2
印　度	6.7	6.2	+0.1	6.5	—
英　国	0.3	0.7	—	1.2	—
加拿大	1.1	0.9	+0.1	1.9	—
巴　西	3.1	1.8	—	2.0	—

数据来源：OECD《经济展望》（2024 年 2 月 5 日）。

（执笔：释经组①；成文于 2024 年 3 月）

① 成员：付凌晖、石庆焱、石婷、李婧婧、郝悦、朱祎、王猛猛、赵宇欣。

世界经济积极变化增多 持续复苏基础尚不牢固

——2024 年一季度世界经济形势分析

一季度,受全球利率高企、经济碎片化、地缘局势紧张等影响,世界经济缓慢复苏,但积极变化有所增多,经济景气度持续回升,生产活动和国际贸易加快恢复,复苏前景有所改善。下阶段,国际不稳定不确定性因素依然较多,高通胀高利率环境下需求疲软和产出低迷问题较难有根本改观,叠加地缘政治风险和金融市场风险,经济持续复苏基础尚不牢固,我国面临的外部风险挑战仍然较多。

一、世界经济缓慢复苏,积极因素有所增加

一季度,主要经济体经济增速较上年四季度有所回落,世界经济延续缓慢复苏态势。随着世界经济景气度持续回升,制造业和服务业延续扩张,国际贸易稳步恢复,全球通胀整体回落,世界经济复苏积极因素增多。从主要经济体看,美国经济增势较好,欧元区和日本仍显低迷,经济复苏进程继续分化。

(一)世界经济增长稳中趋缓,复苏前景有所改善

主要经济体经济增速有所回落。随着高利率效应逐步显现和基数效应减弱,主要经济体经济增长放缓。据英国共识公司预测,一季度,美国 GDP 同比增长 3.0%,较上年四季度回落 0.1 个百分点;欧元区 GDP 同比增速连续 3 个季度持平于 0.1%,维持低速增长态势;日本 GDP 同比增长 0.3%,回落 0.9 个百分点;新兴经济体中,印度、印尼、越南等 GDP 同比增速虽有所回落,但仍保持 5.0%左右的较快增速。**全球经济复苏前景**

有所改善。受货币政策预期转向宽松、市场需求有所回暖、供给改善等因素影响,全球经济景气度回升。3 月份,OECD 监测的 G20 领先指标升至 100.51,连续 5 个月位于长期趋势线 100 以上;主要经济体中,美国领先指标连续 13 个月回升,为 2022 年 6 月以来首次高于长期趋势线,英国、德国、法国继续回升向好,日本近 7 个月首次回升。

(二)全球制造业扩张加快,服务业持续扩张

全球制造业 PMI 重回扩张区间。随着需求回暖和供应链压力缓解,一季度全球制造业生产改善。1 月份全球制造业 PMI 在连续 16 个月收缩后首次回到 50.0%荣枯线,3 月份回升至 50.6%,创 2022 年 7 月以来新高。主要经济体制造业活动继续好转,3 月份,美国制造业 PMI 为 51.9%,连续 3 个月扩张,英国回升至 50.3%,结束连续 19 个月的收缩态势,印度和俄罗斯分别升至 59.1%和 55.7%,较上月上升 2.2 和 1.0 个百分点。**全球服务业 PMI 延续回升态势**。随着经济复苏前景改善,一季度全球服务业继续扩张。3 月份,全球服务业 PMI 为 52.5%,连续 3 个月稳定在 52.0%以上。主要经济体中,美国服务业 PMI 于 1 月份大幅升至 52.5%后,扩张有所放缓,3 月份降至 51.7%,欧元区于 2 月份结束连续 6 个月的收缩态势,3 月份升至 51.5%,日本 3 月份升至 54.1%。

(三)国际贸易有所加快,全球货运形势改善

全球贸易前景出现积极变化。据联合国贸发会议最新数据,预计一季度全球货物和服务贸易额环比分别增长 3.0%和 2.9%,均较上年四季度有所加快;4 月 10 日,WTO 发布《全球贸易展望与统计》报告,预计 2024 年全球货物贸易量增长 2.6%,上年为下降 1.2%。3 月份,全球制造业 PMI 新出口订单指数升至 49.5%,连续 5 个月回升,且贸易晴雨表指数连续两个季度高于长期趋势线,表明贸易前景有所好转。**主要经济体对外贸易复苏加快**。2 月份,美国货物和服务出口额创有记录以来新高,同比增长 4.1%,为 2023 年 4 月以来最高增速,进口额同比增长 2.8%,为近 1 年来首次正增长,欧元区货物出口额逐步回归增长区间,进口降幅持续收窄,日本、印度、韩国、越南等亚洲经济体出口较快增长。**全球货运紧张状况缓解**。近期红海局势对航运市场的扰动减弱,货运和集运价格高位回落,全球供应链压力指数重回低位。4 月 16 日,波罗的海干散货指数(BDI)为 1779 点,较 3 月 18 日年内高点下跌 26.5%;4 月 12

日当周，上海出口集装箱运价指数(SCFI)为1757.0，为年内低位，较1月19日年内高点下跌21.5%。据纽约联储数据，3月份，全球供应链压力指数降至-0.3，为近5个月新低。

(四)全球通胀整体回落，国际大宗商品价格上行

主要经济体通胀涨幅回落。全球利率水平维持高位，叠加供给改善，通胀延续下行趋势。3月份，美国核心CPI同比上涨3.8%，为2021年4月以来最低水平，延续缓慢改善态势；欧元区CPI和核心CPI回落至2.4%和2.9%。据4月16日IMF发布的《世界经济展望》报告预测，2024年全球通胀水平将由上年的6.8%回落至5.9%。**国际大宗商品价格小幅回升。**全球制造业活动扩张加快推动需求回暖，叠加地缘冲突引发能源供应担忧，共同推升国际大宗商品价格。据世界银行数据，3月份，国际大宗商品价格指数较上年末上涨3.5%。能源价格为主要拉动项，4月5日OPEC一揽子油价为近5个月首次突破90美元/桶，4月15日收于89.6美元/桶，较上年末上涨14.2%。

(五)全球多数股指上涨，非美货币持续贬值

全球股指呈现上涨态势。一季度，受美国经济数据提振，国际金融市场乐观情绪持续升温，明晟全球股指和明晟新兴市场股指持续上涨，截至4月16日，较上年末上涨5.3%和1.9%，中国上证综合指数呈现"V"型反弹，较上年末上涨1.1%。主要股票市场中，截至4月16日，美国道指、纳指、标普500较上年末上涨0.3%、5.7%和5.9%，德国DAX、日经225、英国FT100股指分别上涨6.1%、15.0%和1.1%。**美元走强加剧非美货币贬值。**一季度，美联储维持利率不变，部分经济体开启降息步伐，推动美元走强，非美货币贬值。截至4月16日，美元指数较上年末上涨4.9%；其他货币兑美元中，欧元、英镑和日元分别贬值3.8%、2.4%和8.8%，人民币兑美元汇率基本稳定在7.1左右，较上年末贬值0.3%。

(六)美国经济增势较好，欧日经济仍显低迷

美国经济有望保持较快增长。据美国亚特兰大联储4月16日预测，一季度GDP环比折年率增速为2.9%，为2022年以来较高增速。国内消费需求旺盛。在收入持续增长和消费者信心增强的支撑下，2月份，个人消费支出环比增长0.4%，为近1年来较快增速，零售额环比增长0.6%，为近5个月最快增速。住宅投资扩张加快。据亚特兰大联储4月15日预测，一季度住宅投资环比折年率增速为12.9%，较上季度加快10.1个百分点，连续3个季度正增长，逐步从2021年开始的收缩周期中恢复。就业形势较好。1—3月份新增非农就业82.9万人，远超市场预期，3月份失业率为3.8%，较上月回落0.1个百分点。**欧元区经济增长承压。**内需不足拖累复苏进程，2月份零售量同比下降0.7%，连续17个月下降，消费市场缺乏有效支撑。**日本经济复苏前景趋弱。**先行指标显示生产活动短期内较难改善，3月份制造业PMI为48.2%，连续10个月收缩，且经济观察家现况指数近14个月首次由荣转枯，家庭和企业经济动向走弱。

二、多重风险因素叠加，世界经济复苏脆弱性仍然较大

尽管世界经济运行出现积极变化，但全球高通胀高利率或将持续较长时间，需求疲软和产出低迷问题较难得到根本改观，世界经济增长动能仍显不足，叠加地缘政治风险和国际金融市场风险，复苏基础尚不牢固。

（一）国际不稳定不确定性因素较多

全球经济碎片化倾向日益显现。近年来，贸易保护主义和单边主义升级，贸易限制措施和产业政策措施激增，冲击贸易投资往来和产供链稳定，加剧世界经济碎片化程度，削弱世界经济韧性。近期，美欧接连对我国部分新能源产品发起调查，我国面临的外贸形势不确定性仍然较大。**俄乌及中东地缘冲突仍在持续。**俄乌冲突持续胶着，巴以冲突仍在发酵，加剧全球能源等大宗商品供应风险。由于俄罗斯和中东是原油主产区，地缘局势升温将加大原油供给不确定性；伊朗掌握霍尔木兹海峡通道，红海地区航运风险仍然较高。我国作为能源进口国，能源供应受限和价格上涨风险犹存。此外，据不完全统计，2024年全球范围内将有超过70个国家和地区举行选举，或将导致全球发展和安全形势更加错综复杂。

（二）世界经济增长动能仍显不足

全球贸易需求仍然疲弱。全球贸易增速仍处于较低水平，据世界银行预计，2024年全球贸易量增速为2.3%，仅为疫情前10年平均增速的一半。受需求不足和贸易限制措施制约，主要经济体进口恢复缓慢，1—2月份，欧元区进口额下降12.5%，日本下降5.0%。WTO指出，尽管年初以来贸易条件有所改善，但地缘政治紧张局势和经济政策不确定性可能限制全球贸易反弹程度。**全球生产恢复动力不足。**主要经济体工业生产

仍处于较低水平。2 月份美国工业生产同比下降 0.1%,近 1 年来持续在零增长上下徘徊,制造业生产同比下降 0.3%,延续收缩态势;欧元区高利率对生产的拖累日益凸显,2 月份工业生产同比下降 6.4%,连续两个月大幅下降;日本工业生产持续低迷,2 月份工业生产同比下降 3.9%,连续两个月降幅扩大。尽管全球服务业保持扩张,但随着疫情后报复性消费减弱,以及价格持续上升,扩张速度放缓。

(三)全球通胀再度上升风险犹存

主要经济体通胀回落缓慢。3 月份,美国 CPI 同比上涨 3.5%,较上月回升 0.3 个百分点,连续两个月回升,为 2023 年 9 月以来最高,通胀仍具有较强黏性;欧元区和日本 CPI 涨幅持续高于央行 2%的通胀目标。**国际大宗商品价格上涨加大通胀压力。**国际能源和金属价格持续上涨,加大对燃料和原材料进口依赖度较高的经济体输入性通胀压力。据世界银行数据,3 月份能源价格指数较上年末上涨 4.7%,铝、铜、锡等金属价格分别上涨 2.0%、3.4%和 11.6%。**发达经济体劳动力成本上升。**今年以来,美国私人非农企业员工时薪同比增速基本稳定在 4.0%以上,处于历史高位。欧洲央行《宏观经济展望》预计,2024 年欧元区劳动力成本将涨至历史高位,较上年增长 4.4%,可能推迟通胀回归目标的时间。

(四)美国高利率外溢影响持续

美国高利率或将维持较长时间。由于通胀仍具黏性且劳动力市场较为强劲,美联储 3 月份议息会议决定继续将联邦基金利率维持在 5.25%—5.50%,4 月 12 日,芝加哥商品交易所“美联储观察”工具显示,6 月份降息概率降至 24.6%,开启降息的时点或将推迟,降息幅度也将不及预期。**新兴经济体资本外流压力持续。**美国高利率政策促使国债收益率上升、美元走强,新兴经济体与美国国债收益率利差持续扩大,导致国际资本从新兴经济体流向美国以追逐更高回报,加大新兴经济体资本外流压力,可能引发货币贬值,加剧汇率波动。从我国情况看,中美利差持续处于高位,我国吸引外资难度加大,人民币汇率继续承压。在资本外流和人民币贬值双重压力下,我国货币政策操作空间受限。1—2 月份,我国实际使用外资同比下降 19.9%。**国际金融市场风险积聚。**3 月份以来,全球部分股指屡创新高,在高利率和高不确定性环境下,金融市场风险升高。4 月份以来,市场对美联储降息预期降温,部分股指大幅下跌,截至4月16日，美国道指、德国DAX和日经225股指分别较3月份高点下跌5.0%、3.9%和5.9%。

三、统筹发展和安全，力促我国经济持续回升向好

综合来看，今年一季度世界经济延续恢复态势，积极变化有所增加，但主要经济体复苏分化比较明显，增长动能仍显不足，高利率环境下潜在风险犹存，叠加地缘政治冲突影响，仍存较大不确定性。面对复杂外部环境，要进一步统筹好发展和安全，加力落实好各项宏观政策，着力扩大内需，推进高水平对外开放，强化要素供给保障，有效防范风险，巩固增强我国经济回升向好态势。

（一）扩内需稳预期，增强经济内生动力

积极推进构建新发展格局，畅通国内大循环，加快形成投资和消费的良性循环，发挥大规模设备更新和消费品以旧换新对扩内需的牵引作用，加强中央与地方政策的配套衔接，加大财政、金融、税收等相关政策支持力度。着力扩大有效投资，推进“三大工程”建设。增强内需主动力，提振市场信心，以自身的稳定发展有效应对外部风险挑战。

（二）扩大高水平开放，积极拓展多元化国际市场

把握当前全球贸易改善的有利条件，持续扩大高水平对外开放，巩固欧美、日韩等传统市场份额，加大力度拓展东盟、“一带一路”共建国家、RCEP区域等新兴市场。深化多双边和区域自贸合作，推进高质量共建“一带一路”，扩大我国的自贸伙伴网络，加强经贸领域合作和项目建设。

（三）强化国际资源要素保障，防范输入性风险

积极拓展大宗商品供给渠道，完善大宗商品进口物流储备体系，发挥国内和国际合作机制作用，特别是在“一带一路”框架下开展国际产能合作，加强能源、粮食以及重要有色金属国家储备，保障国际资源要素供给稳定。完善大宗商品供给预警机制，加强预期引导和市场监管，防范能源资源供给波动风险。

（四）加强跨境资金流动监测，优化外商投资环境

货币政策坚持“以我为主”，加强外汇市场“宏观审慎+微观监管”两位一体管理。强化跨境资金流动监测，健全货币、债券、黄金等市场监测预警机制，加强市场沟通和预期引导，引导人民币汇率在合理均衡水平上

基本稳定。着力优化营商环境,加大吸引外资力度。加快推进《扎实推进高水平对外开放更大力度吸引和利用外资行动方案》落地见效,优化公平竞争环境,扩大市场准入,合理缩减外商投资准入负面清单,开展放宽科技创新等领域投资准入试点。

(执笔:释经组①;成文于 2024 年 4 月)

① 成员:付凌晖、石庆焱、石婷、李婧婧、郝悦、朱袆、王猛猛、赵宇欣。

世界经济延续复苏态势 增长前景面临多重压力

——2024 年 4 月份世界经济形势分析

近期，需求回暖带动国际贸易总体改善，全球生产活动继续扩张，世界经济增长动能有所增强，IMF 和 OECD 先后上调 2024 年世界经济增速至 3.2%和 3.1%。但世界经济面临的不稳定不确定因素仍多，全球抗通胀进程缓慢且困难，主要经济体货币政策走势分化，金融市场波动及脆弱性加大，大国竞争、地缘政治风险扰动持续，我国面临的外部环境依然复杂严峻。

一、世界经济复苏改善，增长动能有所增强

4 月份，世界经济延续复苏势头，经济景气度继续回升，国际贸易需求改善，主要生产活动保持扩张，世界经济增长动能有所增强。

（一）世界经济景气度回升，主要经济体复苏有所分化

G20 **领先指标创新高**。在生产持续扩张、贸易回升向好、通胀压力缓解、市场信心增强等因素提振下，全球经济景气度持续回升。4 月份，OECD 监测的 G20 领先指标升至 100.59，较上月上升 0.15 点，创 2022 年以来新高，连续 6 个月位于长期趋势线 100 以上。**主要经济体复苏进程尚不均衡**。美国经济韧性较强。一季度，美国 GDP 环比折年率增速为 1.6%，个人消费和私人投资分别拉动 GDP 增长 1.68 个和 0.56 个百分点，为主要拉动项；同比增长 3.0%，为 2022 年一季度以来次高增速。较强的消费及劳动力市场对美国经济形成支撑，4 月份，零售额同比增长 4.0%，较上月加快 1.7 个百分点；失业率小幅回升至 3.9%，新增非农就

业人数较上月减少 14. 0 万人至 17. 5 万人,虽有所降温,但韧性仍强。欧元区经济复苏势头有所增强。一季度,欧元区 GDP 同比增长 0. 4%,环比增长 0. 3%,均好于预期。3 月份,零售量同比增长 0. 7%,为近 18 个月首次由负转正;4 月份,消费者信心指数升至-14. 7,创 2022 年 2 月以来新高,显示消费需求回暖,市场信心增强。日本经济内生动能不足。一季度,日本 GDP 同比下降 0. 2%,为 2021 年一季度以来首次由正转负,环比下降 0. 5%,其中个人消费拖累 GDP 增速 0. 4 个百分点,内需不足持续拖累经济复苏步伐。

(二)全球制造业逐步恢复,服务业扩张加快

全球制造业延续恢复态势。随着需求改善,贸易活动回暖,4 月份全球制造业 PMI 为 50. 3%,连续 3 个月扩张。多数经济体制造业活动继续扩张,受中间品库存调整影响,美国制造业新订单有所减少,制造业 PMI 较上月下降 1. 9 个百分点至 50. 0%;印度和俄罗斯分别为 58. 8%和 54. 3%,扩张势头仍较强劲;巴西较上月回升 2. 3 个百分点至 55. 9%,为 2021 年 7 月以来最高。**全球服务业扩张加快。**随着新商业活动持续增长,4 月份全球服务业 PMI 较上月上升 0. 3 个百分点至 52. 7%,为 2023 年 6 月以来最高。主要经济体中,由于高利率拖累商业活动,美国服务业 PMI 较上月下降 0. 4 个百分点至 51. 3%,为 2023 年 11 月以来最低;欧元区、英国和日本分别上升至 53. 3%、55. 0%和 54. 3%,均为 2023 年 5 月以来最高;印度小幅回落至 60. 8%,保持在历史相对高位。

(三)国际贸易继续改善,全球货运总体平稳

全球贸易稳步恢复。得益于全球需求逐步回暖,4 月份,全球制造业 PMI 新出口订单指数为 50. 5%,自 2022 年 2 月以来首次回到荣枯线上,且连续 6 个月回升。4 月 16 日,IMF 发布《世界经济展望》预测,2024 年全球货物和服务贸易量增速较上年加快 2. 7 个百分点至 3. 0%。**部分经济体对外贸易增速加快。**4 月份,全球贸易"风向标"韩国货物进出口总额同比增长 9. 5%,结束此前连续两个月的负增长,其中出口增长 13. 8%,较上月加快 10. 7 个百分点,进口增长 5. 4%,由负转正;3 月份,美国货物和服务出口额为近 5 个月次高,同比增速与上月持平,进口额同比增长 3. 1%,较上月加快 0. 1 个百分点,日本、越南等货物出口额较快增长。**货运形势总体平稳。**在市场需求回暖及地缘局势紧张影响下,货运价格有所上涨。5 月 14 日,波罗的海干散货指数(BDI)为 1993 点,较 3 月末上涨 9.4%,为年内较高水平;5 月 10 日当周,上海出口集装箱运价指数(SCFI)为 2305.8,创 2022 年 9 月以来新高,较 3 月末上涨 33.2%。地缘冲突对供应链扰动相对有限,全球货运供给仍较为充足,供应链压力维持低位。据纽约联储数据,4 月份,全球供应链压力指数降至-0.8,为近 8 个月新低。

(四)全球通胀稳中有落,国际大宗商品价格涨幅扩大

主要经济体通胀延续回落态势。高利率对通胀的抑制作用持续显现,4 月份,美国 CPI 同比上涨 3.4%,较上月回落 0.1 个百分点,核心 CPI 上涨 3.6%,回落 0.2 个百分点,为 2021 年 4 月以来最低水平;欧元区 CPI 同比上涨 2.4%,与上月持平,核心 CPI 回落 0.2 个百分点至 2.7%,为 2022 年 1 月以来最低。5 月 2 日 OECD 发布《经济展望》报告预测,2024 年 G20 经济体通胀水平将由上年的 6.3%回落至 5.9%。**国际大宗商品价格继续上涨。**全球工业生产持续复苏支撑大宗商品需求,叠加地缘紧张局势和贸易限制措施对供给的扰动,4 月份,国际大宗商品价格指数环比上涨 5.3%,涨幅较上月扩大 3.2 个百分点。能源和金属价格为主要拉动项,能源价格指数涨至近 6 个月新高,环比上涨 5.2%;非能源价格指数创 2022 年 8 月以来新高,上涨 5.3%,其中金属和矿产价格指数创 2023 年 2 月以来新高,上涨 8.9%。

(五)全球股指先降后升,非美货币继续贬值

4 月份,美联储官员鹰派表态和中东冲突加剧推动市场避险情绪升温,令全球股市震荡回落和美元升值,但 5 月份公布的美国就业市场数据偏弱导致美联储降息预期重燃,股市大幅反弹,美元汇率下跌。**全球股指呈现"V"型走势。**截至 5 月 13 日,明晟全球股指较 3 月末上涨 0.2%,4 月 19 日一度跌至近两个月最低,但 5 月 13 日再创历史最高收盘价;明晟新兴市场股指上涨 3.9%,5 月 13 日创 2022 年 4 月以来最高收盘价;中国上证综合指数上涨 3.5%,5 月 10 日创 2023 年 9 月以来最高收盘价。主要股票市场中,截至 5 月 13 日,美国道指、标普 500 较 3 月末分别下跌 0.9%和 0.6%,纳指上涨 0.1%;德国 DAX、英国 FT100 上涨 1.4%、5.8%,日经 225 下跌 5.4%。**美元指数冲高回落,非美货币对美元多数贬值。**截至 5 月 13 日,美元指数较 3 月末小幅上涨 0.7%,其中 4 月 16 日创2023年11月以来新高。主要货币对美元中,5月13日,欧元与3月末持平,英镑和日元较3月末分别贬值0.5%和3.1%;人民币微幅贬值0.1%。

由于世界经济运行中积极因素增多,经济复苏前景改善,近期IMF和OECD先后将2024年世界经济增速预测值上调0.1和0.2个百分点至3.2%和3.1%。IMF预测,2024年发达经济体经济增速将较上年有所加快,新兴和发展中经济体经济稳定增长,其中,美国经济预计增长2.7%,较上年加快0.2个百分点;欧元区经济预计增长0.8%,加快0.4个百分点;英国经济预计增长0.5%,加快0.4个百分点;印度经济预计增长6.8%;巴西、俄罗斯经济增速将小幅放缓至2.2%、3.2%;南非经济增速预计加快至0.9%。

二、不稳定不确定因素犹存,世界经济复苏仍显艰难

尽管世界经济运行中的积极变化有所增多,但复苏前景仍面临诸多风险挑战,国际大宗商品及生产端价格的上涨令全球抗通胀难度加大,主要经济体货币政策分化以及美国政策摇摆不定令全球经济金融脆弱性上升,地缘冲突及大国博弈扰动供应链稳定性,阻碍经济恢复进程,世界经济复苏仍面临不少困难。

(一)全球抗通胀难度加大

部分大宗商品价格加速上涨。近期,中东地区紧张局势加剧引发能源供给担忧,英美限制俄罗斯金属交易令市场恐慌情绪升温及供给受限,油价及工业金属价格快速上涨。4月12日,OPEC一揽子油价升至90.8美元/桶,较3月末上涨5.5%,此后有所回落但仍处相对高位;4月份,铜、铝、锡价格均涨至2022年6月以来新高,环比分别上涨8.9%、12.6%和15.8%。由于能源、工业金属为主要生产投入品,价格较快上涨将加大生产端价格上行压力,令降通胀难度增大。世界银行预测,若大宗商品供给遭受冲击,将导致2024年全球通胀由4.5%的基准预测值上调至4.9%。**生产领域价格再度上行。**随着全球制造业活动持续扩张,近期生产端价格再现上行态势。4月份,全球制造业投入价格指数和出厂价格指数分别升至54.0%和51.5%,分别为2023年2月和2023年9月以来最高。受生产成本上升影响,4月份美国PPI同比上涨2.2%,为2023年

4月以来最大涨幅，印度、印尼、韩国等PPI均涨幅扩大。**全球通胀前景仍不容乐观**。IMF指出，由于部分经济体通胀回落速度放慢、核心通胀依然顽固，预计2024年三季度，有通胀目标的经济体整体通胀率仍较目标中位数高0.5个百分点；预计2024年全球通胀率为5.9%，较1月份预测值上调0.1个百分点。

（二）金融市场脆弱性增加

主要经济体货币政策分化加剧金融市场波动。当前，欧洲央行6月份降息信号明朗，美联储降息路径不确定性较大，不仅令其他经济体货币政策走向面临两难抉择，还令全球市场预期分化，加大金融市场波动。**高利率加大新兴经济体货币贬值压力**。今年以来美联储降息时点一再推迟，高利率推动美元持续走强，新兴经济体货币对美元大幅贬值。截至5月10日，韩元、巴西雷亚尔和墨西哥比索较3月末分别贬值1.5%、2.7%和1.2%，为近期货币贬值幅度较大的经济体；印度卢比、越南盾分别于4月12日和4月23日创历史新低。**全球债务水平再度攀升**。高利率令公共和私人债务持续累积，加剧全球特别是新兴经济体的债务压力，据国际金融协会（IIF）数据，2024年一季度新兴市场债务规模为105万亿美元，全球债务规模升至315万亿美元，均创历史新高；全球债务占GDP比重在连续三个季度下降后再度上升。

（三）地缘冲突及大国博弈加剧

当前，地缘紧张局势持续，俄乌冲突常态化演变、伊以军事对峙陷入僵持，大国间围绕科技及产业的竞争博弈不断，贸易保护主义及限制措施有增无减，对全球供应链稳定造成扰动，全球经济复苏不稳定因素较多。**全球供应链稳定仍面临挑战**。据OECD数据，红海危机影响了全球约9%的海上贸易和18%的长途海运量。截至4月中旬，苏伊士运河通行船只数量较2023年四季度减少约51%，通行航线受阻以及船只绕道改运导致运输成本较2023年平均水平高出约60%。地缘紧张局势将是扰动全球供应链稳定的最大风险点。**地缘局势不稳加剧经济下行压力**。由于地缘政治紧张局势对商品、资本、技术以及劳动力的跨境流动产生更多限制，加剧全球经济碎片化，阻碍经济复苏步伐。IMF预测，在地缘局势恶化背景下，2024年全球经济增速将由3.2%的基准预测值下调至2.9%。**贸易限制措施负面影响持续**。近期，美国宣布对中国价值180亿美元的进口商品加征关税，包括钢铁和铝、半导体、电动汽车、锂电池及部件、关键矿产、光伏电池等商品。其中，针对电动汽车的关税由25%提升至100%。以美国为首的发达经济体无视国际贸易规则，以公平竞争为借口推行保护主义，对别国先进产业进行打压遏制，损害全球产业发展，对全球供应链安全稳定造成严重破坏。

三、坚持稳中求进，巩固和增强经济回升向好态势

综合来看，4月份，世界经济复苏积极因素继续累积，复苏动能有所增强，但主要经济体增长分化明显，全球通胀黏性仍存，国际金融市场脆弱性增加，大国博弈与竞争深化演变。面对错综复杂的外部环境，要坚持稳中求进工作总基调，全面贯彻落实党中央决策部署，着力增强内生动力，着力扩大对外开放，着力化解风险隐患，巩固和增强经济回升向好态势。

一是推进高水平对外开放，深化多双边和区域经贸合作。把握当前全球贸易积极变化，推进高水平对外开放，稳住美欧日等传统市场，妥善处理经贸摩擦，深化中欧、中日韩在经贸、科技和产业链供应链等领域合作，拓宽与东盟、“一带一路”共建国家经贸合作领域，加快推进中国—东盟自贸区项目建设，提升中国与新兴市场经贸和投融资合作水平。

二是加大帮扶力度，支持受贸易限制措施影响行业纾困发展。及时出台外贸企业纾困政策，鼓励企业积极调整战略布局，开拓多元化国际市场，支持外贸企业拓展国内市场，组织开展外贸优品拓内销系列活动，加强与国内市场对接和推广。加大对外贸企业的信贷支持力度，做好对外贸困难行业的跟踪服务。

三是加强国际商品市场监测，强化国家重要资源供应安全。加强大宗商品进出口和储备调节，及时增加市场供应，缓解企业成本压力，鼓励企业通过套期保值、长单锁价等方式妥善应对大宗商品价格波动风险。加强能源、粮食、原材料等重要资源国际市场监测，强化国内大宗商品市场监管，稳定市场预期，夯实重要资源国内市场平稳运行基础。

四是防范跨境资金流动风险，保障金融体系稳定。加强跨境资金流动监管，密切关注主要经济体货币政策变化，做好跨境资金流动监测分

析，引导金融机构加强流动性风险管理；加快推进金融稳定保障体系建设，进一步健全金融风险防范、化解、处置长效机制。

（执笔：释经组①；成文于2024年5月）

① 成员：付凌晖、石庆焱、石婷、李婧婧、郝悦、朱祎、王猛猛、赵宇欣。

世界经济形势总体改善
多重风险因素不容忽视

——2024 年 5 月份世界经济形势分析

近期,在需求回暖支撑下,全球制造业和服务业活动扩张加快,国际贸易继续恢复,主要经济体经济运行趋稳,世界经济增长前景有所改善。但全球通胀下降缓慢,利率高企滞后效应显现,地缘紧张以及货币政策不确定性加大,对世界经济复苏构成挑战,我国面临的外部环境依然复杂严峻。

一、世界经济稳步复苏,积极因素继续累积

5 月份,全球经济景气度继续回升,生产活动扩张加快,国际贸易活跃度有所增强,主要经济体中,美国经济保持增长,欧元区和日本缓慢改善,世界经济运行呈现积极变化。

(一)世界经济前景改善,先行指标持续向好

全球经济增长趋稳。随着需求回暖、生产和贸易前景改善,全球经济增长预期上调。6 月 11 日,世界银行预测,2024 年世界经济将增长 2.6%,较 1 月份预测值上调 0.2 个百分点,为近 3 年来首次稳定增长。**OECD 景气度持续回升。**5 月份,OECD 监测的 G20 领先指标较上月上升 0.08 点至 100.43,创 2022 年 1 月以来新高,连续 19 个月回升且连续 7 个月高于长期趋势线 100。主要经济体中,美国领先指标连续 14 个月回升,创 2022 年 4 月以来新高,英国、德国继续回升向好,日本连续 4 个月回升。

(二)全球制造业加快回暖,服务业保持扩张态势

全球制造业 PMI 回升。随着新订单和产出扩张加快,5 月份,全球

制造业 PMI 较上月回升 0.6 个百分点至 50.9%，为 2022 年 7 月以来最高。主要经济体中，美国制造业 PMI 为 51.3%，较上月回升 1.3 个百分点，连续 5 个月扩张；欧元区为 47.3%，回升 1.6 个百分点，为 2023 年 3 月以来最高；英国、日本和韩国分别为 51.2%、50.4%和 51.6%，均重回扩张区间；印度和巴西分别为 57.5%和 52.1%，回落 1.3 个和 3.8 个百分点，仍保持扩张。**全球服务业扩张提速**。由于新商业活动扩张加快，叠加新工作岗位增加支撑产出快速增长，5 月份，全球服务业 PMI 较上月回升 1.4 个百分点至 54.1%，为 2023 年 5 月以来最高。主要经济体中，美国服务业 PMI 为 54.8%，较上月回升 3.5 个百分点，为 2023 年 5 月以来最高；欧元区为 53.2%，回落 0.1 个百分点，仍为 2023 年 5 月以来次高；英国、日本和印度分别为 52.9%、53.8%和 60.2%，回落 2.1 个、0.5 个和 0.6 个百分点。

（三）全球贸易恢复步伐加快，国际运价较快上涨

全球贸易增长有望加快。随着市场需求回暖，中间品、投资品、消费品订单均扩张加快，5 月份，全球制造业 PMI 新出口订单指数为 50.4%，连续 2 个月处于扩张区间。6 月 11 日，世界银行预测，2024 年全球货物和服务贸易量增速较上年加快 2.4 个百分点至 2.5%，较 1 月份预测值上调 0.2 个百分点。在发达经济体补库存需求增加以及中国等发展中经济体需求逐步回升支撑下，全球货物贸易将有所反弹，服务贸易增长有望恢复至疫情前水平。**主要经济体对外贸易较为活跃**。5 月份，全球贸易“风向标”韩国进出口总额同比增长 4.7%，出口增长 11.7%，连续两个月增速高于 10%；4 月份，美国货物和服务出口额创有记录以来次高，同比增长 5.1%，较上月加快 3.3 个百分点，进口同比增长 4.5%，连续 3 个月保持 3%以上增速；德国进、出口同比增速均由负转正，日本进、出口均同比增长 8.3%，保持较快增长。**国际运价持续攀升**。受需求回暖和红海危机影响，国际航运阻滞导致运力紧张，6 月 10 日，波罗的海干散货指数（BDI）升至 1883 点，较 4 月末上涨 11.8%；6 月 10 日当周，上海出口集装箱运价指数（SCFI）创 2022 年 8 月以来新高，较 4 月末上涨 64.1%，连续 9 周上涨。

（四）全球通胀压力犹存，国际非能源价格持续上涨

主要经济体通胀黏性较强。在服务消费价格上行、薪资较快增长、货

币政策转向宽松等因素支撑下，主要经济体通胀压力仍然较大。5月份，美国CPI同比上涨3.3%，核心CPI上涨3.4%，仍远高于目标水平；欧元区CPI和核心CPI分别同比上涨2.6%和2.9%，涨幅较上月均扩大0.2个百分点，超预期反弹。**国际能源价格有所回调，非能源价格居高不下。**5月份，国际大宗商品价格指数环比下跌4.2%。其中，能源价格下跌6.4%，为主要拖累项；非能源价格再创2022年8月以来新高，环比上涨0.1%。非能源商品中，主要受需求回暖、贸易形势改善影响，粮食和金属价格分别环比上涨4.8%和5.5%，为主要拉动项。

（五）全球股指继续走高，非美货币小幅升值

全球股指波动上涨。在全球经济复苏向好、部分经济体货币政策转向宽松的提振下，国际金融市场乐观情绪升温，推动股指再创新高，但美联储降息预期不稳，加剧股市波动。截至6月11日，明晟全球股票指数较4月末上涨4.7%，其中6月10日创下历史最高收盘价；明晟新兴市场股指上涨2.0%，5月20日创下2022年2月以来最高收盘价。主要股票市场中，截至6月11日，美国道指、纳指、标普500较4月末分别上涨2.5%、10.8%和6.8%，德国DAX和日经225股指分别上涨4.4%和1.9%。**美元指数震荡走低，非美货币对美元汇率止跌回升。**截至6月11日，美元指数较4月末下跌1.0%，其中6月3日收于104.06，创3月21日以来最低。主要货币对美元中，6月11日欧元、英镑和日元较4月末分别升值0.7%、2.0%和0.4%；6月12日人民币微幅贬值0.1%，基本保持稳定。

（六）美国经济总体稳定，欧日经济缓慢改善

美国经济增长边际放缓。5月30日美国发布修订后的一季度GDP数据，环比折年率增速为1.3%，同比增长2.9%，比上年四季度回落0.2个百分点。消费边际走软。4月份零售额环比增速为0.0%，比上月回落0.6个百分点，为近6个月次低。投资扩张放缓。4月份新房开工许可折年数环比下降3.0%，连续两个月下降。贸易逆差扩大。4月份贸易逆差比上月扩大59.8亿美元至745.6亿美元，为2022年10月以来最大逆差。失业率小幅上升。5月份失业率为4.0%，比上月上升0.1个百分点。**欧元区经济缓慢恢复。**在薪资增长和货币政策放松的带动下，市场信心稳步回升，5月份消费者信心指数为-14.3，较上月上升 0.4 点，再创 2022 年 2 月以来新高。**日本经济前景有所改善**。消费小幅升温。4 月份零售额同比增长 2.4%，增速较上月加快 1.3 个百分点。生产有所好转。5 月份制造业景况指数较上月回升 8.1 点，为近 4 个月最高。

二、国际环境复杂严峻，世界经济复苏挑战仍多

尽管世界经济复苏前景有所改善，但高利率、高通胀负面影响持续，地缘政治冲突持续和全球货币政策走向不确定性依然加大，世界经济复苏基础尚不稳固。

(一)全球抗通胀进展缓慢

全球通胀回落速度不及预期。世界银行预计，2024 年全球通胀水平为 3.5%，2025 年将降至 2.9%，通胀回落速度较 1 月份预测值放慢，多数发达经济体和约 1/4 有通胀目标的新兴经济体通胀水平高于其目标值。受劳动力成本和服务价格上升影响，美国、欧元区、英国等经济体核心通胀仍处高位。**生产端价格上行抑制产出增长**。今年以来，国际大宗商品价格呈上行趋势，5 月份国际大宗商品价格指数较 1 月份上涨 3.5%，其中能源和非能源价格指数分别上涨 1.4%和 7.5%。国际大宗商品价格上涨抬高生产成本，拖累生产活动扩张。5 月份，全球制造业 PMI 投入价格指数和出厂价格指数加快上升，分别升至 2023 年 2 月和 2023 年 3 月以来新高。主要经济体工业生产表现疲弱。4 月份，美国工业生产同比连续两个月零增长；欧元区、日本分别下降 3.0%和 1.0%，延续负增长态势，印度、俄罗斯等新兴经济体增长有所放缓。

(二)高利率滞后效应持续显现

全球高利率将维持更长时间。由于通胀持续高企，美联储降息预期推迟，其他主要经济体对降息仍持谨慎态度，世界银行预计，未来 3 年各国央行的基准利率将保持在 2000—2019 年平均水平的两倍以上，高利率滞后和外溢效应持续显现。**投资增长动力不足**。高利率导致个人及企业融资成本及难度增加，投资者风险偏好降低，投资意愿及需求下降。据亚特兰大联储 6 月 7 日预测，二季度美国私人固定资产投资累计拉动 GDP 增长 0.65 个百分点，比一季度回落 0.37 个百分点；据欧盟委员会 5 月 15 日预测，2024 年欧元区投资量仅增长 0.1%，远低

于2015—2019年4.5%的平均增速。**消费增长趋缓**。5月份美国消费者信心指数比上月回落8.1点，创2023年11月以来新低，家庭债务水平居高不下削弱消费者信心；4月份欧元区零售量环比下降0.5%，延续2022年下旬以来的低迷态势。世界银行预测，高利率及雇员薪酬增长缓慢导致消费支出增长放缓，2024年东亚及太平洋地区、欧洲及中亚地区、拉丁美洲及加勒比海地区个人消费支出增速分别为6.2%、2.7%、1.7%，均比上年有所回落。

（三）地缘政治冲突外溢影响加剧

国际运价仍存上涨压力。中东地缘冲突持续扰动红海地区航运市场，船舶变更航线绕行好望角，时间成本和运输距离均大幅增加，导致运价上涨，抬高进口价格。据世界银行数据，截至2024年5月28日，苏伊士运河船舶通行量较2023年底下降39.6%，好望角船舶通行量上升42.2%，船舶周转效率下降加剧运力紧张。据国际航运研究机构Drewry数据，6月6日当周全球集装箱运价指数较上周上涨12%，较2019年平均价格上涨232%。**大国博弈加剧供应链风险**。大国间围绕科技及产业的竞争博弈不断，贸易限制措施频出，对全球供应链稳定造成扰动。世界银行指出，2022—2024年全球贸易扭曲政策较2017—2019年增长2倍，其中补贴政策增长超7倍，全球贸易碎片化程度有所上升。近期，美国宣布在原有对我国301关税基础上，进一步对自我国进口的电动汽车、锂电池、光伏电池等产品加征关税，拟征税率大幅提高至25%—100%，欧盟将于7月初开始对原产于我国的电动汽车征收17.4%—38.1%的临时反补贴税，其"溢出效应"将对中美、中欧经贸关系和双边关系带来挑战，严重破坏全球产业链供应链稳定与安全。

（四）主要经济体货币政策不确定性较大

主要经济体货币政策处于调整关键期。美联储降息预期反复。由于美国经济数据表现强弱不一，通胀和劳动力数据波动较大，降息预期持续摇摆。部分发达经济体开启降息步伐。构成美元指数一揽子货币中，欧元区、加拿大、瑞典和瑞士均已开启降息，但欧洲央行表示，将对未来降息的速度和幅度保持谨慎。**非美货币贬值压力加大**。已经降息的发达经济体货币小幅贬值，截至6月11日，欧元、英镑和加元分别较5月末贬值1.0%、0.01%和0.9%。新兴经济体货币持续贬值。截至6

月11日，巴西雷亚尔、墨西哥比索、印度卢比（6月5日）较5月末分别贬值0.6%、6.8%和0.1%。需要指出的是，当前抗通胀成果尚不明朗，国际大宗商品价格仍存上涨风险，叠加“全球超级选举年”到来，国际经济不稳定不确定因素较多，主要经济体政策调整复杂难料，对全球金融稳定构成威胁。

三、统筹国内国际两个大局，力促经济回升向好

综合来看，5月份，世界经济增长前景有所改善，但仍面临利率持续高企、贸易脆弱性仍存、地缘政治冲突频发等风险挑战。面对复杂多变的外部环境，要统筹国内国际两个大局，立足国内，放眼国际，着力深化改革开放，着力扩大国内需求，着力增强经济发展内生动力，加强风险防范和化解，维护要素供给和金融市场稳定，力促我国经济回升向好。

一是加强国际合作，利用好国际市场和资源。抢抓外贸形势改善机遇，加快推动贸易转型升级。积极拓展合作伙伴，深化与美欧日等发达国家各领域合作，创新合作机制，加大对共建“一带一路”国家服务业发展支持。放宽服务领域市场准入，大力发展数字贸易，推动服务贸易、数字贸易量的合理增长和质的稳步提升。更大力度吸引和利用外资，进一步优化引资结构，提升引资质量。

二是立足国内发展需要，充分释放内需潜力。要着力扩大内需，持续巩固国内经济发展基础。多渠道增加城乡居民收入，改善市场和就业预期，提升居民消费能力和消费意愿。打造多元化消费场景，培育消费新需求，激发消费新活力。持续优化营商环境，深化投资项目审批制度改革，促进投资高质量发展。

三是加强大宗商品供应保障，着力防范化解供给风险。地缘政治冲突频发导致大宗商品供应安全问题日益凸显，为保障我国能源、有色金属以及粮食作物等重要大宗商品供应稳定，应稳步开辟多元化进口渠道，提升大宗商品供应链韧性，增强储备和调节能力。要加强大宗商品市场监测预警机制，引导企业合理利用期货工具对冲风险。

四是加强金融市场跟踪监测，维护金融体系基本稳定。要警惕国际金融市场波动和美联储降息给我国金融市场带来的扰动。加强跨境资金

流动监测和研判，合理引导市场预期，防范跨境资金流动风险。加强外汇市场监管，综合运用宏观审慎管理政策和逆周期调节工具，保持人民币汇率稳定在合理均衡水平。

（执笔：释经组①；成文于 2024 年 6 月）

① 成员：付凌晖、石庆焱、石婷、李婧婧、郝悦、朱祎、王猛猛、赵宇欣。

世界经济温和复苏 增长前景谨慎乐观

——2024 年上半年世界经济形势分析及下半年展望

今年上半年，全球市场需求回暖，生产活动扩张加快，通胀水平继续回落，世界经济复苏势头有所增强。展望下半年，全球供需两端继续恢复，货币政策有望转向宽松，世界经济前景总体向好，但地缘冲突及贸易制裁有增无减，国际贸易复苏受阻，全球降通胀进程依然艰难，主要经济体货币政策转向路径具有不确定性，金融市场波动风险加大，我国面临的外部环境依然复杂严峻。

一、上半年世界经济持续复苏，总体好于预期

今年以来，全球经济呈现复苏态势，特别是二季度以来经济景气度稳步回升，生产活动扩张加快，国际贸易需求继续改善，通胀水平波动下行，世界经济运行总体向好。

（一）全球经济景气度上升，经济预期有所改善

世界经济延续复苏态势。受全球生产改善、需求回暖、通胀回落等因素支撑，上半年全球经济景气度持续回升，OECD 监测的 G20 领先指标由 1 月份的 100.08 升至 6 月份的 100.31，持续高于长期趋势线 100。主要经济体中，美国领先指标连续 15 个月回升，且连续 3 个月高于趋势线，英国、德国、日本、印度均持续回升向好，分别连续 21 个、9 个、5 个和 12 个月回升。**主要经济体经济增长预期小幅上调。**据英国共识公司预测，二季度，美国 GDP 同比增速为 2.9%，较 3 月份预测值上调 0.1 个百分点，保持较快增长；欧元区 GDP 同比增速为 0.5%，上调 0.3 个百分点，英国

GDP 同比增速为 0.3%，较上期预测值转正；新兴经济体中，印度、印尼 GDP 同比增速分别为 6.5%和 4.9%，上调 0.5 个和 0.1 个百分点。

（二）全球制造业有所回暖，服务业延续扩张势头

全球制造业重回扩张区间。上半年，随着需求回暖，生产活动加快，制造业新订单和产出加速增长，拉动全球制造业走出收缩区间，二季度全球制造业 PMI 扩张较一季度有所加快。6 月份，全球制造业 PMI 升至 50.9%，较 3 月份回升 0.3 个百分点，为 2022 年 7 月以来次高。**全球服务业活动保持活跃。**随着旅游、餐饮和物流运输等行业稳步改善，服务业新商业活动和新出口商业活动保持较快增长，拉动上半年全球服务业 PMI 持续扩张。5 月份，全球服务业 PMI 为 54.0%，创 2023 年 5 月以来新高，6 月份为 53.1%，延续扩张态势。

（三）全球贸易增长加快，国际运价较快上涨

全球贸易逐步改善。今年以来，全球贸易需求逐步回暖，4 月份全球制造业 PMI 新出口订单指数重回扩张区间，结束近两年的萎缩态势，6 月份为 49.3%，虽略有回落但仍为 2022 年 2 月以来高位。7 月 2 日，联合国贸发会议发布《全球贸易更新》预测，上半年全球货物和服务贸易额将增长约 2%，较 2023 年下降 3%的低迷态势明显改善。**国际运价持续攀升。**由于需求回暖以及红海危机导致的运输阻滞、运力紧张，上半年国际航运价格波动上涨。截至 7 月 12 日，波罗的海干散货指数（BDI）为 1997，较一季度末上涨 9.7%，较 1 月 17 日低点上涨 52.7%；7 月 12 日当周，上海出口集装箱运价指数（SCFI）为 3675，为 2022 年 8 月以来高位，较一季度末和上年末涨幅均超一倍。

（四）全球通胀缓慢回落，国际大宗商品价格波动上行

主要经济体通胀延续回落态势。上半年，美国、欧元区通胀波动下行，6 月份 CPI 同比涨幅分别降至 3.0%和 2.5%，均较上年末回落 0.4 个百分点。新兴经济体通胀压力明显缓解，6 月份印度、巴西、韩国 CPI 分别同比上涨 5.1%、4.2%和 2.4%，较上年末回落 0.6 个、0.4 个和 0.8 个百分点。**国际大宗商品价格有所上涨。**上半年，国际大宗商品价格震荡上行，二季度涨势有所放缓，6 月份国际大宗商品价格指数较上年末上涨 4.6%，较 3 月份上涨 0.9%。能源价格一季度较快上涨，二季度先降后升。6 月 4 日国际油价降至 78.1 美元/桶，为 2 月份以来最低水平；7 月

11 日升至 86.1 美元/桶，较上年末上涨 9.8%。非能源商品价格一季度快速上涨后，二季度冲高回落。4 月份国际非能源大宗商品价格指数创 2022 年 8 月以来新高，此后有所回调，6 月份较上年末上涨 5.4%，较 3 月份上涨 3.4%。

（五）全球股市震荡走高，非美货币普遍贬值

上半年受美国通胀回落及降息预期影响，股市持续上行。截至 7 月 12 日，明晟全球股票指数和明晟新兴市场股指较上年末分别上涨 15.4% 和 13.1%，较一季度末上涨 5.8%和 8.8%。分国别看，截至 7 月 12 日，美国道指、纳指、标普 500 较上年末分别上涨 6.1%、22.6%和 17.7%，较一季度末上涨 0.5%、12.3%和 6.9%；德国 DAX、英国 FT100、日经 225 股指较上年末分别上涨 11.9%、6.7%和 23.1%，较一季度末上涨 1.4%、3.8% 和 2.0%。**美元指数维持高位，非美货币贬值。**截至 7 月 12 日，美元指数较上年末上涨 2.7%，较一季度末微幅下跌 0.4%。其他主要货币对美元中，英镑较上年末升值 2.0%，较一季度末升值 2.9%；欧元较上年末贬值 1.2%，较一季度末升值 1.1%；日元、人民币较上年末分别贬值 10.6%和 0.7%，较一季度末贬值 4.1%和 0.5%。

（六）美国经济温和增长，欧日经济缓慢修复

美国经济增长有所趋缓。二季度，消费和投资现放缓迹象，5 月份零售额环比增长 0.1%，低于 0.2%的市场预期；新房开工许可折年数创 2020 年 6 月以来新低，环比下降 2.8%，连续 3 个月下降，新房实际开工折年数环比下降 5.5%。工业生产动能不足，5 月份工业生产同比增长 0.1%，其中制造业生产同比下降 0.2%。劳动力市场有所降温，6 月份失业率为 4.1%，较上月上升 0.1 个百分点，连续 3 个月上升；新增非农就业人数 20.6 万人，4—5 月新增就业人数合计较修正前减少 11.1 万人。**欧元区经济恢复动能较弱。**二季度，工业生产持续负增长，5 月份同比下降 2.9%，制造业 PMI 收缩加剧，6 月份制造业 PMI 较上月回落 1.5 个百分点至 45.8%。消费需求弱势复苏，5 月份零售量同比增长 0.3%，连续 3 个月正增长，6 月份消费者信心指数升至 2022 年 2 月以来新高，连续 5 个月回升。**日本经济延续恢复态势。**二季度，工业生产现改善迹象，5 月份工业生产同比增长 1.1%，为上半年首次实现正增长。消费市场加快恢复，5 月份零售额同比增长 3.0%，连续两个月增速加快。

二、下半年世界经济复苏向好,但不确定性犹存

从下半年情况看,在全球生产保持扩张、需求逐步回暖、通胀继续下行、全球货币政策环境有望转向宽松支撑下,世界经济将延续复苏态势。

一是全球生产活动有望延续扩张势头。主要经济体制造业将继续改善。随着部分经济体开启降息,市场乐观情绪升温,将提振生产活动,预计下半年全球制造业生产将保持扩张。从先行指标看,全球制造业产出指数连续6个月扩张。其中,美国制造业PMI连续6个月扩张;印度、巴西、俄罗斯等扩张势头强劲。从生产看,部分新兴经济体工业生产较快增长,越南工业同比增速连续4个月回升,韩国保持较快增长,印度整体呈上升趋势。**全球服务业有望延续增势。**随着全球金融环境趋于改善、跨境活动恢复常态,预计下半年全球服务业产出将稳步增长。从先行指标看,全球服务业新商业活动指数持续扩张,5月份为2023年6月以来最高;未完成订单指数连续4个月回升。从主要经济体看,美国服务业PMI持续回升,6月份创2022年4月以来新高;印度服务业PMI连续6个月高于60%;巴西服务业PMI为2022年7月以来次高水平。

二是需求改善支撑全球贸易继续恢复。主要经济体对外贸易回升向好。上半年,全球贸易"风向标"韩国进出口额同比增长1.0%,二季度增长4.2%;越南连续两个季度同比增速超15%。1—5月,美国货物和服务进出口额同比增长3.5%,其中出口额为同期有记录最高;日本、印度货物进出口额同比增速超4%。**全球需求扩张有望持续。**上半年全球经济改善带动货运和客运增长。据国际航运研究机构Drewry、国际航运协会(IATA)数据,1—4月全球集装箱港口吞吐量指数同比增长5.1%,1—5月全球航空货物及邮件载运率持续高于40%、航空客座率高于80%,均好于上年同期水平。下半年,随着通胀下行、生产改善,企业效益提升,全球需求有望继续回暖。**全球贸易将延续复苏势头。**IATA预测,随着航空运输价格下降、跨境往来加速恢复,2024年全球航空贸易额将增长3.3%,较上年由负转正;WTO预测,2024年全球货物贸易量将增长2.7%,较4月份预测值上调0.1个百分点,较上年下降1.2%明显改善。

三是全球通胀将延续回落态势。国际大宗商品价格对通胀的推动作用有望减弱。尽管上半年国际大宗商品价格有所上涨,但整体供应形势

改善，各经济体加强关键商品储备，应对供给波动的能力增强，大宗商品市场地缘政治风险溢价有望下降。6月份，世界银行发布《全球经济展望》报告预测，2024年国际大宗商品价格指数将较上年下降1.9%，其中，能源价格指数下降2.7%，非能源价格指数下降0.1%。**全球及主要经济体通胀有望继续回落。**据英国共识公司预测，2024年全球通胀水平为4.1%，较上年回落1.5个百分点。下半年，美国CPI同比涨幅逐季回落，三、四季度分别降至3.2%、3.1%；欧元区三季度降至2.1%，接近目标水平，受上年低基数效应影响，四季度小幅升至2.3%；日本四季度降至2.4%，为年内最低水平。俄罗斯、韩国、越南CPI同比涨幅将在四季度回落至5.4%、2.0%、3.4%，较二季度回落2.8个、0.7个、1.0个百分点。

四是主要经济体货币政策趋于转向。部分经济体已开始降息。由于通胀压力缓解，欧元区、加拿大等发达经济体已先于美联储降息，巴西、智利等新兴经济体也多次降息。近期因美国降通胀取得一定进展，劳动力市场降温，市场预期美联储将在三季度末开启降息。7月14日，芝加哥商品交易所"美联储观察"工具显示9月份降息25个基点的概率为88.1%，较6月末的57.9%显著上升。**主要经济体资本外流压力缓解。**今年以来，全球货币政策环境有所改善，国际金融协会(IIF)报告显示，截至6月份，新兴市场连续8个月保持资金净流入。未来随着美联储开启降息，美元指数和美债收益率回落将对非美货币构成利好，美国资产吸引力降低，新兴经济体资本外流压力将进一步缓解。**流动性改善有望支撑投资活动。**联合国《2024年世界投资报告》指出，得益于金融环境改善及各国政策的有力推动，2024年全球外商直接投资将实现温和增长，其中全球固定资产投资将增长2.8%，较上年加快1.5个百分点。

尽管世界经济运行中积极因素增多，但地缘冲突外溢影响持续、全球通胀仍具黏性、主要经济体政策转向路径不确定性等因素交织，世界经济复苏仍面临多重制约。

一是地缘冲突及贸易制裁外溢影响加大。贸易限制措施及大国博弈阻碍全球贸易恢复步伐。今年以来，全球贸易保护主义盛行，制裁及限制措施明显增多，据WTO数据，2023/2024年度，全球贸易进口限制措施增加至248起，连续3年增长。5—6月，美欧先后宣布对我国半导体、锂电池、电动汽车等商品加征高额关税，以美国为首的发达国家无视国际经贸规则，对别国先进产业进行打压，损害全球产业发展，推升贸易成本，增加贸易壁垒，拖累全球贸易复苏进程。**地缘政治紧张局势加大世界经济复苏难度。**当前地缘政治紧张局势持续，航线阻滞及港口拥堵导致运力紧张、运价上行，未来如果供应链不稳定性加剧，全球通胀反复风险将上升，加大经济下行压力。

二是全球通胀黏性依然较强。主要经济体核心通胀仍然偏高。尽管在高利率影响下，主要经济体通胀水平有所回落，但核心通胀仍明显高于其政策目标。1—6月，美国核心CPI同比涨幅保持在3.0%以上，持续高于政策目标；5、6月份欧元区核心CPI涨幅升至2.9%，英国保持在3.5%，均持续高于2%的目标水平。**全球抗通胀进程仍较艰难。**近期制造业及服务业生产价格有所回升，全球制造业PMI投入及产出价格指数分别升至2023年2月和2023年3月以来新高，全球服务业PMI投入价格指数保持在2019年以来相对高位。部分经济体劳动力市场紧缺推动工资薪酬上涨。欧洲央行预测，2024年欧元区劳动力成本将较上年增长4.8%。受成本上升影响，全球降通胀进程依然艰难。

三是全球金融市场波动风险加大。高债务高利率风险犹存。全球债务将达到创纪录水平，据IMF预测，2024年全球一般政府债务占GDP比例为93.8%，发达经济体为111.2%，新兴和发展中经济体为70.3%，分别较2019年上升9.6个、7.3个、14.6个百分点。其中，美国、日本、意大利均远超90%的国际警戒线；俄罗斯、印度、南非均较2019年明显上升。高利率环境下，各经济体面临较大的偿债压力，债务风险持续上升，不利于全球金融市场稳定。**全球货币政策不确定性影响上升。**受美联储政策不确定性影响，上半年金融市场预期分化，波动加大。明晟全球股指年内最大波动幅度达17.0%；纳指、标普500均超20%。下半年，美联储降息时点和幅度不确定性仍存，降息预期摇摆将加大全球货币政策不确定性，加剧金融市场波动。还要看到，2024年全球超70个国家和地区将进行政治选举，由大选引发的市场预期波动及政治极化现象将加大经济不稳定不确定性，也会加剧金融市场震荡。

综合上述情况，在全球需求回暖、生产逐步恢复、通胀放缓等因素支撑下，全球经济下半年将继续复苏，通胀水平有望下降。据国际组织和机构预测，2024年全球经济增速为2.5%—3.2%，全球通胀水平将降至

4.1%—5.9%。从主要经济体看,据英国共识公司预测,2024年美国经济预计增长2.3%,随着高利率负面效应持续显现,下半年经济增速将逐季放缓;欧元区预计增长0.7%,通胀回落、货币政策放宽支撑消费及投资加快恢复,下半年经济增速预期缓慢回升;日本预计增长0.3%,由于与主要经济体政策分化,高通胀导致居民消费转弱,下半年经济仍较为乏力;印度预计增长6.8%,在投资强劲及私人消费支撑下,下半年经济增速预期持续高于6.0%。

但要看到,世界经济复苏面临的风险挑战依然较多,不稳定不确定因素仍需关注。下阶段,要围绕推动我国经济持续回升向好和推进高质量发展,进一步实施好宏观政策,持续用力,形成合力,提高政策实施效能,促进经济持续健康发展。**既要立足国内**,着力扩大内需,坚持创新驱动发展,深化供给侧结构性改革,加快提升科技创新能力,培育壮大新质生产力;提振社会信心,激发市场活力。**也要放眼国际**,扩大高水平对外开放,深化多双边经贸合作,高质量共建"一带一路",加快提升中国与新兴市场经贸合作水平;优化营商环境,合理缩减外资准入负面清单,促进人才、物流、资金等流动,更好推动构建国内国际双循环。

(执笔:释经组①;成文于2024年7月)

---

① 成员:付凌晖、石庆焱、石婷、李婧婧、郝悦、朱祎、王猛猛、赵宇欣。

世界经济温和增长
但复苏动能难以进一步增强

——2024 年 7 月份世界经济形势分析

近期,世界经济总体保持温和增长,全球服务业持续扩张,多数经济体贸易较为活跃,但制造业再度收缩,国际金融市场波动加大,复苏转弱迹象有所显现。未来,在地缘紧张局势持续、全球通胀仍具黏性、国际金融市场脆弱性加剧等多重风险影响下,世界经济复苏动能难以进一步增强。

一、世界经济温和增长,美国及新兴经济体贸易增长较快

近期,世界经济保持温和增长,全球服务业继续扩张,美国及部分新兴经济体贸易保持活跃,但制造业活动收缩,金融市场波动加大,经济恢复动能有所趋弱。

(一)全球制造业再度放缓,服务业保持扩张态势

全球制造业重回收缩区间。由于供应链阻滞及生产成本攀升,全球制造业 PMI 结束上半年扩张态势,新订单指数重回收缩区间,产出和就业扩张放缓。7 月份,全球制造业 PMI 为 49.7%,较上月回落 1.1 个百分点,重回收缩区间。主要经济体中,欧元区制造业 PMI 持平于 45.8%,继续萎缩;日本为 49.1%,由荣转枯;印度为 58.1%,仍处于年内相对高位;巴西回升 1.5 个百分点至 54.0%,为近 3 个月最高。**全球服务业继续扩张。**由于新商业活动保持旺盛,新出口商业活动持续扩张,服务业就业较快增长,全球服务业 PMI 延续扩张势头。7 月份,全球服务业 PMI 为 53.3%,较上月回升 0.2 个百分点,为 2023 年 6 月以来次高。主要经济

体中，美国服务业 PMI 较上月回落 0.3 个百分点至 55.0%，为 2022 年 4 月以来次高；欧元区降至 51.9%，为近 4 个月最低；日本为 53.7%，重回扩张区间；印度为 60.3%，保持较快扩张；巴西升至 56.4%，为 2022 年 6 月以来最高。

（二）美国及部分新兴经济体贸易增长较快，国际运价高位回落

美国及部分新兴经济体贸易较快增长。6 月份，美国货物和服务出口额为有记录以来次高，同比增长 5.9%，较上月加快 1.5 个百分点，进口同比增长 7.3%，连续 5 个月保持 3%以上增速。7 月份，全球贸易“风向标”韩国货物进出口总额同比增长 12.3%，其中出口增长 13.9%，连续 10 个月保持正增长；越南进出口同比连续 5 个月保持 10%以上增速；巴西进出口同比连续两个月正增长。但部分发达经济体对外贸易趋弱。6 月份，日本货物出口额同比增长 5.4%，为近 7 个月最低，进口同比增长 3.2%，较上月回落 6.3 个百分点；德国出口同比下降 8.3%，为近 6 个月最低；进口同比下降 9.3%，连续两个月负增长。**国际运价冲高回落。**因近期地缘冲突缓和，加之新增运力持续涌入航线，运力紧张有所缓解，国际运价由 6 月末高位回落。8 月 13 日，波罗的海干散货指数（BDI）为 1670，较 6 月末 2050 的年内高位下跌 18.5%；8 月 16 日当周，上海出口集装箱运价指数（SCFI）为 3281.4，较 6 月末的近两年高点下跌 11.7%。

（三）全球通胀仍具黏性，国际大宗商品价格走势分化

部分经济体通胀有所反弹。由于服务价格高企、薪资较快增长、生产成本攀升，欧元区及部分新兴经济体通胀涨幅扩大。7 月份，欧元区 CPI 同比上涨 2.6%，涨幅较上月扩大 0.1 个百分点；韩国 CPI 同比上涨 2.6%，涨幅扩大 0.2 个百分点，连续 3 个月回落后首次反弹；俄罗斯和巴西 CPI 同比上涨 9.1%和 4.5%，涨幅分别扩大 0.5 个和 0.3 个百分点；美国通胀继续回落，CPI 同比上涨 2.9%，涨幅回落 0.1 个百分点。**国际能源价格继续上涨。**7 月份，国际大宗商品价格指数升至 2023 年 10 月以来次高，环比上涨 0.6%；国际能源价格指数为 2023 年 11 月以来次高，环比上涨 2.1%，其中原油平均价格为近 3 个月最高，环比上涨 2.5%；国际非能源价格指数为近 4 个月最低，环比下跌 2.3%，其中，农产品、金属和矿产价格指数分别环比下跌 2.0%和 3.4%。

（四）国际金融市场波动加大，非美货币普遍升值

全球股市大幅波动。7月初，美国通胀超预期回落，全球股市多数上行，但随着美国部分经济数据表现不佳，加之日本开启降息，美日货币政策分化，股市大幅下跌，特别是8月5日全球股市遭遇“黑色星期一”。8月13日，明晟全球股票指数较6月末下跌1.2%，其中8月5日为5月份以来最低收盘价，较7月16日历史最高点下跌8.8%；明晟新兴市场股指较6月末下跌1.7%。主要股票市场中，8月13日，美国纳指、标普500较6月末分别下跌3.1%、0.5%；德国DAX、日经225分别下跌2.3%、8.5%。**美元指数波动下行，非美货币升值。**由于美国通胀明显回落，市场对美联储降息预期增强，美元指数快速下行。8月13日，美元指数收于102.6141，为1月份以来最低收盘价，较6月末下跌3.1%。主要货币对美元中，8月13日，欧元、英镑和日元较6月末分别升值2.6%、1.7%和9.6%，其中8月5日欧元、日元汇率均为1月份以来最高。

（五）美欧经济增长趋缓，日本及新兴经济体经济持续恢复

美国经济增长有所放缓。二季度经济保持较快增长，GDP环比折年率增速为2.8%，同比增长3.1%，为2022年一季度以来最高。但7月份以来经济有所降温。制造业PMI收缩加剧。7月份美国供应管理协会（ISM）制造业PMI为46.8%，较上月回落1.7个百分点，创2023年11月以来新低。劳动力市场超预期转冷。7月份失业率为4.3%，较上月上升0.2个百分点，创2021年10月以来新高，高于市场预期的4.1%，新增非农就业人数11.4万人，低于市场预期的17.5万人，为2020年12月以来次低。**欧元区经济持续低迷。**经济维持低速增长。二季度GDP环比增长0.3%，与上季度持平，同比增长0.6%，较上季度加快0.1个百分点。生产持续萎缩。6月份工业生产同比下降3.9%，连续6个月负增长。商品消费有所转弱。6月份零售量同比下降0.3%，结束连续3个月的正增长。**日本经济逐步恢复。**经济缓慢修复。二季度GDP环比增长0.8%，较上季度由负转正，为2023年一季度以来最高，同比下降0.8%，降幅收窄0.1个百分点。工业生产较为疲软。6月份工业生产同比下降7.9%，15个工业大类同比增速全部为负。消费需求持续升温。6月份零售额同比增长3.7%，较上月加快0.9个百分点。**新兴经济体经济仍具韧性。**二季度，东南亚经济体经济加快增长，越南、菲律宾、马来西亚GDP同比增长6.9%、6.3%和5.8%，较上季度分别加快1.0个、0.5个和1.6个百分点，韩国和俄罗斯增长有所放缓，GDP同比增长2.3%和4.0%，较上季度分别回落1.0个和1.4个百分点。

总体来看，全球经济保持温和增长态势，7月份IMF发布《世界经济展望》，预计2024年世界经济增速为3.2%，与4月份预测值持平。其中，发达经济体预计增长1.7%，与4月份预测值持平；新兴和发展中经济体预计增长4.3%，上调0.1个百分点，主要受亚洲发展中经济体特别是中国和印度复苏加快带动。分经济体看，美国预计增长2.6%，较4月份预测值下调0.1个百分点，增长趋于放缓；欧元区预计增长0.9%，上调0.1个百分点，增速有望加快；日本预计增长0.7%，下调0.2个百分点，维持较低增速；印度预计增长7.0%，上调0.2个百分点，保持较快增长。

二、多重风险因素交织，复苏动能难以进一步增强

尽管世界经济延续温和复苏步伐，但地缘冲突和贸易限制措施负面影响持续外溢，且通胀下行空间受限，主要经济体货币政策走向分化，加剧国际金融市场波动，世界经济面临的下行压力仍然较大。

（一）地缘冲突及贸易制裁外溢影响加大

供应链阻滞对贸易拖累逐步显现。受地缘紧张局势影响，前期运力紧张、港口拥堵加剧供应链阻滞。据纽约联储数据，7月份全球供应链压力指数为-0.09，连续3个月回升，为近8个月最高。供应链压力攀升打击市场需求，全球制造业PMI报告指出，7月份因运输延误而减少的订单量升至长期平均水平的近五倍，仅次于疫情时期。**贸易制裁及限制措施阻碍全球贸易复苏步伐。**7月份以来，泰国、日本、印度、巴西等多个国家颁布贸易禁令或调整贸易限制措施，贸易制裁及限制措施增多抑制贸易活跃度，加剧贸易碎片化程度，全球贸易复苏前景面临较大压力。IMF预测，2024年全球货物和服务贸易量增长3.1%，仍低于2010—2019年4.6%的平均水平。

（二）全球去通胀困难较多

主要经济体通胀黏性仍强。主要经济体核心通胀回落速度放缓，且仍普遍高于其目标水平。7月份，美国核心CPI同比上涨3.2%，较上月小幅回落0.1个百分点，英国核心CPI同比上涨3.3%，回落0.2个百分

点，回落速度均明显放慢，且持续高于其 2.0%的通胀目标；欧元区核心 CPI 同比涨幅连续 3 个月持平于 2.9%，高于央行 2.0%的通胀目标。**服务价格再现上行态势。**7 月份，全球服务业 PMI 投入价格指数为 57.6%，较上月回升 0.9 个百分点，为近 4 个月最高；支付价格指数为 53.0%，与上月持平，保持较快扩张。**全球降通胀进程依然艰难。**IMF 报告指出，全球通胀下行势头正在放缓，服务价格坚挺阻碍降通胀进程，同时主要经济体工资薪酬增长仍较为强劲，甚至快于通胀回落速度。IMF 预测，2024 年全球通胀水平为 5.9%，其中发达经济体为 2.7%，较 4 月份预测值上调 0.1 个百分点，新兴和发展中经济体为 8.2%，维持相对高位。

(三)全球金融风险显著上升

美联储货币政策转向外溢风险加大。由于通胀超预期回落，美联储或于 9 月份开启降息，8 月 13 日，芝加哥商品交易所“美联储观察”工具显示，9 月份降息概率达 100%。从历史经验看，当全球流动性面临拐点时，极易引起市场预期波动及资金的快速流动，同时还可能刺激投机情绪，加大国际金融市场和重要资源要素价格波动。**主要经济体货币政策分化加剧金融市场不稳定性。**当前欧元区、加拿大、英国已开启降息，美联储降息时点渐近，而日本央行于 7 月末宣布加息缩表。受货币政策分化影响，日本股市大幅下跌并引发全球股市出现连锁反应。8 月 5 日，日经 225 股指当日两度触发熔断机制，日跌幅达 12.4%，为历史最大跌幅；韩国综合指数下跌 8.8%，为 2008 年以来最大跌幅；美欧市场主要股指也均不同程度下挫。在货币政策分化和调整力度差异影响下，未来一段时间国际金融市场或将面临持续调整和波动，金融不稳定性显著上升。**新兴经济体金融脆弱性凸显。**在市场预期及资本的高波动性影响下，新兴经济体金融市场发生恐慌性抛售的概率增大，金融风险控制难度加大，金融及经济脆弱性显著上升。

三、扩内需促开放，夯实我国经济回升向好基础

面对复杂多变的外部环境，要统筹国内国际两个大局，着力扩大内需，坚持扩大开放，增强经济发展动力，巩固我国经济回升向好基础。

一是立足国内发展需要，充分释放内需潜力。着力提高居民收入水平，稳定居民收入预期，完善扩大消费长效机制。加大促消费政策力度，

放宽汽车、住房等关键领域的限制性措施，进一步释放消费潜力。合理增加公共消费，提高教育、医疗、养老等公共服务支出效率。加大对民间投资的支持力度，激发社会资本投资活力。

二是扩大对外开放，稳住外贸外资基本盘。着力化解外部风险，持续扩大对外开放。妥善处理经贸摩擦，建立应对贸易保护主义的长效机制，降低贸易限制措施对我国出口的扰动。加强与新兴国家全方位多领域合作，扩大外贸"朋友圈"，深化经贸和投融资合作。持续优化外商投资环境，保障外商投资企业国民待遇。

三是强化供给安全，提升产业链供应链韧性。进一步稳固重点资源的海外供应体系，积极拓宽市场渠道，实现供应体系多元化，确保重点资源供应安全。优化产业链供应链布局，保证产业体系自主可控，提升产业链供应链韧性和安全水平。加强产业链供应链国际合作和协同创新，更好融入国际产业链供应链。

四是加强资本市场跟踪监测，防范化解金融风险。警惕国际金融市场波动和美联储降息对我国金融市场的影响。加强跨境资金流动监测，防范化解跨境资金异常流动风险。及时关注外汇市场变化，增强人民币汇率弹性，保持人民币汇率在合理均衡水平上基本稳定。强化股市风险综合研判，合理引导市场预期，加强对异常交易和操纵市场行为的监管。

（执笔：释经组①；成文于 2024 年 8 月）

① 成员：付凌晖、石庆焱、石婷、李婧婧、郝悦、朱祎、王猛猛、赵宇欣。

世界经济复苏力度减弱
市场预期波动冲击加大

——2024年8月份世界经济形势分析

近期,世界经济延续温和复苏态势,全球通胀、就业总体稳定,服务业支撑作用继续显现,国际贸易持续增长。但全球商品需求转弱,制造业增长动能不足,大宗商品价格回落,市场预期波动引发国际金融市场动荡,地缘冲突等不确定性犹存,世界经济下行压力加大。

一、世界经济延续恢复态势,就业通胀总体平稳

8月份,美欧等经济体温和复苏,全球经济保持在景气区间,通胀水平逐步回落,就业市场总体稳定,国际贸易延续恢复态势。

(一)世界经济持续增长

主要经济体温和复苏。美国经济仍具韧性。服务业保持扩张,8月份ISM非制造业PMI为51.5%,较上月回升0.1个百分点,为近6个月次高;消费市场有所改善,7月份零售额同比增长4.0%,为年内次高增速。日本经济缓慢修复。工业生产明显改善,7月份工业生产同比增长2.9%,增速创2023年5月以来新高;通胀维持高位,7月份CPI同比上涨2.8%,连续3个月持平。部分新兴经济体经济增势较好,8月份,韩国制造业PMI回升至51.9%,为2022年4月以来次高;印度制造业PMI为57.5%,呈现扩张态势。**全球经济景气度保持稳定。**8月份OECD监测的G20领先指标为100.31,连续8个月位于长期趋势线100以上。

(二)全球通胀继续改善

全球居民消费价格涨幅趋于下行。在全球强紧缩货币政策下,抗通

胀取得明显进展。据英国共识公司 8 月份预测，2024 年全球 CPI 同比上涨 4.0%，涨幅较上年回落 1.6 个百分点。**主要经济体通胀水平继续回落。**美欧居民消费价格涨幅持续回落。8 月份，美国 CPI 同比上涨 2.5%，涨幅较上月回落 0.4 个百分点，连续 5 个月回落，创 2021 年 2 月以来新低；欧元区 CPI 上涨 2.2%，涨幅回落 0.4 个百分点，为 2021 年 6 月以来最低。部分新兴经济体通胀降至目标水平。8 月份，韩国 CPI 同比上涨 2.0%，回落至目标水平；印尼 CPI 上涨 2.1%，处于央行 1.5%—3.5%的目标区间；菲律宾 CPI 上涨 3.3%，回到央行 2.0%—4.0%的目标区间内。

（三）全球就业总体稳定

从全球 PMI 指数看，8 月份，全球制造业 PMI 就业指数为 49.7%，制造业就业有所收缩，但全球服务业 PMI 就业指数为 50.0%，连续 4 个月处于景气区间，一定程度上弥补制造业就业收缩的影响。**从主要经济体看，**8 月份，美国失业率较上月回落 0.1 个百分点至 4.2%；韩国降至 2.4%，为 1999 年有记录以来最低。7 月份，欧元区失业率降至 6.4%，为 1998 年有记录以来最低；俄罗斯持平于 2.4%，保持在历史最低水平；巴西降至 6.8%，连续 4 个月回落，为 2014 年 12 月以来最低。

（四）国际贸易温和复苏

全球货物贸易指数改善。9 月 4 日 WTO 发布货物贸易晴雨表报告显示，7 月份，全球货物贸易晴雨表指数为 103.0，较 2023 年 12 月回升 2.4 点。多数贸易领域仍较为活跃，分项指数中，航空货运指数回升 4.8 点至 107.1，为 2021 年 6 月以来最高，集装箱航运指数、汽车产品指数、出口订单指数均高于长期趋势线 100。**主要经济体对外贸易较快增长。**8 月份，全球贸易“风向标”韩国货物进出口总额同比增长 8.7%，为近 4 个月次高，其中出口增长 11.4%，保持在 2022 年 6 月以来高位；越南进出口同比增长 13.8%，连续 6 个月保持两位数增长。7 月份，美国货物和服务出口额同比增长 5.0%，为 2023 年 2 月以来次高，进口额增长 8.4%，创 2022 年 10 月以来新高；日本货物出口额同比增长 10.2%，为 1 月份以来次高，进口额增长 16.6%，为 2023 年 1 月以来最高；印度、印尼进出口总额均保持 7%以上增长。

(五)全球利率汇率小幅变化

全球主要经济体政策利率基本稳定。美联储联邦基金利率于2023年7月份加息至5.25%—5.50%后,至今维持利率不变,处于2001年1月以来最高水平;9月12日欧洲央行将存款机制利率、主要再融资利率、边际借贷利率分别下调25个、60个、60个基点,为6月份以来再次降息;日本央行7月份将从0.0%—0.1%区间上调至0.25%,为3月份结束负利率政策以来首次加息。**全球债市利率稳中有降。**在美联储降息预期影响下,主要国家国债收益率波动下行。截至9月10日,美国十年期国债收益率较7月末下跌44.0个基点至3.65%,为2023年6月以来最低;德国、英国、日本十年期国债收益率较7月末分别下跌14.0个、16.2个和14.4个基点。**美元相对主要货币有所贬值。**截至9月10日,美元指数较7月末下跌2.3%,其中8月27日收于100.5549,为2023年7月以来最低收盘价。其他主要货币对美元中,截至9月10日,欧元、英镑和日元汇率较7月末分别升值1.8%、1.8%、5.3%,于8月23日、8月27日、9月6日创下2023年7月、2022年3月、2024年1月以来最高;人民币汇率(中间价)升值0.3%,其中9月6日为1月份以来最高。

二、全球市场需求有所收缩,世界经济下行压力上升

尽管世界经济延续复苏态势,但在主要经济体经济趋缓,市场预期波动下,全球商品需求有所转弱,拖累生产端增长,加剧国际大宗商品价格回落,金融市场波动加大。

(一)国际市场商品需求下滑

全球商品需求出现转弱迹象。8月份,全球制造业PMI新订单指数持平于48.8%,连续两个月处于收缩区间,新出口订单指数较上月回落0.9个百分点至48.4%,均为近8个月最低。全球制造业PMI报告指出,由于市场信心下滑,需求转弱,制造商纷纷减少订单并削减库存。**国际运价继续下跌。**由于货运订单不足,加之红海航线改道成为常态,前期大量涌入航线的新增船只造成市场运力过剩。9月13日当周,上海出口集装箱运价指数为2511.0,较7月末下跌27.2%,为5月份以来新低。据国际航运咨询机构德鲁里(Drewry)数据,7月份全球集装箱吞吐量指数环比下降4.1%,创近4个月新低,表明全球货运需求有所回落。

（二）全球生产端增长乏力

全球制造业表现疲软。由于需求转弱，新订单及产出加速下滑，8月份全球制造业PMI较上月回落0.2个百分点至49.5%，为近8个月最低。其中，产出指数为今年以来首次回到收缩区间，产出预期指数降至年内相对低位。**部分经济体工业活动低迷**。7月份，美国工业生产环比下降0.6%，为近4个月首次下降，同比持平，增速较上月回落1.3个百分点；德国工业生产同比下降5.3%，连续14个月负增长；欧元区工业生产同比下降2.2%，连续7个月负增长。

（三）大宗商品价格多数回落

受全球市场需求走弱、制造业生产放缓等因素影响，国际大宗商品价格回落。**国际能源价格震荡走低**。8月份能源价格指数环比下跌3.2%。9月12日OPEC一揽子油价跌至72.4美元/桶，较7月末下跌10.2%。OPEC将2024年原油需求增长预期下调14万桶/日至211万桶/日，能源需求前景疲弱。**主要非能源价格继续下降**。8月份国际非能源价格指数跌至2月份以来最低，环比下跌1.9%。粮食供给相对充足，全球主要粮食价格持续下跌。8月份，小麦、玉米、大豆价格分别环比下跌3.6%、4.0%、14.8%，均连续3个月下跌，创2020年以来新低。全球主要金属价格环比下降。8月份，铁矿石、铅、铜、锌价格分别环比下跌6.5%、5.3%、4.4%、2.3%。

（四）国际金融市场波动风险加大

8月份以来，市场对美国经济放缓的担忧反复，国际金融市场风险情绪与避险情绪交替，全球股市出现较大幅度调整。截至9月10日，明晟全球股票指数较7月末下跌1.4%，其中8月5日单日下跌3.4%，为5月份以来最低收盘价，8月30日较8月5日低点反弹9.0%，并创7月份以来最高收盘价；明晟新兴市场股指较7月末下跌2.9%。9月10日，美国道指、纳指、标普500较7月末分别下跌0.3%、3.3%、0.5%，其中道指于8月30日再创历史最高收盘价；德国DAX股指下跌1.3%，其中9月2日创历史最高收盘价，英国FT100、日经225股指分别下跌1.9%、7.5%。下阶段，由于美国通胀回落、经济走弱，美联储引导的全球货币政策转向在即。历史经验表明，美联储降息将加剧资本流动的波动性，甚至可能引发流动性过剩和资产泡沫问题，国际金融市场波动风险加大。

（五）地缘政治冲突等风险因素扰动犹存

全球供应链稳定面临不少挑战。在地缘紧张局势、贸易制裁及大国间战略博弈持续演变下，关键技术、原材料、产业链供应链核心地位已成为各国竞争焦点，生产及运输环节的成本与效率因素日趋弱化，全球供应链发生阻滞、中断风险持续较大。8月份全球供应链压力指数升至0.2，创2023年1月以来新高。**地缘政治风险引发不确定性较高。**8月份国际油价在地缘冲突影响下反复拉锯，月度最大震荡幅度达7.5%。世界经济论坛《2024年全球风险报告》指出，当前地缘政治冲突问题已经超过通胀，成为各国央行的首要风险因素。

三、主要政策建议

面对外部环境变化带来的不利影响增多，世界经济增长放缓和外部冲击加大等新情况，要强化风险意识和底线思维，坚持稳中求进工作总基调，统筹稳增长和增后劲，统筹国内国际两个市场，着力扩大有效需求，进一步全面深化改革，推进创新驱动发展，稳预期强信心，增强经济持续回升向好态势。

一是稳外贸，推动外贸质升量稳。多措并举巩固外贸基本盘，保持对欧美出口市场份额的总体稳定，通过高质量共建“一带一路”、实施自贸试验区提升战略等不断扩大外贸“朋友圈”。着力调整和优化外贸结构，拓展绿色贸易、跨境电商等新的外贸增长点。加快服务贸易重点领域外向型发展，全面实施跨境服务贸易负面清单。密切跟踪国际贸易限制措施动向，积极防范和应对相关风险。

二是扩内需，激发消费投资活力。做好稳就业工作，拓宽青年就业渠道，着力解决结构性就业矛盾。强化居民增收举措，优化收入分配，推动居民收入稳定增长，增强中低收入群体的消费能力和意愿。增强促消费政策针对性，重点抓好增长性、带动性强的领域，充分释放服务消费潜力。进一步优化营商环境，支持民营企业高质量发展，发挥好政府投资带动作用，落实好支持民间投资各项政策，撬动更广泛的社会投资。

三是重前瞻，以我为主实施宏观政策。密切关注美联储货币政策调整的外溢影响，继续采取稳慎的货币政策立场，加大逆周期调节力度，灵活运用多种货币政策工具，保持货币信贷总量合理增长，引导金融机构加大对重点领域、薄弱环节的信贷支持力度。继续落实好适度加力、提质增效的积极财政政策，发挥财政资金撬动作用，优化财政支出结构。加强财政政策与货币政策协调配合，促进政策协同发力，提升政策效能。

四是稳预期，有效提振发展信心。提升宏观政策向微观传导落地实效，稳定市场预期。加快落实各项改革任务，促进稳增长、调结构、防风险，及时推出一批条件成熟、可感可及的改革举措，释放更多积极信号。健全预期管理机制，加强经济宣传和舆论引导，发挥正向引导功能。

五是促创新，加快发展新质生产力。着力推动新产业、新模式、新动能成长壮大，加强关键核心技术攻关，支持新技术新产品推广应用、迭代升级，深入推进数字化转型，加快推进新型工业化，构建现代化产业体系。促进各类先进生产要素向发展新质生产力集聚，统筹推进传统产业升级、新兴产业壮大、未来产业培育，为新质生产力发展提供强大动力。

（执笔：释经组①；成文于 2024 年 9 月）

① 成员：付凌晖、石庆焱、石婷、李婧婧、郝悦、朱祎、王猛猛、赵宇欣。

世界经济缓中趋稳
复苏前景稳中有忧

——2024 年前三季度世界经济形势分析及全年展望

今年前三季度,受需求疲弱拖累,全球经济复苏有所趋缓,生产扩张力度减弱,国际贸易增长减速。随着近期通胀延续下行态势,主要经济体货币政策转向宽松,下阶段全球经济增长有望改善,但地缘政治冲突、贸易摩擦、金融市场动荡以及高债务等不确定性因素较多,我国面临的外部环境依然复杂严峻。

一、今年以来世界经济持续恢复,但动能有所减弱

上半年,世界经济增长明显改善,生产活动总体扩张,通胀水平持续回落,但受市场需求减弱制约,三季度经济复苏有所放缓。近期主要经济体开启宽松货币政策周期,全球金融市场风险投资倾向上升。

(一)世界经济复苏步伐渐缓

上半年全球经济稳定恢复,三季度复苏力度减弱。据 OECD 数据,今年一、二季度全球 GDP 同比增长 3.2%、3.1%,保持平稳。三季度全球经济复苏力度减弱,9 月份全球综合 PMI 为 52.0%,较 5 月份 53.7%的年内高点回落。受需求转弱、供给端生产下滑拖累,标普全球预计三季度全球 GDP 环比折年率为 2.5%,低于二季度的 2.9%。**主要经济体三季度经济增长回落。**美国一、二季度 GDP 同比增长 2.9%、3.0%,据亚特兰大联储 10 月 17 日预测,三季度增速将回落至 2.8%。多数新兴经济体三季度 GDP 同比增速回落,据国际机构预测,三季度,俄罗斯 GDP 同比增长 2.4%,较二季度回落 1.7 个百分点;韩国 GDP 增长 2.2%,回落 0.1 个百

分点；巴西 GDP 增长 1.6%，回落 1.7 个百分点。

（二）全球生产供给总体改善

全球供给恢复常态水平。今年以来全球生产供给总体稳定，1—9 月全球供应链压力指数平均为-0.3，处于历史低位。一、二季度，全球制造业产出分别同比增长 1.5%、2.5%，高于 2023 年 1.2%的增速。部分经济体工业生产较上年有所好转。1—8 月，越南、巴西工业生产分别同比增长 8.4%、3.,0%，高于 2023 年平均增速 7.2 个、2.9 个百分点；韩国同比增长 5.2%，保持较快增长。**全球制造业 PMI 总体回升。**1—6 月全球制造业 PMI 结束上年萎缩态势，持续高于 50%荣枯线，但 7 月份以来，由于需求转弱，全球制造业 PMI 再度收缩，9 月份为 48.8%，仍处于 2023 年以来相对高位。**全球服务业 PMI 保持扩张。**随着旅游、餐饮和物流运输等行业活跃度增强，全球服务业 PMI 由 1 月份的 52.3%升至 9 月份的 52.9%，保持较快扩张，其中 5 月份达到 54.0%，为 2023 年 5 月以来最高。美国、巴西服务业 PMI 分别于 8 月份、7 月份创年内新高；印度前 8 个月服务业 PMI 均高于 60%。

（三）全球市场需求减弱

全球商品需求逐步转弱。今年以来全球制造业生产供给改善，但需求不振导致企业订单减少。全球制造业 PMI 新出口订单指数在 4—5 月短暂扩张后再度收缩，6 月份降至 49.3%，9 月份进一步降至 47.5%，为 2023 年 8 月以来最低。**国际贸易增长减速。**上半年，全球货物贸易量同比增长 2.3%。7 月份，全球货物贸易晴雨表指数为 103.0，略高于 100 的长期趋势线，部分产品贸易及出口订单现放缓迹象，汽车产品指数和出口订单指数均较上年末回落，原材料指数、电子元器件指数继续收缩。**主要经济体对外贸易增速回落。**上半年，美国、日本进出口增速逐步加快，新兴经济体保持较快增长，但三季度，除美国外多数经济体进出口增长放缓。9 月份，全球贸易“风向标”——韩国货物进出口同比增长 5.0%，较上月回落 3.7 个百分点，连续两个月回落。8 月份，日本货物进出口同比增长 3.8%，较上月回落 9.6 个百分点，为近 5 个月最低。

（四）全球通胀压力明显降低

全球通胀水平逐步下行。据 OECD 数据，7 月份，G20 经济体 CPI 同比上涨 2.7%，为 2021 年 6 月以来次低，较 1 月份回落 0.6 个百分点，核心 CPI 同比上涨 2.8%，为 2021 年 9 月以来次低，较 1 月份回落 0.5 个百分点。**主要经济体通胀普遍回落**。在高利率持续影响下，美国通胀总体回落，欧元区及部分新兴经济体通胀降至目标区间内。9 月份，美国 CPI 同比上涨 2.4%，涨幅较上月回落 0.1 个百分点，连续 6 个月回落；欧元区 CPI 同比上涨 1.7%，较上月回落 0.5 个百分点，为 2021 年 6 月以来首次回到 2%目标以下；韩国、印尼、菲律宾、越南 CPI 分别同比上涨 1.6%、1.8%、1.9%、2.6%，均低于其目标水平。

（五）全球货币政策转向宽松

美联储引导全球货币政策转向宽松。受通胀反复和经济放缓影响，上半年美国货币政策走向摇摆不定，三季度随着通胀下行，美联储开启降息。9 月 19 日，美联储降息 50 个基点，联邦基金利率为 4.75%—5.00%，为 2020 年 3 月以来首次降息，标志着货币政策由紧缩周期转向宽松周期。**欧洲央行加快降息步伐**。10 月 17 日，欧洲央行下调三大关键利率 25 个基点，为年内第 3 次降息。**降息经济体显著增多**。9—10 月，开启或进一步降息的经济体数量明显增加。发达经济体中，匈牙利进行第 8 次降息，瑞典、瑞士第 3 次降息；新兴经济体中，韩国、印尼、南非首次降息，墨西哥第 3 次降息。

（六）金融市场风险投资偏好上升

新兴市场跨境资金流入增加。据新兴市场投资基金研究公司（EPFR）数据，截至 10 月 9 日当周，新兴市场股票、债券基金净流入分别为 409 亿美元和 175 亿美元，其中，股票基金创历史最大单周净流入，连续 19 周实现资金净流入。**全球股市震荡上行**。上半年，全球股市总体延续上行态势，三季度在美联储降息态度摇摆影响下，震荡幅度加大，9 月份美联储降息后，股市快速冲高。截至 10 月 15 日，明晟全球股指和明晟新兴市场股指较上年末分别上涨 18.1%和 15.2%，较二季度末上涨 5.3%和 5.2%，明晟全球股指屡创历史新高。分国别看，截至 10 月 15 日，美国道指、纳指、标普 500 较上年末分别上涨 13.4%、22.0%和 21.9%，较二季度末分别上涨 9.3%、3.3%和 6.5%；德国 DAX、英国 FT100、日经 225 较上年末分别上涨 16.3%、6.7%和 19.3%，较二季度末分别上涨 6.9%、1.0%、0.8%。

二、全年经济前景有望趋稳改善，但下行风险犹存

随着全球货币政策转向宽松，通胀压力持续降温，有利于总需求回暖，带动全球经济改善，但地缘冲突及贸易限制措施有增无减，金融市场动荡及高债务可能引发的风险挑战持续存在，经济复苏前景谨慎乐观。

（一）全球经济有望温和增长

全球经济增长前景或将企稳。9 月份 OECD 发布《经济展望》预测，2024 年全球经济增速为 3.2%，较 5 月份预测值上调 0.1 个百分点。在全球货币政策转向宽松，主要经济体通胀持续回落，实际收入改善支撑需求回暖下，全球经济增长有望逐步趋稳。**主要经济体经济有不同程度改善。**据英国共识公司预测，四季度，美国 GDP 同比增长 1.9%，保持较快增长；欧元区、日本 GDP 分别同比增长 1.1%、1.0%，均较三季度加快 0.3 个百分点；新兴经济体中，印度 GDP 同比增长 7.0%，较三季度加快 0.1 个百分点，印尼、韩国 GDP 同比增长 5.1%、2.2%，与三季度持平。

（二）全球通胀有望延续下行趋势

劳动力成本上涨压力有所缓解。目前，主要经济体劳动力供给较为充裕，支撑劳动力成本下行。9 月份，美国劳动参与率保持在 2023 年 11 月以来最高，时薪同比增长 4.0%，为 2021 年 5 月以来低位。欧洲央行预测，2024 年欧元区单位劳动力成本增速将较上年回落 1.7 个百分点至 4.5%。劳动力成本压力缓解有利于通胀下行。**国际大宗商品价格上涨动力不足。**5 月份以来国际大宗商品价格呈下行态势，9 月份跌至 2023 年 6 月以来新低，较 4 月份的年内高点下跌 9.7%，其中，能源价格指数下跌 13.0%，非能源价格指数下跌 3.5%。短期内，尽管地缘政治冲突对部分大宗商品价格走向扰动依然存在，但在需求不足、供给预期相对宽松的条件下，国际大宗商品价格承压。OECD 报告指出，若油价保持当前水平，将拉动全球通胀在未来一年下降约 0.5 个百分点。**全球通胀趋于回落。**OECD 预测，2024 年 G20 经济体 CPI 同比上涨 5.4%，较上年回落 0.7 个百分点。发达经济体中，美国、欧元区、日本、英国 CPI 分别同比上涨 2.4%、2.4%、2.5%、2.7%，较上年回落 1.3 个、3.0 个、0.8 个、4.6 个百分点，新兴和发展中经济体中，韩国、巴西、印度 CPI 分别同比上涨 2.4%、4.4%、4.5%，较上年回落 1.2 个、0.2 个、0.9 个百分点。

（三）全球需求带动有望改善

通胀及利率下行将刺激消费和投资增长。通胀水平较低将增加居民实际收入，提振消费者信心，促进消费回暖。同时，全球利率下行将降低企业和个人借款成本，刺激投资和消费增长。据英国共识公司预测，四季度美国个人消费支出同比增长 2.1%，保持相对稳定；欧元区、日本分别增长 1.0%、1.1%，较三季度加快 0.2 个、0.7 个百分点。随着房地产抵押贷款利率下降，近期部分经济体房地产投资已现回暖迹象，韩国、加拿大和美国房屋销售量均增长加快。据欧洲央行预测，四季度欧元区投资环比将增长 0.5%，较上半年的持续下降明显好转。**国际贸易增长预期有所上调。**在全球需求回暖带动下，WTO 预测，2024 年全球货物贸易量增长 2.7%，较 4 月份预测值上调 0.1 个百分点。分地区看，除欧洲货物进出口持续下降外，其他地区均有所增长，其中 2024 年亚洲、中东、南美出口分别增长 7.4%、4.7%、4.6%，增速有所加快；中东进口保持 9.0%的高速增长，南美、亚洲、北美进口分别增长 5.6%、4.3%、3.3%。

尽管四季度世界经济增长有望改善，但也要看到，地缘紧张局势、金融市场波动、债务高企等风险对全球经济增长带来的挑战并未远去。

一是地缘冲突以及贸易摩擦扰动持续。三季度以来，地缘政治风险有所上升，俄乌冲突胶着，中东地区巴以、伊以、黎以冲突与对峙升级，朝鲜半岛紧张局势升温。以美欧为首的发达经济体推行贸易保护主义，对别国肆意采取加征关税等制裁措施，9 月 27 日美国对中国电动汽车、太阳能电池、关键矿产等产品加征关税正式生效，2025 年 1 月将对自中国进口的半导体关税提高 50%。地缘冲突、贸易摩擦以及限制措施将加剧全球贸易碎片化程度和供应链断裂的风险，给供给复苏带来较大不确定性。**二是国际金融市场波动风险犹存。**尽管美欧先后开启降息，但美联储降息路径仍具较大不确定性，欧元区降息加快，日本延续加息步伐，全球货币政策将继续分化。由降息以及货币政策分化导致的市场预期波动、投机风险偏好上升，可能加剧金融市场波动。截至 10 月 10 日，标普 500 波动率指数较 9 月 18 日美联储降息前上升 14.8%，新兴市场 ETF 波动率指数创 2022 年 10 月以来新高，上升 84.1%。**三是全球债务风险仍不容忽视。**当前全球利率水平仍然较高，短期内全球将继续处于高融资成本环境中，据 IMF 预测，2024 年末，全球公共债务将达到 100 万亿美元,占全球 GDP 的 93%,保持历史高位,美国、法国、英国、巴西等经济体债务将进一步增加。高债务将挤压财政空间,阻碍经济复苏步伐,并使各国更难应对潜在危机,特别是经济较为脆弱的新兴经济体发生主权债务危机的风险较大。

下阶段,面对国际经济形势与全球政策走向新变化,要全力贯彻落实已出台的各项宏观政策,提高政策实施效能,防范化解重点领域风险,巩固我国经济回升向好态势,推动经济高质量发展。**一是强化财政货币政策逆周期调节,形成政策合力。**在美联储降息推动下,全球降息周期开启,这有助于拓宽我国财政货币政策协同发力空间。要加强财政税收、货币金融、投资消费、收入分配等宏观政策的统筹协调和系统集成,持续释放宏观政策效能。**二是打好政策“组合拳”,有效提振市场信心。**落实好近期出台的一揽子增量政策,调整住房限购政策,降低存量房贷利率,商品房建设严控增量、优化存量、提高质量;就投资者关心、市场关切的紧要问题精准对焦,及时落地一批针对性强、操作性好的改革办法;加强经济宣传和舆论引导,释放更多积极信号。**三是激发消费投资活力,释放内需潜力。**加大对特定群体的支持力度,提振居民收入增长预期;扩大服务消费,培育数字消费、绿色消费等新型消费业态;激发民间投资积极性,实施好政府和社会资本合作新机制。**四是完善基本公共服务,切实保障和改善民生。**继续加大民生领域投入,加强社会保障服务,健全统一的社会保险公共服务平台,加强个性化服务供给,兜住、兜准、兜牢民生底线;完善基本公共服务制度体系,加强普惠性、基础性、兜底性民生建设;鼓励民营经济发展,完善创业带动就业保障制度。

表　全球经济主要指标预测

指标	经济体	2023年（%）	2024年		2025年	
			9月份预测值（%）	较上期预测变化[3]（百分点）	9月份预测值（%）	较上期预测变化[3]（百分点）
经济增长率	世　界[1]	3.1	3.2	+0.1	3.2	—
	美　国	2.5	2.6	—	1.6	-0.2
	中　国	5.2	4.9	—	4.5	—
	欧元区	0.5	0.7	—	1.3	-0.2
	德　国	-0.1	0.1	-0.1	1.0	-0.1
	法　国	1.1	1.1	+0.4	1.2	-0.1
	意大利	1.0	0.8	+0.1	1.1	-0.1
	日　本	1.7	-0.1	由正转负	1.4	+0.3
	巴　西	2.9	2.9	+1.0	2.6	+0.5
	印　度[2]	8.2	6.7	+0.1	6.8	+0.2
	俄罗斯	3.6	3.7	+1.1	1.1	+0.1
通货膨胀率	G20经济体	6.1	5.4	-0.5	3.3	-0.3
货物贸易量增速	世　界	-1.1	2.7	+0.1	3.0	-0.3

资料来源：OECD《经济展望》（2024年9月）；WTO《全球贸易展望与统计》（2024年10月）。

注：1. 购买力平价法GDP加权汇总；2. 印度为财政年度数据；3. 经济增长率、通货膨胀率为较OECD《经济展望》2024年5月份预测值变化，货物贸易量增速为较WTO《全球贸易展望与统计》2024年4月份预测值变化。

（执笔：释经组①；成文于2024年10月）

① 成员：付凌晖、石庆焱、石婷、李婧婧、郝悦、朱祎、王猛猛、赵宇欣。

世界经济温和复苏
稳定增长面临多重挑战

——2024 年 10 月份世界经济形势分析

近期,世界经济运行出现一些积极变化,全球制造业活动收缩放缓,服务业活动保持活跃,国际贸易缓慢改善。随着全球通胀缓解、货币政策转向宽松,世界经济增长现企稳迹象。10 月 22 日 IMF 发布《世界经济展望》预测,2024 年全球经济增速为 3.2%,与 7 月份预测值持平。但主要经济体政策仍具高度不确定性,特别是近期美国大选尘埃落定,将对全球经济、贸易、金融及地缘政治产生重大影响,世界经济稳定复苏面临多重挑战。

一、世界经济持续恢复,积极因素有所增加

10 月份,全球经济保持温和增长,生产活动活跃度有所提升,国际贸易有所回暖,通胀维持低位,经济运行出现一些积极变化。

(一)主要经济体经济增长仍具韧性

主要经济体三季度经济增长走势有所分化。美国经济增长仍较为强劲。三季度 GDP 环比折年率增速为 2.8%,较二季度回落 0.2 个百分点;同比增长 2.7%,回落 0.3 个百分点。欧元区经济增速有所加快。三季度 GDP 环比增长 0.4%,加快 0.2 个百分点;同比增长 0.9%,加快 0.3 个百分点,为 2023 年一季度以来最高。日本经济增速止降回升。三季度 GDP 环比增长 0.2%;同比增长 0.3%,结束连续两个季度的负增长。主要新兴经济体经济增速有所回落。三季度,马来西亚、印尼 GDP 同比增速分别回落 0.6 个和 0.1 个百分点至 5.3%和 5.0%;菲律宾回落 1.2 个

百分点至5.2%,为2023年二季度以来最低;俄罗斯回落1.0个百分点至3.1%,为2023年一季度以来最低;韩国回落0.8个百分点至1.5%,为近一年最低;墨西哥回落0.6个百分点至1.5%,为2021年一季度以来最低;越南加快0.3个百分点至7.4%,为2022年三季度以来最高。**主要经济体四季度经济预期向好**。据IMF预测,美国四季度GDP同比增速为2.5%,保持较快增长;欧元区增速为1.2%,较三季度加快0.3个百分点;日本增速为1.8%,为年内最高;印度增速为6.7%,保持较快增长;巴西增速为3.5%,快于上半年经济增速。**世界经济复苏有望企稳**。据IMF预测,2024年世界经济增速为3.2%,与7月份预测值持平。其中,发达经济体经济增速为1.8%,较7月份预测值上调0.1个百分点;新兴和发展中经济体经济增速为4.2%,与7月份预测值持平。2025年世界经济增速仍将保持在3.2%。

(二)全球生产活跃度有所提升

全球制造业景气度有所改善。由于新订单指数收缩放缓、产出指数由枯转荣,10月份全球制造业PMI较上月回升0.7个百分点至49.4%,结束连续4个月的回落态势。主要经济体制造业表现有所好转。10月份,美国制造业PMI较上月回升1.2个百分点至48.5%,欧元区回升1.0个百分点至46.0%,印度回升1.0个百分点至57.5%,俄罗斯和越南分别回升1.1个和3.9个百分点至扩张区间。**全球服务业活动稳步扩张**。在新商业活动扩张加快带动下,10月份全球服务业PMI较上月回升0.2个百分点至53.1%,处于年内相对高位。主要经济体服务业活跃度较高。10月份,欧元区服务业PMI较上月回升0.2个百分点至51.6%;美国回落0.2个百分点至55.0%,仍处于年内相对高位;印度、巴西和俄罗斯分别回升0.8个、0.4个和1.1个百分点至58.5%、56.2%和51.6%,保持较快扩张。

(三)国际贸易缓慢恢复

市场需求逐步回暖。近期全球商品需求边际改善,服务需求保持旺盛,10月份全球制造业PMI新出口订单指数为48.3%,较上月回升0.8个百分点,结束连续5个月回落态势;全球服务业PMI新出口商业活动指数为50.7%,连续10个月扩张。据国际航运研究机构Drewry、国际航运协会数据,9月份,全球集装箱港口吞吐量指数环比增长0.8%,连续两个月正增长；全球航空货物及邮件载运率升至45.6%，为近6个月次高；航空客座率为83.6%，为2019年8月以来相对高位。**全球贸易前景有望改善**。得益于商品需求逐步回暖和服务贸易较快增长，据IMF预测，2024年全球货物和服务贸易量增速由上年的0.8%加快至3.1%。其中，新兴经济体贸易复苏整体快于发达经济体，预计2024年发达经济体出口增长2.5%，进口增长2.1%，新兴和发展中经济体出口、进口均增长4.6%。据联合国贸发会议预测，2024年全球货物贸易量增速由上年的-1.2%转为2.0%。

（四）全球通胀压力继续缓解

全球通胀继续下行。在前期紧缩性货币政策的滞后效应影响下，全球通胀涨幅持续回落。据IMF预测，四季度全球CPI同比上涨5.3%，较上年同期5.7%明显回落，较7月份预测值下调0.1个百分点；2024年全球CPI上涨5.8%，较上年回落0.9个百分点，较7月份预测值下调0.1个百分点。**主要经济体通胀维持低位**。10月份，美国CPI同比上涨2.6%，较上月扩大0.2个百分点，为2021年2月以来低位，核心CPI同比上涨3.3%，与上月持平，为2021年4月以来低位；欧元区CPI同比上涨2.0%，为2021年6月以来次低；韩国CPI同比上涨1.3%，较上月回落0.3个百分点，为2021年1月以来最低。9月份，日本CPI同比上涨2.5%，较上月回落0.5个百分点，为近5个月首次回落；英国CPI同比上涨1.7%，回落0.5个百分点，为2021年4月以来最低。

二、风险挑战交织，世界经济复苏不确定因素仍多

尽管世界经济出现一些积极变化，但面临的风险挑战仍多，美国大选尘埃落定，其未来政策走向具有高度不确定性，地缘冲突及贸易限制措施增加对全球经贸复苏的扰动可能增大，世界经济前景仍不容乐观。

（一）主要经济体政策不确定性影响上升

全球金融市场波动风险加大。由于美国经济数据仍具韧性推升市场信心，加之美国大选引发“特朗普交易”，近期国际金融市场波动加大，全球股市震荡上行，国债收益率和美元指数快速上涨。截至11月15日，明晟全球股指较9月末上涨0.6%，11月11日创历史新高；明晟新兴市场股指下跌5.0%，但为2022年1月以来高位。截至11月15日，美国十年

期国债收益率较9月末上涨62.0个基点,11月13日创7月份以来新高;德国、英国、日本十年期国债收益率较9月末分别上涨16.0个、42.3个和18.8个基点。截至11月15日,美元指数较9月末上涨5.9%。未来,从短期看美联储降息政策较为明确,但受通胀、就业等经济数据影响,降息路径仍具不确定性。11月17日芝加哥商品交易所“美联储观察”工具显示,12月份降息25个基点的概率为61.9%,近一个月在50%—85%的概率区间波动。在此影响下,金融市场波动风险持续较大。**美国政策不确定性将继续影响全球经济稳定。**特朗普主张采取加征关税和贸易限制措施来遏制竞争,推动制造业回流,或将加速全球产业链布局调整,增加物流运输成本,加剧供应链不稳定性和贸易碎片化程度,阻碍全球贸易复苏步伐。减税与低利率的政策主张短期内将带动全球货币政策环境进一步宽松,但存在推升美国通胀的风险,导致其货币政策走向具有较大不确定性,加大资本市场价格波动风险,并对全球经济复苏造成冲击。据IMF预测,若在提高关税、贸易政策不确定性、收紧移民政策、延长美国减税政策和提高全球借贷成本等影响下,2025年全球GDP增速将低于基准预测0.8个百分点,2026年将低于基准预测1.3个百分点。

(二)贸易摩擦及地缘冲突扰动持续

贸易限制措施阻碍全球经贸复苏。全球范围内贸易制裁及限制措施明显增多,10月份以来,美国、欧盟、印度等多个经济体出台贸易禁令或制裁措施。10月15日,美国商务部新增出口管制未经验证清单8个,涉及中国企业3个;10月21日新增出口管制实体清单26个,涉及中国企业6个;10月29日,欧盟对自中国进口的电动汽车征收反补贴税正式生效。贸易限制措施将推升贸易成本,拖累全球贸易与经济增长。IMF表示,若出现严重脱钩和大规模关税,或将导致全球GDP损失近7%。**地缘紧张局势加剧全球经贸碎片化程度。**今年以来,俄乌冲突不断,巴以、伊以冲突升级,朝韩对峙加深,地缘局势复杂性、严峻性、不确定性明显上升。目前全球超过80%的贸易量依赖海运,地缘冲突导致航线延长、成本上升以及关键航线运输中断风险明显增大,对全球粮食、能源供应安全和全球经济造成深远影响。地缘政治向复杂化演变将会加剧全球经贸碎片化程度。据IMF数据,2022年二季度至2024年一季度,地缘政治疏远的国家间货物贸易较俄乌冲突爆发前下降5.0%,高于地缘政治紧密的国家间 2.7%的降幅。

(三)部分国际大宗商品价格存在上涨压力

近期国际大宗商品价格止降回升。在主要经济体放宽货币政策、需求边际回暖、市场预期改善等因素提振下,10 月份,国际大宗商品价格指数环比上涨 2.3%,在连续两个月下跌后首次回升;能源价格指数上涨 2.4%,为近 3 个月首次上涨,非能源价格指数为近 4 个月最高,上涨 2.1%。其中,农产品、化肥、金属和矿产价格指数分别环比上涨 0.7%、4.0%、5.0%。**推动能源及粮食价格上行因素增多。**从需求面看,随着全球生产和贸易恢复,国际大宗商品需求有望回升。11 月份 OPEC 预测,2024 年全球原油需求量较上年增长 1.8%至 1.04 亿桶/天,2025 年将进一步增长 1.5%至 1.06 亿桶/天。11 月份联合国粮农组织将 2024/2025 年度全球粮食消费量预测值较上月上调 150 万吨至 28.6 亿吨,较 2023/2024 年度增长 0.5%。从供给面看,在地缘冲突频发、气候变化冲击、贸易保护主义盛行等因素影响下,原油、粮食等大宗商品供给不确定性较大。11 月初,OPEC+决定延长 220 万桶/日的减产措施至 12 月末。11 月份粮农组织将 2024/2025 年度全球粮食产量预测值较上月下调 460 万吨至 28.5 亿吨,较 2023/2024 年度下降 0.4%。从金融市场看,美欧等主要经济体延续降息步伐,市场流动性加大,提升大宗商品市场交易活跃度。据 IMF 预测,2024 年国际原油价格将较上年上涨 0.9%,国际非能源商品价格将上涨 2.9%。

下阶段,要全面客观冷静看待当前国际形势出现的新变化,进一步统筹好高质量发展和高水平安全,加力落实好各项宏观政策,有效防范风险,巩固和提升经济回升向好态势。

一是有效发挥宏观政策效能。落实好一揽子增量政策,统筹财政、货币、金融、消费、投资等各领域政策,增强宏观政策取向一致性,强化政策合力,紧扣经济社会发展和企业生产经营中的困难问题,提高宏观政策的针对性。**二是坚持扩大高水平对外开放。**稳定传统贸易伙伴的外贸市场,拓展多元化国际市场,积极开拓与"一带一路"共建国家的贸易,推进同更多国家商签高标准自贸协定和区域贸易协定;完善贸易畅通、投资合作工作组等机制,提升贸易投资自由化、便利化水平。**三是强化国际资源要素供给保障。**积极拓展大宗商品供给渠道,完善大宗商品进口物流储备体系,加快补齐储备设施短板,强化关键资源要素的应急储备和调节能力,保障能源、粮食等重要资源供给稳定。**四是妥善应对外部风险挑战。**密切跟踪研判国际形势变化,针对外部不确定性及主要经济体宏观政策转向对我国的外溢影响,加强监测预警并做好政策预案。实施好稳健的货币政策,强化金融稳定保障体系,完善金融风险防范、预警和处置机制,合理有效应对外部挑战。

(执笔:释经组①;成文于 2024 年 11 月)

① 成员:付凌晖、石庆焱、李婧婧、郝悦、朱祎、王猛猛、赵宇欣。

世界经济弱势复苏 未来潜在风险上升

——2024 年 11 月份世界经济形势分析

近期,世界经济延续弱复苏态势,全球制造业活跃度有所提升,服务业活动保持扩张,全球贸易继续恢复。12 月 4 日 OECD 发布《经济展望》预测,2024 年全球经济增速为 3. 2%,与 9 月份预测值持平。在通胀放缓及货币政策转向宽松支撑下,全球经济展现出一定韧性,但受地缘冲突持续、贸易政策不确定性加大,以及美联储或将放缓降息步伐、主要经济体货币政策分化等影响,经济复苏前景面临的潜在风险上升。

一、世界经济继续复苏,但改善力度仍相对较弱

(一)世界经济增长仍具韧性

主要经济体经济将延续复苏态势。12 月份 OECD 发布《经济展望》报告预测,四季度,美国 GDP 同比增长 2. 5%,保持较快增速;欧元区将增长 1. 1%,较三季度加快 0. 2 个百分点,其中,德国将增长 0. 3%,较三季度由负转正;日本将增长 0. 6%,为年内最高增速;英国将增长 1. 7%,较三季度加快 0. 7 个百分点。**世界经济增长将保持稳定。**随着全球通胀回落,主要经济体货币政策转向宽松,国际贸易逐步恢复,世界经济增长仍保持韧性。据 OECD 预测,四季度全球经济增速为 3. 3%;2024 年经济增速为 3. 2%,与 9 月份预测值持平,2025 年经济增速有望达到 3. 3%。

(二)全球生产活动温和改善

全球制造业活动有所回暖。11 月份,全球制造业供需状况有所改善,全球制造业 PMI 较上月回升 0. 6 个百分点至 50. 0%荣枯线,结束此

前连续4个月的收缩态势。主要经济体制造业活动有所好转。11月份，美国制造业PMI较上月回升1.2个百分点至49.7%，连续两个月回升，为近5个月最高；俄罗斯和韩国分别回升0.7个和2.3个百分点至51.3%和50.6%，均为近3个月最高；印度和巴西分别为56.5%和52.3%，保持较快扩张。**全球服务业活动继续扩张。**11月份，全球服务业PMI持平于上月的53.1%，连续22个月处于扩张区间，为近一年相对高位。主要经济体服务业表现有所分化。11月份，美国服务业PMI较上月回升1.1个百分点至56.1%，为近两年相对高位；日本回升0.8个百分点至50.5%，重回扩张区间；俄罗斯回升1.6个百分点至53.2%，为近10个月最高；欧元区回落2.1个百分点至49.5%，结束此前连续9个月的扩张态势。

(三)国际贸易复苏基础尚不稳固

市场需求仍相对疲弱。需求不足仍是制约全球贸易复苏的主要因素，11月份，全球制造业PMI新出口订单指数为48.6%，较上月回升0.3个百分点，连续6个月处于收缩区间。**主要经济体对外贸易增长趋缓。**11月份，全球贸易"风向标"韩国货物进出口总额同比下降0.4%，结束此前连续4个月的正增长。10月份，美国货物和服务进出口总额同比增长3.3%，较上月回落3.2个百分点，连续3个月回落且为3月份以来最低；日本货物进出口总额同比增长1.7%，为3月份以来次低。**服务贸易支撑全球贸易继续复苏。**据WTO预测，2024年全球货物贸易量将增长2.7%，保持温和增长。服务贸易更为活跃，据国际航运协会数据，10月份全球航空客座率为83.9%，为2017年以来高位。据OECD预测，2024年全球货物和服务贸易量将增长3.5%，较5月份预测值上调1.2个百分点，略高于2013—2019年3.4%的平均增速。

(四)全球通胀反弹压力仍存

国际大宗商品价格小幅回落。近期，由于国际大宗商品需求走弱、供给恢复，供需基本面呈现相对宽松态势，价格有所回调。11月份，国际大宗商品价格指数环比下跌0.7%，能源价格指数环比下跌1.2%，为主要下拉项，非能源价格指数环比持平。**部分经济体通胀有所反弹。**受货币政策持续放宽影响，主要经济体抗通胀进程出现反复。11月份，美国CPI同比上涨2.7%，涨幅较上月扩大0.1个百分点，连续两个月涨幅扩大；欧元区 CPI 同比上涨 2.3%,涨幅扩大 0.3 个百分点,时隔两个月重回央行 2%目标以上;俄罗斯(8.9%)、巴西(4.9%)、韩国(1.5%)涨幅分别扩大 0.4 个、0.1 个、0.2 个百分点。**先行指标显示全球通胀黏性仍然较强。** 11 月份,全球制造业 PMI 分项指数中,投入价格指数和出厂价格指数分别为 53.9%和 51.8%,较上月上升 0.7 个和 0.4 个百分点,分别为近 3 个月和近 5 个月最高;全球服务业 PMI 分项指数中,投入价格指数和支付价格指数分别为 56.4%和 52.1%,保持相对高位。

(五)主要经济体经济延续分化

美国经济活动有所降温。 生产持续低迷,10 月份,工业生产和制造业生产同比分别下降 0.3%和 0.2%,均连续两个月下降,工业产能利用率为 77.1%,较上月回落 0.3 个百分点,创 2021 年 4 月以来新低。消费增长边际放缓,10 月份,零售额环比增长 0.4%,实际个人消费支出环比增长 0.1%,增速均较上月回落 0.4 个百分点。失业率小幅上升,11 月份为 4.2%,较上月回升 0.1 个百分点,为近 4 个月首次上升。**欧元区经济复苏乏力。** 生产持续萎缩,10 月份欧元区工业生产同比下降 1.2%,连续 18 个月负增长。消费需求有所走软,10 月份零售量同比增长 1.9%,增速较上月回落 1.1 个百分点,11 月份消费者信心指数较上月回落 1.2 点。**日本经济延续缓慢复苏。** 工业生产有所好转,10 月份工业生产同比增长 1.4%,较上月由负转正。消费市场保持活跃,10 月份零售额同比增长 1.6%,增速较上月加快 0.9 个百分点,但高通胀叠加实际工资下降,消费者信心下滑,11 月份消费者信心指数较上月回落 0.3 点。

二、世界经济复苏面临的潜在风险有所上升

(一)国际金融市场波动风险较大

国际金融市场持续波动。 在全球宽松货币政策支撑下,加之美国经济仍具韧性,美国大选结束后其政策预期更加明确,全球股市再创新高。截至 12 月 10 日,明晟全球股票指数较 10 月末上涨 4.7%,其中 12 月 6 日创历史最高收盘价;但美元走强削弱新兴市场资产吸引力,明晟新兴市场股指较 10 月末下跌 0.2%。美债抛售退潮,加之市场对美联储降息预期下调,国债收益率高位回落。截至 12 月 10 日,美国十年期国债收益率

较10月末下跌6.0个基点;德国、英国分别下跌29.0个和5.2个基点。美元指数波动上行。截至12月10日,美元指数较10月末上涨2.4%,其中11月22日创近两年新高。**美联储降息步伐或将放缓**。近期美国通胀反弹,加之特朗普减税、限制移民、加征关税、货币宽松的政策取向或将进一步推高通胀,市场预计美联储降息步伐或将趋缓。12月11日,芝加哥商品交易所"美联储观察"工具显示12月份降息25个基点的概率为86.1%,同时多家国际机构预计美联储2025年降息次数将由3—4次降至1—2次。未来,在美联储降息步伐放缓、全球货币政策仍然分化的环境下,全球金融市场波动风险仍高。**新兴经济体资本外流及货币贬值风险有所上升**。截至12月10日,俄罗斯卢布兑美元较10月末贬值2.3%,其中11月29日创2022年3月以来新低;印度卢比、巴西雷亚尔、韩国韩元分别贬值0.9%、4.5%、4.0%,并均于近期创下历史新低。在美元走强、新兴经济体降息后与发达经济体利差收窄影响下,预计短期内新兴经济体面临资本外流及货币贬值压力仍然较大。

(二)贸易政策不确定性明显上升

贸易政策不确定性急剧上升。当前,全球贸易保护主义盛行,贸易制裁及限制措施频出,特别是近期美国大选尘埃落定,特朗普宣称将对所有进口商品征收10%或20%的关税,对自中国进口商品至少征收60%的关税,全球贸易面临的不稳定不确定性显著上升。据OECD数据,11月份全球贸易政策不确定性指数升至374点,为2015年有记录以来最高;其中美国贸易政策不确定性指数为1496点,为2019年8月以来最高,远高于100的长期趋势水平。**全球经贸复苏及产业发展仍面临较大挑战**。贸易政策的较大不确定性及限制措施的持续增加将提高贸易成本,抑制国际贸易往来及跨境投资,对全球贸易乃至经济复苏造成拖累。高盛预测,美国贸易政策不确定性将拖累2025年全球GDP增速0.4个百分点,若实施10%的全面关税,将拖累全球GDP增速0.8—1.2个百分点。此外,以美国为首的发达经济体推行脱钩断链、推动产业回流,持续阻碍新能源汽车、芯片、半导体等高科技及新兴产业发展。据WTO数据,受制裁及限制措施影响,全球货物贸易晴雨表电子元器件指数自2022年6月以来持续低于100长期趋势线。

（三）地缘紧张局势及外溢影响持续

地缘紧张局势对重要资源供给的扰动持续。俄乌冲突旷日持久，朝韩对峙僵持，巴以冲突胶着，叙利亚局势恶化令中东乱局再添变数。中东、俄乌是全球能源、粮食、有色金属的重要生产和出口国，霍尔木兹海峡承担着全球约30%的原油贸易和20%的液化天然气贸易，地区冲突将继续扰乱全球供应链稳定，对全球能源、粮食等重要资源供给安全造成冲击。**通胀反弹及资本市场价格波动风险犹存。**在地缘冲突对供应链扰动下，能源、粮食以及货运价格上行压力持续存在，在价格传导作用下主要经济体仍面临通胀反弹压力，全球抗通胀进程仍将缓慢且困难。此外，在冲突及不确定性影响下，避险情绪或加大大宗商品价格波动及恶意炒作，加剧市场风险。

下阶段，面对国际环境更加严峻复杂，全球经济增长动能不足，个别国家对我遏制打压持续加码，要统筹好发展和安全，实施更加积极有为的宏观政策，防范化解重点领域风险和外部冲击，巩固增强经济回升向好态势。

一是适度加大宏观政策实施力度。实施更加积极的财政政策和适度宽松的货币政策，打好政策"组合拳"，在保持政策稳定性和连续性的同时，加大财政逆周期调节力度，保持流动性合理充裕，进一步降低企业融资和居民信贷成本。提高宏观调控的前瞻性、针对性、有效性，加大对重大战略、重点领域和薄弱环节的支持力度，促进内需复苏，改善及稳定社会预期。**二是坚持扩大高水平对外开放。**稳定对传统贸易伙伴贸易往来，拓展多元化贸易渠道，完善推进高质量共建"一带一路"机制，加强与东南亚、中东、非洲等共建"一带一路"国家和地区合作，积极开拓国际贸易市场；落实好《进一步优化口岸营商环境、促进企业通关便利十六条措施》，强化要素保障，降低企业要素成本，优化营商环境。**三是加快发展新质生产力。**加大对科技研发的投入力度，推动企业、高校和科研院所等创新主体协同发力；强化原始创新、关键核心技术创新等领域研究，提升我国在前沿领域的技术突破与创新发展；进一步完善科技成果转化机制，支撑颠覆性科技成果的率先转化和硬科技企业的加速孵化，加速科技成果向现实生产力转化。**四是防范化解外部风险挑战。**密切关注我国外部环境变化，健全风险防范机制，加强对贸易、投资、金融等领域的风险监测与预警，有效应对外部风险挑战；保障重要资源要素供给稳定，建立多元化要素供给渠道，强化关键资源要素的应急储备和调节能力；优化跨境资本流动监测、分析、评估、预警机制，防范国际经济金融风险对我国的外溢和冲击。

（执笔：释经组①；成文于 2024 年 12 月）

① 成员：付凌晖、石庆焱、李婧婧、郝悦、朱祎、王猛猛、赵宇欣。

二 世界经济形势回顾与展望

世界经济温和增长
复苏前景不确定性上升

——2024年世界经济形势回顾及2025年展望

2024年,全球通胀压力明显缓解,服务贸易活跃支撑全球贸易总体好转,世界经济延续温和复苏态势。国际货币基金组织(IMF)预估,2024年世界经济增速为3.2%,与2023年的3.3%基本持平。但受总需求不足制约,加之货币政策不确定性导致金融市场波动加大,经济增长动能仍然较弱。展望2025年,随着通胀继续放缓,主要经济体仍将处于降息通道,世界经济有望继续保持温和增长。但贸易限制措施增多、地缘政治风险加剧、债务高企以及美联储货币政策对全球经济金融的影响交织叠加,经济增长前景面临的不确定性上升。IMF预计,2025年世界经济增速将持平于3.3%,将连续4年低于2000—2019年3.7%的平均增速。

一、世界经济主要领域运行情况

(一)从需求端看,全球贸易弱势恢复

2024年,全球贸易呈现恢复态势,但受强紧缩货币政策滞后效应影响,叠加贸易保护主义盛行、贸易限制及制裁措施增多,复苏势头仍相对较弱。**月度及先行指标显示货物贸易仍较低迷。**据荷兰经济政策分析局数据,2024年,全球货物贸易量较上年增长1.7%,仍为2020年以来较低增速;1—7月月度同比增速持续在1%左右徘徊,8月以来增速略有加快。据标普数据,2024年全球制造业PMI新出口订单指数共10个月处于收缩区间,12月份为48.2%,较4月份的年内高点回落2.3个百分点。**服务贸易支撑全球贸易总体改善。**由于旅游业已基本恢复至疫情前水

平,全球服务贸易逐渐企稳,全球服务业 PMI 新出口订单指数全年处于扩张区间。从贸易额看,联合国贸发会议(UNCTAD)2024 年 12 月发布《全球贸易更新》报告预估,2024 年全球货物和服务贸易额有望达到约 33 万亿美元的历史新高,较上年增长 3.3%。其中,货物贸易额增长 2.0%,服务贸易额增长 7.0%。从贸易量看,联合国 2025 年 1 月发布《世界经济形势与展望》报告预估,2024 年全球货物和服务贸易量增长 3.4%,其中,货物贸易量增长 2.4%,仍处于疫情以来较低水平,服务贸易量增长 6.4%,保持较快增速。**全球投资活动有所回暖。**由于多数经济体开启降息周期,全球利率中枢高位下行,带动投资温和增长。联合国预计,2024 年全球固定资产投资增速为 3.4%,结束此前连续两年的负增长。

(二)从供给端看,全球制造业活动仍显疲弱

供应链压力持续缓解。纽约联储数据显示,全球供应链压力指数维持低位。2024 年全球供应链压力指数为-0.3,为 2016 年以来次低,其中 4 月份为-0.9,为 2023 年 8 月以来次低。**全球生产状况有所改善。**2024 年,全球产出扩张速度有所加快,据标普数据,全球综合 PMI 产出指数延续波动回升态势,且全年处于扩张区间,其中 5 月份上升至 53.7%,为 2023 年 5 月以来最高水平,12 月份为 52.6%,处于 2022 年以来相对高位。**制造业复苏动能不足。**2024 年全球制造业 PMI 于 48.0%—51.0% 区间波动,上半年整体略高于 50.0%荣枯线,保持温和扩张,下半年降至荣枯线及以下,12 月份为 49.6%,较 5 月份 51.0%的年内高点回落 1.4 个百分点。美国、日本制造业 PMI 自 7 月份以来均由荣转枯,欧元区收缩加剧。主要经济体工业生产表现疲弱。2024 年,美国工业生产下降 0.,3%,较上年由正转负;欧元区和日本工业生产分别下降 3.0% 和 2.3%,降幅较上年分别扩大 1.3 个和 1.0 个百分点;墨西哥增长 0.2%,较上年回落 3.2 个百分点。**服务业活动较为活跃。**据标普数据,2024 年全球服务业 PMI 于 52.0%—54.0%区间波动,保持较快扩张,12 月份为 53.8%,较 1 月份的 52.3%回升 1.5 个百分点,为近 7 个月最高。美国服务业 PMI 扩张逐渐加快,12 月份为 56.8%,创 2022 年 3 月以来新高;欧元区共 10 个月处于扩张区间,较上年有所好转。

（三）从金融市场看，国际金融市场情绪总体改善但脆弱性加大

2024年，虽然全球通胀压力明显缓解，但在主要经济体货币政策正常化、地缘冲突、美国大选尤其是特朗普政策主张等因素影响下，市场对美联储降息的预期明显减弱，国际金融市场波动加大。**全球股市波动上行，部分股指屡创新高**。2024年12月31日，明晟全球股票指数较上年末累计上涨18.4%，其间8月5日"黑色星期一"全球股市暴跌、日韩股指熔断，此后恢复普涨，12月6日再创历史最高收盘价。在美联储货币政策转向、人工智能技术突破，以及新一届政府政策预期等因素作用下，美国道指、纳指、标普500指数全年分别累计上涨18.9%、28.6%和23.3%，于12月16日、12月4日和12月6日为历史最高收盘价。欧洲股市表现不一，德国法兰克福DAX指数全年累计上涨18.8%，于12月12日为历史最高，英国富时100指数上涨5.7%。由于日本企业管治改革、证券交易所推出的改革措施以及日元贬值等利好因素支撑，日经225股指全年累计上涨19.2%，连续两年上涨。新兴市场股市表现分化，明晟新兴市场股指全年累计上涨10.5%。**债市收益率高位波动**。2024年，美国十年期国债收益率较上年末累计上涨70个基点，处于2007年以来较高水平，4月25日为4.70%，为2023年11月以来最高，12月31日回落至4.58%；德国、英国、日本十年期国债收益率全年分别累计上涨37.0个、62.7个、46.4个基点。**美元指数呈"N"字型走高**。2024年，美元指数在100.4—108.5区间波动，处于2003年以来高位，12月31日收于108.4816，为2022年11月以来最高收盘价，较上年末上涨7.0%。其他主要货币对美元普遍贬值，欧元、英镑汇率全年分别累计贬值6.2%和1.7%，其中，欧元汇率8月24日收于1.1193，英镑汇率9月26日收于1.3415，分别为2023年7月、2022年2月以来最高，四季度主要在美联储降息预期减弱和"特朗普交易"影响下大幅贬值；由于美日利差维持高位，强势美元背景下，日元全年贬值10.3%，7月10日收于161.6770，为1986年11月以来最低。新兴经济体货币遭遇不同程度的抛售潮，阿根廷比索跌至历史最低，全年累计贬值19.0%；韩元贬值12.6%，为2008年以来最大贬值幅度，土耳其里拉、巴西雷亚尔分别贬值16.5%、21.5%。

（四）从商品市场看，国际大宗商品价格整体下行

受全球工业和制造业生产复苏乏力、贸易增长动能不足影响，国际大宗商品需求较为疲软,导致价格承压下行。2024 年,国际大宗商品价格指数为 105.1(2010 年=100),较上年下跌 2.7%。其中,能源价格指数为 101.5,下跌 5.1%;非能源价格指数为 112.5,上涨 2.0%。**能源价格先涨后跌**。能源价格指数 1—4 月份持续上涨,4 月份涨至 109.6,创 2023 年 10 月以来新高,此后震荡下行,9 月份跌至 95.4,四季度,随着美联储开启降息步伐,叠加欧元区、英国、加拿大等经济体货币政策持续放宽,国际能源价格逐步企稳,12 月份为 96.5,同比下跌 3.1%。**非能源价格波动上涨**。非能源价格指数 5 月份涨至 115.6,创 2022 年 8 月以来新高,此后持续在 109—117 区间震荡,12 月份涨至 117.0,同比上涨 8.5%。**国际油价冲高回落**。2024 年,OPEC 一揽子原油平均价格较上年下跌 3.7%。1—4 月份,国际油价快速攀升,OPEC 一揽子油价由年初的 78.4 美元/桶升至 4 月 5 日的 91.1 美元/桶,创 2023 年 10 月 27 日以来新高,此后受原油需求增长放缓、地缘紧张局势有所缓和、主要经济体降息预期推迟等因素影响,国际油价震荡回调,9 月 11 日跌至 70.8 美元/桶,创 2022 年以来新低,四季度有所企稳,持续在 70—80 美元/桶区间震荡。

二、主要经济体经济运行情况

(一)美国经济仍具韧性

2024 年,美国通胀水平持续回落,劳动力市场紧张态势有所缓解,消费和投资活动较为活跃,支撑经济保持温和增长。展望 2025 年,若特朗普实行高关税和驱逐移民的政策组合,将抬高进口成本、加剧劳动力短缺,再度抬升通胀风险,抑制消费增长,并进一步影响货币政策调整路径,加大政策不确定性,经济增长面临多重挑战。

1. 经济增长放缓。2024 年,美国 GDP 为 29.2 万亿美元,增速为 2.8%,较上年回落 0.1 个百分点。分季度看,四个季度环比折年率增速分别为 1.6%、3.0%、3.1%和 2.3%,呈现先升后降态势;同比增速分别为 2.9%、3.0%、2.7%和 2.5%,下半年增长动能有所减弱。

个人和政府的消费和投资为经济增长的主要拉动项。2024 年,美国个人消费支出增速较上年加快 0.3 个百分点至 2.8%,对经济增长的贡献由上年的 1.72 个百分点小幅回升至 1.87 个百分点,商品和服务消费分别拉动 0.51 个和 1.36 个百分点,是美国经济增长的重要引擎;私人投资增速较上年加快3.9个百分点至4.0%,拉动经济增长0.73个百分点,其中固定资产投资拉动经济增长0.66个百分点,私人存货变动拉动经济增长0.06个百分点;政府支出增速较上年回落0.5个百分点至3.4%,拉动经济增长0.57个百分点;出口增长3.2%,较上年加快0.4个百分点,进口增长5.4%,较上年由负转正,贸易逆差有所扩大,净出口拖累经济增长0.38个百分点(见表1)。

表1 美国年度及季度GDP构成对经济增长的拉动

单位:百分点

指 标	2022年	2023年	2024年				
				一季度	二季度	三季度	四季度
国内生产总值	**2.5**	**2.9**	**2.8**	**1.6**	**3.0**	**3.1**	**2.3**
个人消费支出	2.06	1.72	1.87	1.30	1.90	2.48	2.79
商品	-0.14	0.42	0.51	-0.25	0.63	1.18	1.27
服务	2.20	1.30	1.36	1.55	1.27	1.31	1.53
政府消费与投资	-0.20	0.66	0.57	0.30	0.52	0.86	0.49
私人投资	1.07	0.02	0.73	0.64	1.47	0.16	-1.05
净出口	-0.42	0.49	-0.38	-0.61	-0.90	-0.43	0.12
出口	0.82	0.31	0.35	0.21	0.12	1.01	-0.05
商品	0.45	0.17	0.16	-0.02	0.07	0.70	-0.34
服务	0.38	0.14	0.20	0.23	0.05	0.31	0.29
进口	-1.24	0.17	-0.74	-0.82	-1.01	-1.44	0.17
商品	-0.81	0.22	-0.53	-0.69	-0.90	-1.14	0.58
服务	-0.43	-0.05	-0.21	-0.13	-0.12	-0.29	-0.41

资料来源:美国经济分析局。

2. 工业生产低迷。2024年,美国工业生产下降0.3%,创2020年以来新低;制造业生产下降0.4%,连续两年下降;工业产能利用率为77.6%,较上年回落1.4个百分点,创2020年以来新低。从月度数据看,由于利率高企和需求不足,工业生产、制造业生产同比增速分别在-1.0%—1.0%、-2.0%—0.5%区间波动;产能利用率呈现先升后降态势,6月份升至78.2%的年内高点,此后波动回落至11月份的76.8%,为年内最低。

3. 消费市场保持活跃。2024年,美国个人实际可支配收入增速为2.7%,较上年回落2.3个百分点;个人实际消费支出增速为2.8%,较上年加快0.3个百分点,其中个人实际服务消费增速为2.9%,为主要拉动项。零售总额为8.55万亿美元,创历史新高,增速为3.0%,较上年回落0.4个百分点。从月度数据来看,个人实际可支配收入同比增速从1月份的3.7%波动回落至12月份的2.2%,为年内最低;个人实际消费支出同比增速从1月份的最低点1.9%波动回升至11月份的最高点3.2%,12月份小幅回落至3.1%;零售额同比增速从2月份的最高点6.3%回落至6月份的最低点-0.1%,而后波动回升,四季度趋于平稳增长,增速保持在4%—5%区间。

4. 对外贸易较快增长,贸易逆差有所扩大。2024年,美国进出口总额为73016.0亿美元,创历史新高,增速为5.4%,较上年由负转正。其中,出口额增长3.9%,进口额增长6.6%。全年贸易逆差为9184.2亿美元,较上年扩大1335.3亿美元,为有记录以来次高。

5. 通胀水平持续回落。2024年,美国CPI上涨2.9%,涨幅较上年回落1.2个百分点,连续两年回落。分项中,由于国际大宗商品价格继续回落,能源(-1.3%)连续两年下跌,食品(2.3%)涨幅较上年回落3.5个百分点,创2019年以来新低。扣除食品和能源价格的核心CPI上涨3.4%,涨幅回落1.4个百分点,创2020年以来新低。住宅(4.4%)、服装(0.7%)、娱乐(1.5%)涨幅分别回落2.0个、2.1个和2.5个百分点。PPI上涨2.3%,涨幅较上年扩大0.3个百分点,仍为2020年以来次低。

6. 劳动力市场有所降温。2024年,美国全年平均失业率为4.0%,较上年上升0.4个百分点,为近3年来最高水平;新增非农就业总人数为199.6万人,增幅较上年收窄59.8万人,创2020年以来新低。职位空缺数由1月份的874.8万人降至12月份的760.0万人,薪资增长放缓,私人非农企业员工平均时薪同比增速由1月份的4.3%回落至12月份的4.1%。

(二)欧元区经济温和改善

2024年,在服务业活动保持活跃、通胀放缓以及下半年欧洲央行货币政策转向宽松支撑下，欧元区经济走出停滞，消费需求逐步回暖，市场信心有所增强，但受外部需求疲弱拖累，生产及对外贸易持续低迷，加之能源供给不稳定扰动，经济复苏力度仍相对较弱。展望2025年，在宽松货币政策下，内需旺盛将继续支撑经济温和增长，但在外部环境具有高度不确定性，内部增长动力有限、通胀反弹压力仍存的影响下，经济增长前景不容乐观。

1. 经济温和增长。2024年，欧元区GDP增速为0.7%，较上年加快0.3个百分点。在服务业活动保持旺盛，加之通胀逐步回落、欧洲央行放宽货币政策带动消费回暖，经济总体好于上年，但受外需转弱导致工业、贸易持续低迷拖累，复苏力度下半年有所减弱。分季度看，四个季度GDP环比增速分别为0.3%、0.2%、0.4%和0.1%；同比增速为0.4%、0.5%、0.9%和0.9%。主要成员国中，2024年，德国GDP增速为-0.2%，连续两年负增长；法国、意大利GDP分别增长1.1%、0.7%，均与上年持平。

2. 工业生产持续萎缩。2024年，欧元区工业生产和制造业生产增速分别为-3.0%和-3.2%，降幅较上年分别扩大1.3个和2.0个百分点，均为2020年以来最低。月度同比持续负增长，但下半年降幅有所收窄。由1月份的-5.4%、-6.1%收窄至12月份的-2.0%、-2.4%。

3. 消费市场有所回暖。从零售量看，2024年，欧元区商品零售量增长1.0%，增速较上年由负转正。其中，食品饮料烟草增长0.1%，结束此前连续两年的负增长；非食品（不含燃料）、汽车燃料分别增长1.6%、1.0%，均较上年由负转正。从市场信心看，欧元区消费者信心指数由1月份的-16.1回升至12月份的-14.5，其中10月份为-12.5，为2022年2月以来最高。

4. 对外贸易依然低迷。2024年，欧元区货物进出口总额为55510亿欧元，较上年下降1.6%，连续两年负增长。其中，货物出口额为28640亿欧元，增长0.6%，增速较上年由负转正；货物进口额为26870亿欧元，下降3.7%，连续两年负增长；净出口额由上年的574亿欧元升至1769亿欧元，顺差有所扩大。

5. 通胀涨幅明显回落。2024年，欧元区CPI上涨2.4%，涨幅较上年回落3.0个百分点，为近4年最低；其中，能源（-2.2%）连续两年下降，食品烟酒(2.9%)、非能源工业产品(0.8%)涨幅分别回落8.0个、4.2个百分点,均降至2020年以来相对低位,但服务类产品(4.0%)涨幅为2002年有记录以来次高,仍较为坚挺;核心CPI上涨2.8%,涨幅回落2.1个百分点,为近三年最低。受中间品和能源价格下降影响,PPI下降4.2%,降幅较上年扩大2.2个百分点,为2009年以来最大降幅。

6. 劳动力供给总体稳定。2024年,欧元区平均失业率为6.4%,较上年回落0.2个百分点,为有记录以来最低。全年平均失业人数为1098.3万人,减少17.8万人,为有记录以来最低。

(三)日本经济缓慢复苏

2024年,得益于日元贬值,日本出口额创纪录最高,贸易逆差大幅收窄,由于物价高企和劳动力短缺,日本企业加快设备投资,但个人消费低迷,经济复苏步伐仍较为缓慢。展望2025年,日本有望通过改善个人收入和刺激投资拉动经济增长,但仍面临外部贸易政策不确定性、货币政策走向分化,以及内部劳动力短缺、高债务等结构性问题制约。

1. 经济低速增长。2024年,日本GDP增速为0.1%,较上年大幅回落1.4个百分点。分季度看,四个季度GDP环比增速分别为-0.5%、0.7%、0.4%和0.7%,同比增速为-0.8%、-0.8%、0.6%和1.2%,呈现缓慢复苏的态势。

从GDP构成看,国内需求拉动经济增长0.2个百分点,分项中,私人企业设备投资拉动经济增长0.2个百分点,为需求的主要拉动项;私人需求对经济的贡献为0,其中私人消费、私人住宅投资均拖累0.1个百分点。政府需求拉动经济增长0.1个百分点。由于日元贬值、进口能源价格回落,净出口拖累经济增长0.1个百分点(见表2)。

2. 工业萎缩程度加深,服务业保持恢复态势。2024年,日本工业生产下降2.3%,降幅较上年扩大1.0个百分点,连续三年下降。从月度数据看,1月份工业生产指数为92.4(2020年=100),为2020年8月以来最低,此后持续低位徘徊,全年平均为101.5,为2020年以来最低。据标普数据,制造业PMI全年有10个月低于50.0%荣枯线;服务业PMI全年有10个月处扩张区间,其中4月份为54.3%,为2023年5月以来最高。

表 2　2024 年日本 GDP 构成对经济增长的拉动

单位:百分点

指　　标	2024 年	一季度	二季度	三季度	四季度
国内生产总值	0.1	-0.5	0.7	0.4	0.7
国内需求	0.2	-0.2	1.1	0.5	-0.1
私人需求	0.0	-0.2	0.6	0.6	-0.1
私人消费	-0.1	-0.3	0.4	0.4	0.1
私人住宅投资	-0.1	-0.1	0.1	0.0	0.0
私人企业设备投资	0.2	-0.1	0.2	0.0	0.1
政府需求	0.1	-0.1	0.5	0.0	0.0
政府消费	0.2	0.0	0.2	0.0	0.1
政府投资	0.0	-0.1	0.3	-0.1	0.0
净出口	-0.1	-0.3	-0.3	-0.1	0.7
出口	0.2	-0.9	0.4	0.3	0.2
进口	-0.3	0.7	-0.7	-0.5	0.5

资料来源:日本内阁府。

注:季度数据为环比贡献。

3. 内需疲软,消费信心不足。由于物价高企,工资上涨有限,2024 年日本零售额增长 2.5%,增速较上年回落 3.1 个百分点,为近 3 年最低;受日本本土车企认证违规暂停生产影响,全年新车登记数下降 6.7%,较上年的 15.8%由正转负,为近 4 年最大降幅。消费者信心指数低位波动,由 1 月份的 37.7 降至 12 月份的 35.9,为 2023 年 9 月以来次低。

4. 对外贸易有所好转。2024 年,日本货物贸易出口额增长 6.2%,增速较上年加快 3.5 个百分点;因能源进口价格大幅回落,进口额增长 1.8%,较上年的-6.8%由负转正;受进口额增速低于出口额、日元贬值影响,贸易逆差较上年收窄 41869 亿日元至 53352 亿日元,为近 3 年最小逆差。

5. 通胀压力持续。2024 年,日本 CPI 上涨 2.7%,涨幅较上年回落 0.5 个百分点,为 1991 年以来次高;日本米价长期居高不下推高整体物价水平,食品(4.3%)、能源(3.8%)、教育文化娱乐(5.4%)、家具及家庭用品(4.0%)等均大幅上涨。扣除生鲜食品的核心 CPI 上涨 2.5%,涨幅回落 0.6 个百分点,为 2014 年以来次高。PPI 上涨 2.3%,涨幅回落 2.0 个百分点。

6. 劳动力市场保持稳定。2024 年,日本失业率为 2.5%,较上年回落 0.1 个百分点,为近 5 年最低。高成本压力下企业招聘意愿有所减弱,全年求人倍率为 1.25,较上年下降 0.06,为近 3 年首次下降。

(四)新兴及其他经济体经济持续复苏

2024 年,新兴及其他经济体经济延续复苏态势,生产活动保持扩张,对外贸易明显好转,通胀持续回落,劳动力市场仍具韧性。但由于市场对美欧降息预期反复,“特朗普交易”推动美元指数走高,新兴及其他经济体面临较大货币贬值压力和金融市场波动风险。展望 2025 年,随着主要经济体开启降息周期,全球货币政策延续宽松,新兴及其他经济体经济有望得到提振。但地缘政治不确定性仍存,美国加征关税限制贸易活动,通胀上行风险和贸易不确定性仍然较大,加之部分国家债务高企,新兴及其他经济体经济增长前景面临挑战。

1. 多数经济体经济增长加快。2024 年,越南 GDP 增速为 7.1%,较上年加快 2.1 个百分点;新加坡(4.4%)、中国台湾(4.6%)和韩国(2.0%)分别加快 2.6 个、3.5 个和 0.6 个百分点;菲律宾(5.6%)、印尼(5.0%)和俄罗斯(4.1%)与上年持平;墨西哥(1.3%)和南非(0.6%)较上年分别回落 2.0 个和 0.1 个百分点,均为近 4 年最低;2024 财年,印度 GDP 增速为 6.5%,较上一财年回落 2.7 个百分点,保持较快增速。据 IMF1 月份预估,2024 年,巴西 GDP 增速为 3.7%,较上年加快 0.5 个百分点(见表 3)。

2. 制造业扩张势头渐弱。2024 年上半年新兴及其他经济体制造业活跃度有所提升,下半年由于市场需求表现疲软,制造业厂商生产积极性下降,制造业扩张势头有所放缓。据标普数据,印度制造业 PMI 先升后降,全年处于 56.4%—59.1%区间波动,12 月份为 56.4%,较 6 月份相对高点回落 1.9 个百分点;墨西哥制造业 PMI 上半年处于扩张区间,7 月份以来由荣转枯,9 月份降至 47.3%,为 2022 年 1 月以来最低;越南制造业 PMI 上半年整体回升,6 月份和 7 月份升至 54.7%,为 2018 年 11 月以来最高,12 月份降至 49.8%;俄罗斯扩张势头有所放缓,12 月份为 50.8%,较 3 月份 55.7%的相对高点回落 4.9 个百分点;菲律宾和巴西分别于 50.9%—54.3%和 50.4%—55.9%区间波动,保持温和扩张。

3. 对外贸易有所回暖。2024 年以来,随着全球货币政策转为宽松,国际贸易回暖,主要国家进出口总额实现正增长。2024 年,全球经济"金丝雀"韩国进出口总额较上年增长 3.2%,增速由负转正,其中出口额增长 8.1%,全年保持正增长;印度进出口总额增长 5.1%,其中出口额增长 2.9%,进口额增长 6.5%,增速均由负转正;越南进出口总额增长 15.2%,增速由负转正,其中出口额增长 14.2%,进口额增长 16.2%,全年均有 10 个月增速超 10%;印尼、巴西进出口总额分别增长 3.7%、3.3%,增速均由负转正。

表 3　2023—2024 年其他主要经济体经济增速

单位:%

经济体	2023 年	2024 年	一季度	二季度	三季度	四季度
新加坡	1.8	4.4	3.2	3.4	5.7	5.0
韩　国	1.4	2.0	3.3	2.3	1.5	1.2
中国香港	3.2	2.5	2.8	3.1	1.9	2.4
中国台湾	1.1	4.6	6.6	4.9	4.2	2.9
俄罗斯	4.1	4.1	5.4	4.1	3.1	2.7[1]
墨西哥	3.2	1.2	1.5	2.2	1.7	0.5
巴　西	3.2	3.7[1]	2.6	3.3	4.0	4.1[1]
南　非	0.7	0.6	0.6	0.4	0.4	0.9
印　尼	5.0	5.0	5.1	5.1	5.0	5.0
越　南	5.0	7.1	6.0	7.3	7.4	7.6
印　度[2]	9.2	6.5	8.4	6.5	5.6	6.2

资料来源:IMF 和各经济体官方统计网站。

注:1. 巴西 2024 年度和四季度增速以及俄罗斯四季度增速为 IMF 估计;2. 印度年度增速为财政年度数据。

4. 通胀涨幅继续回落。由于利率整体仍处于较高水平,在一定程度上抑制投资和消费需求,加之供应链压力缓解,国际大宗商品价格持续回落,供给状况有所改善,主要经济体通胀继续回落。2024 年,韩国 CPI 上涨 2.3%,涨幅较上年回落 1.3 个百分点,8 月份以来持续低于央行 2%的目标;印尼(2.3%)涨幅回落 1.1 个百分点,6 月份以来持续低于央行 1.5%—3.5%的目标区间中点;印度(4.9%)涨幅回落 0.8 个百分点,连续两年处于央行 2%—6%的目标区间;巴西、南非 CPI 均上涨 4.4%,涨幅分别回落 0.2 个、1.6 个百分点,均降至央行目标区间。

5. 劳动力市场仍具韧性。在经济复苏拉动下,新兴及其他经济体就业形势继续好转,劳动力市场仍展现较强韧性。2024 年,巴西平均失业率为 6.9%,较上年回落 1.1 个百分点,为 2014 年以来最低水平;印度(8.0%)、印尼(4.9%)和墨西哥(2.7%)分别回落 0.1 个、0.5 个和 0.1 个百分点;韩国(2.8%)小幅回升 0.1 个百分点,仍处于历史相对低位。

三、不确定性上升,2025 年世界经济复苏前景仍不容乐观

(一)促进世界经济增长的积极因素

主要经济体货币政策保持宽松。随着国际大宗商品价格和主要经济体通胀涨幅继续回落,主要央行 2025 年将维持相对宽松的货币政策立场。美联储表示将根据通胀及经济走势谨慎决定政策利率调整时间;由于通胀总体可控,但经济表现低迷、部分成员国政局动荡,加之外部不确定性对经济可能造成冲击,市场预期欧洲央行将连续降息至 2025 年年中。此外,2025 年以来,澳大利亚、印度等经济体开启降息,加拿大、英国、墨西哥、南非等经济体继续降息。一方面,宽松的货币政策环境有利于降低借贷和融资成本,刺激消费和投资,有助于全球贸易及投资活动复苏。另一方面,新兴和发展中经济体货币政策调整空间将有所扩大,有助于促进其经济更快复苏。

中美将继续拉动世界经济增长。世行指出,在减税等扩张性财政政策支撑下,美国内需仍将保持旺盛,并拉动进口较快增长、刺激金融市场风险偏好上升,利好新兴市场国家。世行预计,美国经济每增长 1 个百分点可能在三年内拉动新兴市场国家经济累计增长 2.9 个百分点。世行指出,在中国实施更加积极的财政政策和适度宽松的货币政策下,加之一系列促消费、稳预期等政策举措落地见效,消费需求有望得到提振,此外,在

支持性政策下房地产活动也将较预期更快企稳，这将有助于提振市场信心，拉动生产及投资活动改善，中国经济的较快增长将继续对全球经济带来积极的溢出效应。世行预计，中国每经济增长1个百分点，将在三年内拉动全球经济累计增长0.8个百分点。

（二）拖累世界经济增长的消极因素

贸易限制措施阻碍贸易复苏步伐。世行报告显示，2024年全球新增贸易限制措施是2010—2019年平均水平的五倍。2025年，特朗普政府或将采取更大力度的贸易保护主义措施，对全球贸易复苏带来巨大挑战。贸易限制措施增加及可能引发的报复措施将破坏全球价值链，抬升全球商品价格，加剧通胀压力，并进一步影响主要经济体货币政策调整路径，加大世界经济下行风险。世行预计，2025年全球货物和服务贸易量增速为3.1%，较2024年6月预测值下调0.3个百分点。

地缘政治紧张局势对供给扰动持续。2024年，全球地缘政治风险指数共有11个月高于长期平均水平100，12月份为136.2，保持在2022年5月以来高位。展望2025年，在俄乌冲突反复拉锯，中东地区局势尚不明朗的复杂态势下，全球地缘政治局势仍将具有较大不确定性，地缘风险及外溢可能仍然较大，地缘冲突将持续扰动国际能源、粮食、金属等重要商品供给，加剧国际大宗商品价格波动和供应链不稳定性。

经济政策不确定性加剧金融市场风险。近期全球经济政策不确定性显著上升，一方面，受通胀、就业等经济数据影响，美联储降息路径仍存较大不确定性。2025年2月18日，芝加哥商品交易所“美联储观察”工具显示，下次降息时点将从1月份预测的2025年6月推迟至9月，全年仅降息1次，幅度收窄至25个基点。同时欧元区、日本等主要经济体货币政策将继续分化；另一方面，特朗普在贸易、移民、税收等政策上的主张及其实施效果不确定性仍存。在此背景下，国际金融市场波动或将加大，其他经济体特别是新兴经济体或继续面临较大的货币贬值和资本流出压力。截至2025年2月20日，美元指数较2024年三季度末上涨5.8%。非美货币贬值幅度加大，韩国韩元、马来西亚林吉特、南非兰特分别较2024年三季度末贬值8.3%、6.9%、5.9%，巴西雷亚尔、墨西哥比索、泰国泰铢、印度卢比贬值3%—4%。世行和IMF均表示，全球政策的高度不确定性可能会削弱投资者信心，抑制资金流动，导致融资环境恶化。

全球债务压力有增无减。据联合国数据，截至2024年12月，全球公共债务占GDP的比重为95.1%，较2019年上升12.0个百分点，较2007年上升36.0个百分点。未来，全球经济碎片化加深、贸易和经济政策不确定性加大、金融市场风险不断积聚，全球债务脆弱性或将加剧，部分发展中经济体仍将面临较高的债务违约风险，制约经济体经济复苏进程，对世界经济及金融稳定构成挑战。据联合国数据，2024年各国政府平均将8.5%的财政收入用于支付利息，高于2019年的6.0%。利息支出在财政支出中占比提高，进而对支持经济发展与建设性支出产生挤出效应，削弱财政政策调控的韧性，拖累经济增长步伐。据世行数据，主权信用评级较低的新兴市场和发展中经济体通常面临较高的借款成本和沉重的债务负担，这些经济体2025—2026年经济平均增速仅为2.9%，显著落后于其他新兴市场和发展中经济体4.1%的平均增速。

三、国际组织机构对世界经济的最新预判

世界经济将保持缓慢复苏。2024年，世界经济展现出一定韧性，增长保持相对稳定，国际大宗商品价格的回落及全球通胀的放缓有效缓解了地缘紧张局势带来的冲击，活跃的服务业活动以及下半年主要经济体货币政策转向宽松有效提振了市场信心，一定程度弥补了总需求不足对生产、贸易及投资造成的拖累。展望2025年，尽管在全球通胀有望继续放缓、货币环境延续宽松以及美国和中国经济保持较强增长拉动下，世界经济将延续复苏态势，但受地缘冲突频发、贸易保护主义加剧以及政策不确定性上升等风险影响下，经济下行压力依然较大，加之世界经济尚未从前期疫情、俄乌冲突等冲击中完全恢复，世界经济或将面临长期的低增长。2025年1月，IMF预计2025年世界经济增速将较2024年加快0.1个百分点至3.3%，2026年将持平于3.3%，低于2000—2019年3.7%的平均增速；世行预计2025年、2026年世界经济增速均为2.7%，低于历史平均增速；联合国预计2025年世界经济增速将持平于2.8%，2026年将增长2.9%，低于疫情前历史平均水平（见表4）。

主要经济体延续分化走势。IMF预计，2025年，由于金融环境转向宽松，潜在需求和劳动力市场仍较强劲，预计美国经济将增长2.7%，较2024年10月预测值上调0.5个百分点。在宽松货币政策刺激下，内需

有望继续回暖并支撑经济复苏，但在地缘政治紧张局势打压市场情绪，制造业复苏不确定性加剧影响下，欧元区将增长 1.0%，较 2024 年 10 月预测值下调 0.2 个百分点。随着货币政策趋于正常化，加之雇员薪酬增长有望拉动消费需求，日本将增长 1.1%，与 2024 年 10 月预测值持平。在生产活动保持活跃，通胀放缓有利于消费继续增长支撑下，预计印度将增长 6.5%，与 2024 年 10 月预测值持平。

全球通胀有望继续放缓。随着能源价格预期下行、劳动力市场总体稳定，2025—2026 年全球通胀涨幅将进一步回落。IMF 预计，2025 年全球通胀涨幅将由 2024 年的 5.7% 回落至 4.2%，2026 年将进一步降至 3.5%，均较 2024 年 10 月份预测值下调 0.1 个百分点。其中，发达经济体通胀回落 0.5 个百分点至 2.1%，2026 年降至 2.0%；新兴市场和发展中经济体将回落 2.2 个百分点至 5.6%，2026 年降至 4.5%。但 IMF 指出，全球降通胀进程仍然艰难。一是多数经济体服务领域价格依然高企；二是贸易保护主义特别是特朗普关税计划将推高进口价格，加大通胀反弹风险；三是地缘政治紧张局势直接影响运价及大宗商品价格，加大进口国价格压力。

表 4　世界经济主要指标及预测

单位：%

指标	预测机构	2023 年	2024 年估计值	2025 年预测值
经济增长率	**国际货币基金组织**			
	世　界[1]	**3.3**	**3.2**	**3.3**
	发达经济体	**1.7**	**1.7**	**1.9**
	美　国	2.9	2.8	2.7
	欧元区	0.4	0.8	1.0
	日　本	1.5	−0.2	1.1
	发展中经济体	**4.4**	**4.2**	**4.2**
	中　国	5.2	4.8	4.6
	世界银行			
	世　界	**2.7**	**2.7**	**2.7**
	美　国	2.9	2.8	2.3
	中　国	5.2	4.9	4.5
	欧元区	0.4	0.7	1.0
	日　本	1.5	0.0	1.2
	印　度[4]	8.2	6.5	6.7
	英国共识公司			
	世　界	**2.7**	**2.6**	**2.6**
	美　国	2.9	2.8	2.2
	中　国	5.2	5.0	4.5
	欧元区	0.5	0.7	0.9
	日　本	1.5	−0.1	1.2
	印　度[4]	8.2	6.3	6.5

指标	预测机构		2023 年	2024 年估计值	2025 年预测值
通货膨胀率	**国际货币基金组织**				
	世　界		**6.7**	**5.7**	**4.2**
	发达经济体		**4.6**	**2.6**	**2.1**
	发展中经济体		**8.1**	**7.8**	**5.6**
	英国共识公司				
	世　界		**5.6**	**3.8**	**2.9**
	美　国		4.1	3.0	2.7
	中　国		0.2	0.2	0.6
	欧元区		5.4	2.4	2.1
	日　本		3.3	2.7	2.6
货物贸易量增速	**世界贸易组织[2]**				
	世　界		**−1.1**	**2.7**	**3.0**
	出口	北　美	3.7	2.1	2.9
	出口	中南美	2.3	4.6	−0.1
	出口	欧　洲	−2.6	−1.4	1.8
	出口	亚　洲	0.3	7.4	4.7
	进口	北　美	−2.0	3.3	2.0
	进口	中南美	−4.5	5.6	1.7
	进口	欧　洲	−5.0	−2.3	2.2
	进口	亚　洲	−0.7	4.3	5.1
	国际货币基金组织				
	世　界[3]		**0.7**	**3.4**	**3.2**

资料来源：世界贸易组织《全球贸易展望与统计》（2024 年 10 月）；世界银行《全球经济展望》（2025 年 1 月）；国际货币基金组织《世界经济展望》（2025 年 1 月）；英国共识公司《国际经济调查与预测》（2025 年 2 月）。

注：1. 购买力平价法 GDP 加权汇总；2. 为 WTO 基准预测；3. 包括货物和服务贸易；4. 印度为财政年度数据。

（执笔：释经组①；成文于 2025 年 2 月）

① 成员：余秋梅、石庆焱、李婧婧、郝悦、朱祎、赵宇欣。

经济仍具韧性 “滞胀”风险加大

——2024 年美国经济形势回顾及 2025 年展望

2024 年,美国通胀水平持续回落,劳动力市场紧张态势有所缓解,消费和投资活动较为活跃,支撑经济保持温和增长。展望 2025 年,消费和投资需求将保持韧性,劳动力市场趋于稳定,将成为美国经济增长的有利因素,但随着美国不断增加关税壁垒,将抬高进口成本,再度抬升通胀风险,抑制消费增长,并进一步影响货币政策调整路径,加大政策不确定性,经济“滞胀”风险加大。

一、2024 年美国主要经济指标情况

(一)经济增长放缓

2024 年,美国 GDP 为 29.2 万亿美元,增速为 2.8%,较上年回落 0.1 个百分点。分季度看,四个季度环比折年率增速分别为 1.6%、3.0%、3.1%和 2.4%,呈现先升后降态势;同比增速分别为 2.9%、3.0%、2.7%和 2.5%,下半年增长动能有所减弱。

个人和政府的消费和投资为经济增长的主要拉动项。2024 年,美国个人消费支出增速较上年加快 0.3 个百分点至 2.8%,对经济增长的贡献也由上年的 1.72 个百分点小幅回升至 1.87 个百分点,商品和服务消费分别拉动 0.52 个和 1.35 个百分点,是美国经济增长的重要引擎;私人投资增速较上年加快 3.9 个百分点至 4.0%,拉动经济增长 0.73 个百分点,其中固定资产投资对经济增长贡献 0.67 个百分点,私人存货变动拉动经济增长 0.06 个百分点;政府支出增速较上年回落 0.5 个百分点至 3.4%,对经济增长贡献 0.57 个百分点。出口增长 3.2%,较上年加快 0.4 个百分点,进口增长 5.4%,较上年由负转正,贸易逆差有所扩大,净出口拖累

经济增长 0.39 个百分点(表 1、表 2)。

表 1　美国年度及季度 GDP 环比增长率

单位:%

指　标	2022 年	2023 年	2024 年	2024 年			
				一季度	二季度	三季度	四季度
国内生产总值	**2.5**	**2.9**	**2.8**	**1.6**	**3.0**	**3.1**	**2.4**
个人消费支出	3.0	2.5	2.8	1.9	2.8	3.7	4.2
商品	-0.6	1.9	2.4	-1.2	3.0	5.6	6.1
服务	5.0	2.9	3.0	3.4	2.7	2.8	3.3
政府消费与投资	-1.1	3.9	3.4	1.8	3.1	5.1	2.9
私人投资	6.0	0.1	4.0	3.6	8.3	0.8	-5.7
出口	7.5	2.8	3.2	1.9	1.0	9.6	-0.5
商品	5.9	2.3	2.2	-0.2	0.9	10.3	-4.8
服务	11.1	3.8	5.3	6.1	1.2	8.4	7.7
进口	8.6	-1.2	5.4	6.1	7.6	10.7	-1.2
商品	6.7	-1.8	4.8	6.5	8.4	10.7	-5.0
服务	17.8	1.6	7.7	4.8	4.3	11.0	15.3

资料来源:美国经济分析局。

注:季度数据为经季节调整折年率。

表 2　美国年度及季度 GDP 构成对 GDP 环比增长的拉动

单位:百分点

指　标	2022 年	2023 年	2024 年	2024 年			
				一季度	二季度	三季度	四季度
国内生产总值	**2.5**	**2.9**	**2.8**	**1.6**	**3.0**	**3.1**	**2.4**
个人消费支出	2.06	1.72	1.87	1.30	1.90	2.48	2.70
商品	-0.14	0.42	0.52	-0.25	0.63	1.18	1.30
服务	2.20	1.30	1.35	1.55	1.27	1.31	1.41
政府消费与投资	-0.20	0.66	0.57	0.30	0.52	0.86	0.52
私人投资	1.07	0.02	0.73	0.64	1.47	0.16	-1.03
出口	0.82	0.31	0.35	0.21	0.12	1.01	-0.01
商品	0.45	0.17	0.16	-0.02	0.07	0.70	-0.33
服务	0.38	0.14	0.20	0.23	0.05	0.31	0.32
进口	-1.24	0.17	-0.74	-0.82	-1.01	-1.44	0.27
商品	-0.81	0.22	-0.54	-0.69	-0.90	-1.14	0.57
服务	-0.43	-0.05	-0.20	-0.13	-0.12	-0.29	-0.30

资料来源：美国经济分析局。

（二）工业生产持续低迷

2024年，美国工业生产下降0.2%，创2020年以来新低；制造业生产下降0.4%，连续两年下降；工业产能利用率为77.6%，较上年回落1.4个百分点，创2020年以来新低。从月度数据看，由于利率高企和需求不足，工业生产、制造业生产同比增速分别在-1.0%—1.0%、-2.0%—1.0%区间波动；产能利用率呈现先升后降态势，6月份升至78.2%的年内高点，此后波动回落至11月份的76.8%，为年内最低（图1）。

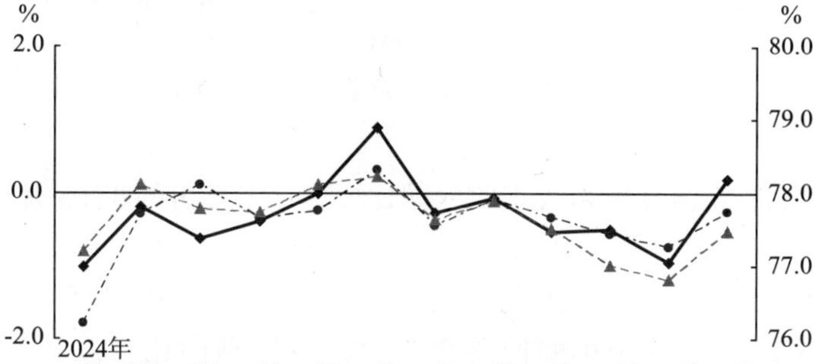

	1月	2月	3月	4月	5月	6月	7月	8月	9月	10月	11月	12月
工业(左)	-1.0	-0.2	-0.6	-0.4	0.0	0.9	-0.3	-0.1	-0.5	-0.5	-1.0	0.2
制造业(左)	-1.8	-0.3	0.1	-0.4	-0.3	0.3	-0.5	-0.1	-0.3	-0.6	-0.7	-0.3
工业产能利用率(右)	77.2	78.1	77.8	77.7	78.1	78.2	77.6	77.9	77.5	77.0	76.8	77.5

图1　美国工业和制造业生产同比增速、工业产能利用率

资料来源：美国联邦储备委员会。

采购经理人指数（PMI）反映了行业整体活跃程度，是分析行业前景的重要前瞻指标。2024年，标普全球制造业PMI由荣转枯，上半年制造业PMI持续在50.0%—53.0%区间徘徊，下半年回落至收缩区间，12月份为49.4%，较2月份的年内高点回落2.8个百分点；服务业PMI全年处于扩张区间，由1月份的52.5%波动回升至12月份的56.8%，为年内最高（图2）。

（三）消费市场保持活跃

2024年，美国个人实际可支配收入增速为2.9%，较上年回落2.2个百分点；个人实际消费支出增速为2.8%，较上年加快0.3个百分点，其中个人实际服务消费增速为2.9%，为主要拉动项。零售总额为8.54万亿美元，创历史新高，增速为3.0%，较上年回落0.4个百分点。从月度数据

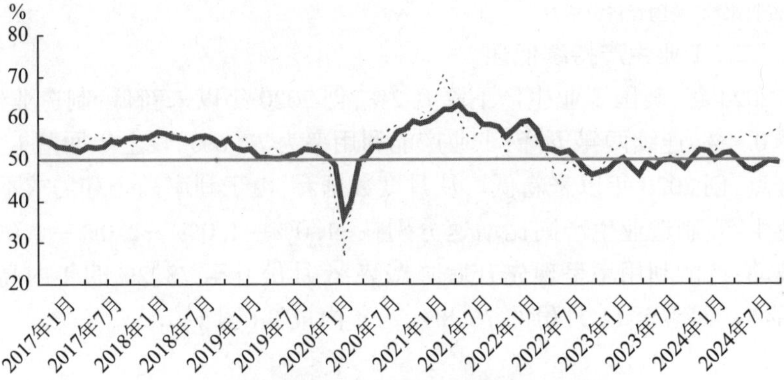

图 2　美国制造业与服务业 PMI 月度走势

资料来源:S&P Global。

来看,个人实际可支配收入同比增速从 1 月份的 4. 1%升至 6 月份的最高点 6. 5%,此后波动回落至 12 月份的 3. 7%,为年内最低;个人实际消费支出同比增速从 1 月份的最低点 1. 9%波动回升至 11 月份的最高点 3. 2%,12 月份小幅回落至 3. 1%;零售额同比增速从 2 月份的最高点 6. 3%回落至 6 月份的最低点-0. 1%,而后波动回升,四季度趋于平稳增长,增速保持在 3%—5%区间。

(四)劳动力市场有所降温

2024 年,美国全年平均失业率为 4. 0%,较上年回升 0. 4 个百分点,为近 3 年来最高水平;新增非农就业人数为 223. 2 万人,增幅较上年收窄 78. 1 万人,创 2020 年以来新低(图 3)。职位空缺数由 1 月份的 874. 8 万

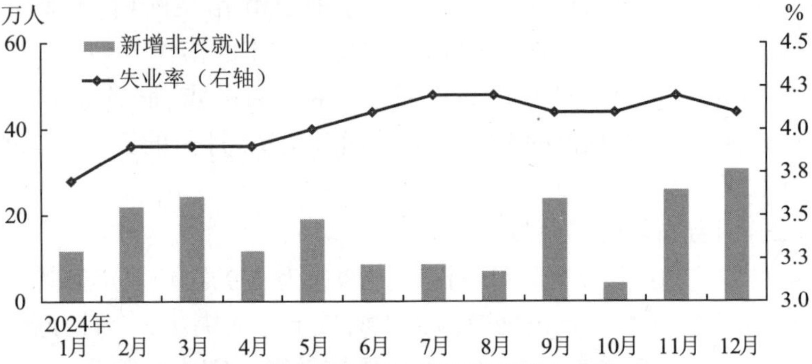

图 3　美国失业率与新增非农就业人数

资料来源:美国劳工统计局。

人降至12月份的760.0万人，薪资增长放缓，私人非农企业员工平均时薪同比增速由1月份的4.4%回落至12月份的3.9%。

（五）通胀水平持续回落

2024年，美国CPI上涨2.9%，涨幅较上年回落1.2个百分点，连续两年回落。分项中，由于国际大宗商品价格继续回落，能源（-1.3%）价格连续两年下跌，食品（2.3%）价格涨幅较上年回落3.5个百分点，创2019年以来新低。扣除食品和能源价格的核心CPI上涨3.4%，涨幅回落1.4个百分点，创2020年以来新低。住宅（4.4%）、服装（0.7%）、娱乐（1.5%）价格涨幅分别回落2.0个、2.1个和2.5个百分点。PPI上涨2.3%，涨幅扩大0.3个百分点，仍为2020年以来次低。

（六）对外贸易较快增长，贸易逆差有所扩大

2024年，美国进出口总额为73016.0亿美元，创历史新高，增速为5.4%，较上年由负转正。其中，出口额增长3.9%，进口额增长6.6%。全年贸易逆差为9184.2亿美元，较上年扩大1335.3亿美元，为有记录以来次高（图4）。

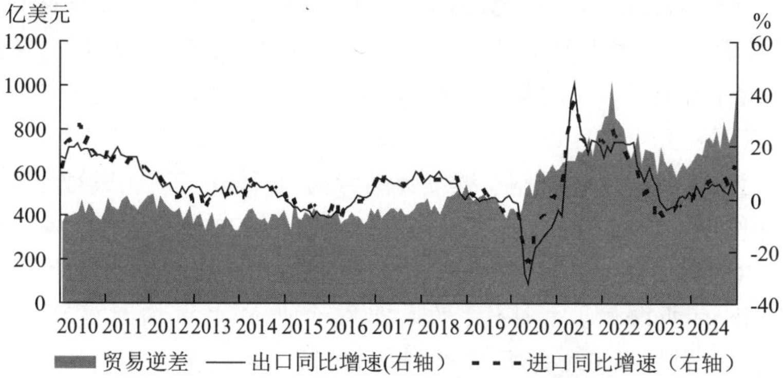

图4　美国进、出口同比增速及贸易逆差

资料来源：美国商务部普查局。

二、2025年美国经济形势展望

（一）支撑经济复苏的积极因素

一是消费需求保持增长。收入平稳增长支撑消费韧性。2025年3月份，实际可支配收入环比增长0.5%，连续3个月增速加快；实际个人消费支出环比增长0.7%，较上月加快0.6个百分点，创2023年1月以来新高，其中，耐用品消费支出环比增长3.2%，创2023年1月以来新高，非耐用品消费增长0.4%，服务消费环比增长0.4%。个人消费仍是经济增长的核心引擎。一季度，个人消费支出环比折年率增速为1.8%，拉动GDP增长1.21个百分点，其中，商品消费拉动GDP增长0.11个百分点；服务消费拉动GDP增长1.10个百分点。

二是投资活动动能有所改善。在美国房地产市场持续复苏、人工智能热潮兴起、“再工业化”进程加速等积极因素叠加影响下，工业和制造业生产温和复苏，投资需求增长动能有所增强。2025年3月，美国工业生产同比增长1.7%，连续4个月增长，为2022年11月以来次高，制造业生产同比增长1.5%，为2023年12月以来最高。投资对经济增长的拉动作用凸显。2025年一季度，美国私人投资环比折年率增速为21.9%，创2021年四季度以来新高，拉动GDP增长3.60个百分点。其中，非住宅建筑投资、住宅投资、设备投资和知识产权投资分别拉动GDP增长0.01个、0.05个、1.06个和0.22个百分点。

三是劳动力市场趋于稳定。2025年1—4月，美国新增非农就业人数57.5万人，仍处于较高水平，显示出就业市场依然具有韧性。从行业结构来看，就业增长主要集中在教育、医疗保健和酒店业等服务导向型行业，延续了近几个季度以来服务业拉动就业增长的趋势。特别是医疗与教育作为抗周期性强的行业，继续吸纳劳动力，体现了该领域对经济波动的缓冲作用。1—4月，失业率维持在4.0%—4.2%，劳动力市场整体仍处于相对稳定的状态。薪资增长放缓，且职位空缺有所减少，表明劳动力紧张状况有所缓解。4月份，私人非农企业员工平均时薪环比增长0.2%，较上月回落0.1个百分点，同比增长3.8%，与上月持平，为2024年7月以来最低；3月份，非农职位空缺数为719.2万人，较上月下降28.8万人，空缺率为4.3%，回落0.2个百分点。

（二）制约经济增长的风险因素

一是加征关税措施拖累经济增长。2025年3月，美国对从墨西哥、加拿大、中国进口商品征收20%—25%关税；4月2日，美国公布“对等关税”措施，对全球征收10%基准关税，对美国贸易逆差较高的60个经济体征收额外关税，其中，对中国、欧盟、日本、印度、韩国、越南分别征收

34%、20%、24%、26%、25%、46%的关税；此后多次对中国提高关税，截至4月10日，累计税率达145%。美国大幅加征关税的举措，将通过“推高商品价格–压制实体需求–降低企业利润–拖累经济增长”的传导路径，短期加剧美国经济滞胀风险，中长期损害美国经济增长效率。据耶鲁大学预测，截至4月2日，美国加征关税及其他经济体反制措施将下拉2025年美国GDP增速0.9个百分点，长期将下拉GDP增速0.6个百分点。

二是通胀上行压力较大。2025年以来，美国大幅加征关税的举措，将推高进口商品价格，加大通胀压力。据耶鲁大学预测，截至4月2日，美国加征关税及其他经济体反制措施将导致2025年美国个人消费支出价格（PCE）涨幅扩大2.3个百分点。与此同时，美国消费者通胀预期升至历史高位，据密歇根大学3月份调查显示，消费者对未来1年通胀预期为5.0%，对未来5年通胀预期为4.1%，分别创2022年7月和1991年7月以来新高。据经济合作与发展组织预测，2025年美国通胀水平为2.8%，较上年上升0.3个百分点，较2024年12月预测值上调0.7个百分点。此外，若美国将关税提升10%且遭遇反制，预计通胀在未来3年内将平均每年上升0.7个百分点。

三是货币政策不确定性加大。2025年3月20日，美联储议息会议宣布维持联邦基金利率不变。4月4日，美联储主席表示，特朗普关税措施及其对经济的影响具有较大不确定性，货币政策仍需谨慎观望。但特朗普多次敦促美联储尽快降息。4月9日，CME“美联储观察”工具显示，5月份降息概率为20.4%，6月份降息概率为70.6%，分别较4月8日预测的概率大幅下降24.1个和29.4个百分点。一方面，美国通胀预期升温导致美联储对降息持谨慎态度，另一方面，美国经济下行风险加大，倒逼美联储通过降息刺激经济增长，美联储在平衡“抗通胀”和“促增长”目标间徘徊不前。

三、主要国际组织机构对2025年美国经济的预测

2024年，得益于居民消费和私人投资支撑，美国经济增长具有一定韧性。2025年，随着美国加征关税措施加码和落地，将推高通胀压力，加剧货币政策不确定性，加大经济下行风险，主要国际组织和机构预测美国经济增长放缓。据世界银行预测，美国2025年经济增速为2.3%，较上年

回落 0.5 个百分点；据国际货币基金组织预测，2025 年经济增速为 1.8%，较上年回落 1.0 个百分点。自 3 月份美国加征关税以来，国际组织机构再次下调了对美国经济增长的预期。据英国共识公司 4 月份预测，2025 年经济增速为 1.4%，较上年回落 1.4 个百分点，较 3 月份预测值下调 0.6 个百分点；据经济合作与发展组织预测，2025 年经济增速为 2.2%，较上年回落 0.6 个百分点，较上年 12 月份预测值下调 0.2 个百分点，若美国将关税提升 10%且遭遇反制，预计到第 3 年美国产出将下降 0.7 个百分点（表 3）。

表 3　主要国际组织对美国经济的预测

单位：%

国际组织	2024 年	2025 年预测值	2026 年预测值
IMF	2.8	1.8	1.7
英国共识公司	2.8	1.4	1.7
OECD	2.8	2.2	1.6
世界银行	2.8	2.3	2.0

资料来源：国际货币基金组织（IMF）《世界经济展望》（2025 年 4 月），英国共识公司《国际经济调查与预测》（2025 年 4 月），经济合作与发展组织《经济展望》（2025 年 3 月），世界银行《全球经济展望》（2025 年 1 月）。

（执笔：朱祎；成文于 2025 年 5 月）

经济温和复苏 未来困难挑战增加

——2024 年欧元区经济形势回顾及 2025 年展望

2024 年,得益于通胀压力缓和、货币政策转向宽松,欧元区消费市场回暖,服务业持续扩张,支撑经济体继续温和复苏。展望 2025 年,利率下行、通胀压力缓解以及“下一代欧盟计划”的持续推进有望刺激投资和消费增长,为经济注入活力。但美国关税措施对欧元区贸易、通胀乃至经济将造成较大冲击,同时,地缘冲突令能源供应不稳定仍然较大,部分成员国政局动荡更添不稳定因素,工业制造业持续疲软制约发展,经济前景面临的困难挑战加大。

一、2024 年欧元区经济延续复苏态势

(一)GDP 温和增长

2024 年,欧元区 GDP 增速为 0.9%,较上年加快 0.5 个百分点。季度增速逐步加快,GDP 环比增速分别为 0.3%、0.2%、0.4%和 0.2%;同比增速为 0.5%、0.5%、1.0%和 1.0%。

从主要成员国看,2024 年,德国 GDP 下降 0.2%,由于能源成本高企、利率水平居高不下、经济前景不确定性,以及国际竞争加剧对出口行业的冲击,经济连续两年负增长;法国、意大利 GDP 分别增长 1.1%、0.7%,均与上年持平。总体来看,尽管经济走出停滞,但受外部需求疲弱拖累,生产及对外贸易持续低迷,加之能源供给不稳定扰动,经济复苏力度仍相对较弱(图 1)。

从 GDP 支出构成看,最终消费支出仍为主要拉动项,其中个人消费支出拉动经济增长 0.56 个百分点,政府消费支出拉动经济增长 0.57 个百分点;尽管货币政策转向宽松,有利于刺激投资复苏,但受外部地缘政

治和政策不确定性影响，投资仍相对低迷，固定资本形成总额拖累经济0.4个百分点。由于全球需求回暖，净出口对经济的拖累有所减弱，仅拖累经济增长0.06个百分点（表1）。

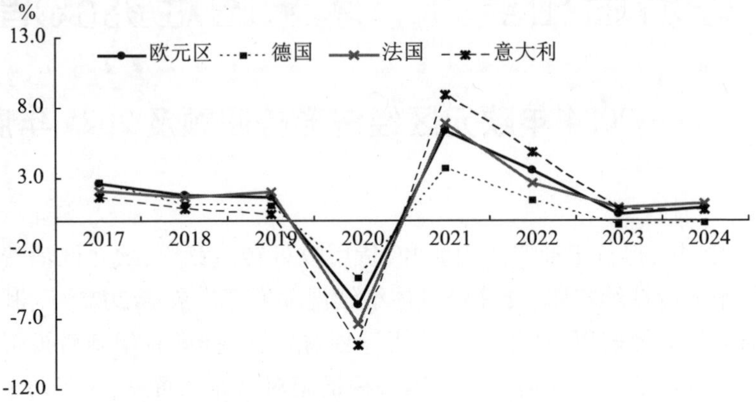

图1　欧元区和部分成员国GDP年度增长率

资料来源：欧盟统计局。

表1　2024年欧元区三大需求对GDP增长的拉动

单位：百分点

季度	GDP增长率	最终消费支出		资本形成总额		净出口		
		个人消费支出	政府消费支出	固定资本形成总额	库存变化		出口	进口
一季度	0.5	0.25	0.05	−0.43	−0.19	0.64	0.57	0.06
二季度	0.5	0.02	0.23	−0.54	0.23	0.23	0.74	−0.51
三季度	1.0	0.29	0.20	0.38	0.46	−0.91	−0.67	−0.23
四季度	1.2	0.23	0.10	0.14	−0.21	−0.02	0.02	−0.03
2024年	0.9	0.56	0.57	−0.40	−0.28	−0.06	0.54	−0.14

资料来源：欧盟统计局。

（二）工业生产深陷萎缩

2024年，欧元区工业生产和制造业生产分别下降3.0%和3.2%，降幅较上年扩大1.3个和2.0个百分点，均为2020年以来最低；制造业产能利用率较上年回落2.4个百分点至78.2%，创2020年以来新低。从月度数据看，工业生产及制造业生产全年持续负增长，但降幅有所收窄，分别由 1 月份的-5.4%和-6.2%收窄至 12 月份的-1.5%和-1.8%，表明生产萎缩态势缓慢改善（图 2）。

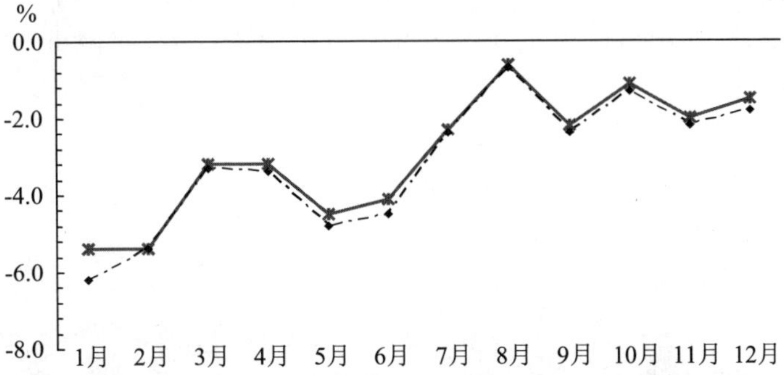

	1月	2月	3月	4月	5月	6月	7月	8月	9月	10月	11月	12月
工业生产	-5.4	-5.4	-3.2	-3.2	-4.5	-4.1	-2.3	-0.6	-2.2	-1.1	-2.0	-1.5
制造业生产	-6.2	-5.4	-3.3	-3.4	-4.8	-4.5	-2.4	-0.7	-2.4	-1.3	-2.2	-1.8

图 2　2024 年欧元区工业与制造业生产同比增长率

资料来源：欧盟统计局。

（三）消费市场有所回暖

2024 年，欧元区商品零售量较上年增长 1.0%，增速由负转正。其中，食品饮料烟草增长 0.1%，结束此前连续两年的负增长；非食品（不含燃料）、汽车燃料分别增长 1.6%、1.0%，均较上年由负转正（图 3）。

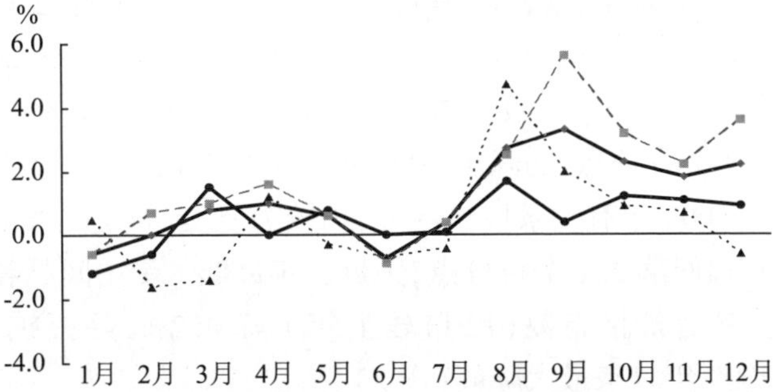

	1月	2月	3月	4月	5月	6月	7月	8月	9月	10月	11月	12月
零售量	-0.6	0.0	0.8	1.0	0.6	-0.7	0.4	2.7	3.3	2.3	1.8	2.2
汽车燃料零售量	0.5	-1.6	-1.4	1.2	-0.3	-0.7	-0.4	4.7	2.0	0.9	0.7	-0.6
食品饮料烟草零售量	-1.2	-0.6	1.5	0.0	0.8	0.0	0.1	1.7	0.4	1.2	1.1	0.9
非食品(不含燃料)零售量	-0.6	0.7	1.0	1.6	0.6	-0.9	0.4	2.5	5.6	3.2	2.2	3.6

图 3　2024 年欧元区零售量同比增长率

资料来源：欧盟统计局。

(四)对外贸易持续低迷

2024 年,欧元区货物进出口总额为 55510 亿欧元,较上年下降 1.6%,连续两年负增长。其中,货物出口额为 28640 亿欧元,增长 0.6%,增速较上年由负转正;货物进口额为 26870 亿欧元,下降 3.7%,连续两年负增长;净出口额由上年的 574 亿欧元升至 1769 亿欧元,顺差有所扩大(图 4)。

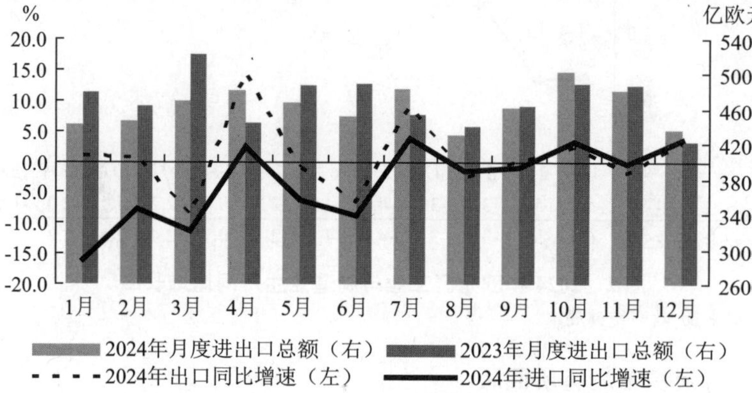

图 4　2023 年与 2024 年欧元区进出口情况对比

资料来源:欧盟统计局。

(五)通胀压力进一步缓解

2024 年,欧元区消费价格指数(CPI)上涨 2.4%,涨幅较上年回落 3.0 个百分点,为近四年最低;其中,能源价格(-2.2%)连续两年下降,食品烟酒价格(2.9%)、非能源工业产品价格(0.8%)涨幅分别回落 8.0 个、4.2 个百分点,均降至 2020 年以来相对低位,但服务类产品(4.0%)涨幅为 2002 年有记录以来次高,仍较为坚挺;核心消费价格指数上涨 2.8%,涨幅回落 2.1 个百分点,为近三年最低。受中间品和能源价格下降影响,生产者价格指数(PPI)较上年下降 4.2%,降幅扩大 2.2 个百分点,为 2009 年以来最大降幅(图 5)。

(六)劳动力供给总体稳定

2024 年,欧元区失业率为 6.4%,较上年回落 0.2 个百分点,为有记录以来最低;月度失业率由 1 月份的 6.5%降至 12 月份的 6.2%。全年平均失业人数为 1098.3 万人,减少 17.8 万人,为有记录以来最低;其中 1

月份降至 1064 万人,为有记录最低(图 6)。

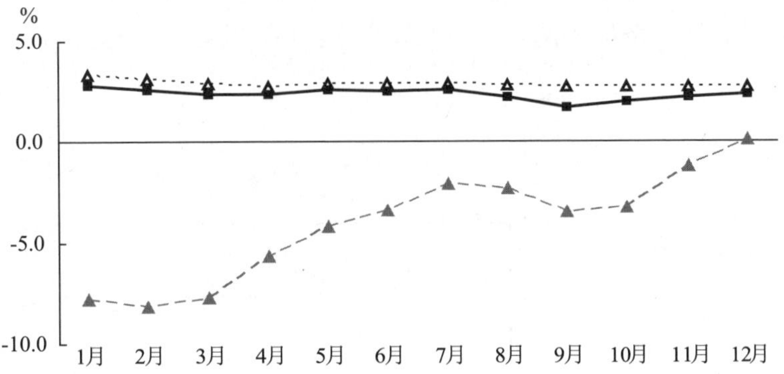

	1月	2月	3月	4月	5月	6月	7月	8月	9月	10月	11月	12月
CPI	2.8	2.6	2.4	2.4	2.6	2.5	2.6	2.2	1.7	2.0	2.2	2.4
核心CPI	3.3	3.1	2.9	2.7	2.9	2.9	2.9	2.8	2.7	2.7	2.7	2.7
PPI	-7.8	-8.2	-7.7	-5.7	-4.2	-3.4	-2.1	-2.3	-3.5	-3.3	-1.2	0.1

图 5　2024 年欧元区消费价格和生产者价格同比涨幅

资料来源:欧盟统计局。

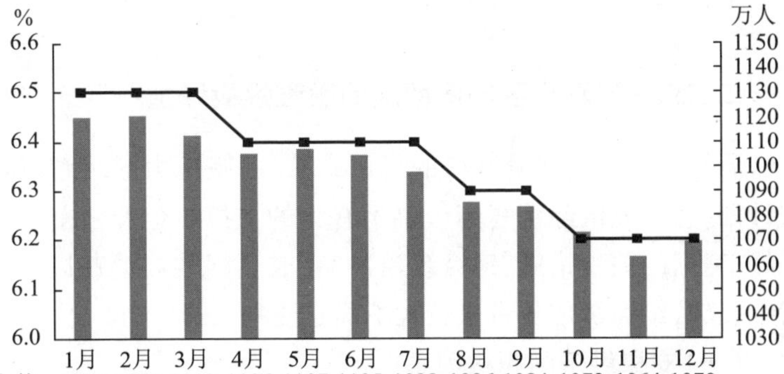

	1月	2月	3月	4月	5月	6月	7月	8月	9月	10月	11月	12月
失业人数	1120	1121	1113	1106	1107	1105	1098	1086	1084	1073	1064	1070
失业率	6.5	6.5	6.5	6.4	6.4	6.4	6.4	6.3	6.3	6.2	6.2	6.2

图 6　2024 年欧元区失业人数和失业率

资料来源:欧盟统计局。

(七)景气指标有所分化

2024 年,制造业景气度持续低迷,欧元区制造业 PMI 全年均处于 50.0%荣枯线以下,德国、法国、意大利分别连续 12、12、11 个月低于 50.0%;但服务业景气度和消费者信心有所改善,欧元区服务业 PMI 2 月份回升至 50.2%荣枯线上,此后保持扩张态势,12 月份为 51.6%。消费者信心指数波动回升，由 1 月份的-16.1 回升至 12 月份的-14.5，其中 10 月份为-12.5，为 2022 年 2 月以来最高，表明消费者对家庭财务状况以及总体经济形势的悲观预期逐步好转（图 7）。

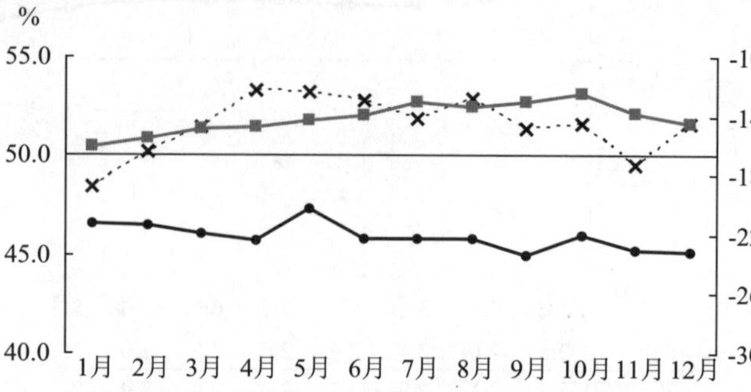

	1月	2月	3月	4月	5月	6月	7月	8月	9月	10月	11月	12月
制造业PMI	46.6	46.5	46.1	45.7	47.3	45.8	45.8	45.8	45.0	46.0	45.2	45.1
服务业PMI	48.4	50.2	51.5	53.3	53.2	52.8	51.9	52.9	51.4	51.6	49.5	51.6
消费者信心指数(右轴)	-16.1	-15.5	-14.8	-14.7	-14.3	-13.9	-13.0	-13.4	-13.0	-12.5	-13.8	-14.5

图 7　2024 年欧元区主要景气指标

资料来源：S&P Global、欧盟统计局。

二、2025 年欧元区经济面临的困难挑战增加

展望 2025 年，尽管宽松的货币政策、通胀压力的缓解以及下一代欧盟计划，为欧元区经济复苏提供了有力的支撑。但经济前景仍面临诸多挑战，美国的关税措施、地缘政治冲突、成员国政局动荡以及工业制造业持续疲软，给经济增长带来较大不确定性和下行压力。

（一）支撑经济的积极因素

货币政策有望延续宽松。由于通胀逐步放缓，为提振经济，2024 年下半年欧洲央行开启降息周期，2025 年 3 月 17 日欧洲央行将欧元区三大关键利率下调 25 个基点，为 2024 年 6 月以来第 7 次降息。随着利率下行，广义货币供给增加、企业融资成本降低，有效提振市场投资信心。2025 年 2 月末广义货币供应量（M_2）达到 3.0%，基本回到 2022 年 7 月加息前水平，3 月末欧元区 Sentix 机构投资者信心指数升至 2022 年 2 月以来相对高位，表明宽松货币政策已产生积极影响。下阶段欧洲央行有望继续维持宽松货币政策，据市场研究机构普遍预测，2025 年欧洲央行还

将降息 3—4 次,基准利率预计将降至 1.5%。利率持续降低将有助于刺激企业及居民融资和信贷,同时还有助于稳定金融市场,增强市场信心,吸引外资流入,为经济复苏注入活力。

通胀压力或将继续缓和。主要国际组织及欧洲央行均预测,2025 年欧元区通胀将进一步放缓,其中 IMF 预测 2025 年欧元区通胀将为 2.1%,较上年回落 0.3 个百分点;OECD、英国共识公司均预测 2025 年欧元区通胀将为 2.2%,较上年回落 0.2 个百分点,2026 年有望回到 2.0% 的目标水平及以下;欧洲央行预测,得益于服务业价格涨幅呈现回落态势,通胀有望回落至 2.3%。随着通胀压力持续缓解,居民实际可支配收入将得到有效提升,从而促进消费市场加速回暖,支撑经济继续复苏。此外,通胀的放缓也将为欧洲央行实施更为宽松的货币政策提供空间。

"下一代欧盟计划"持续推进。"下一代欧盟计划"作为欧盟为推动经济复苏与转型而制定的重要战略,为其成员国生产和投资活动提供了较为充裕的资金支持。从实际实施情况看,目前部分国家已从中获得有力经济助力。其中,希腊获得 75.9 亿欧元补助和 96.2 亿欧元贷款,西班牙获得 479.6 亿欧元补助和 3.4 亿欧元贷款,这些资金被广泛投入到基础设施建设、数字化转型和绿色发展等关键领域。2025 年,"下一代欧盟计划"预计拨款 720 亿欧元,用于支持欧盟的各项优先事项,如农业、区域发展、研究与创新、气候行动、国防、卫生、安全等领域。"下一代欧盟计划"的持续推进将进一步发挥其对经济的拉动作用,通过带动相关产业投资增长,创造更多的就业机会,为经济发展提供更持久的动力。欧盟委员会 2024 年 11 月预测,在"下一代欧盟计划"等因素推动下,欧元区 2025 年经济增速有望提升至 1.3%,高于 2024 年的 0.9%。

(二)拖累经济的消极因素

美国关税措施冲击经济复苏进程。2025 年 4 月 2 日,美国公布"对等关税"措施,对从欧盟进口商品征收额外 20%关税。4 月 9 日欧盟采取反制措施,宣布对美国进口产品征收 25%关税,4 月 10 日欧盟将该反制措施延期 90 天。美国关税措施将对欧元区贸易、通胀乃至经济产生冲击。从贸易看,欧元区对美出口依存度较高,欧元区对美国出口约占其总出口的 20%,其中,爱尔兰对美出口占其对欧元区以外国家总出口的 45%,芬兰、奥地利、葡萄牙、意大利、德国等对美出口均占其对欧元区以外国家出口的20%以上。美国关税直接抑制欧元区商品对美输出。欧洲钢铁工业联盟数据显示,美国加征关税后,欧盟每年对美钢铁出口量损失将高达370万吨。IMF分析指出,美国关税将致使欧元区贸易顺差收窄,直接拖累经济增长。从价格看,高关税将导致进口成本攀升,推动物价上涨。欧洲央行预测,美国关税制裁及欧盟反制措施或将令欧元区通胀上升约0.5个百分点。从市场信心看,美国关税政策宣布后,市场避险情绪和通胀预期提升,资金迅速涌入避险资产,令欧洲金融市场大幅震荡。2025年4月7日德国DAX指数、欧洲斯托克50指数均创下阶段性新低。其中德国DAX指数当日开盘下跌10%,全天跌幅达7.1%,触及2023年以来新低;欧洲斯托克50指数当日开盘下跌6.2%,创下2024年以来新低。德国10年期国债收益率降至2.51%,为2月份以来新低。4月2日美国宣布"对等关税"当天,欧元兑美元失守1.08,此后由于美元信誉下滑,欧元有所升值。未来,关税政策仍将继续扰动欧洲金融市场稳定。从经济看,欧洲央行预测,若美国对从欧洲进口的商品征收25%关税,将导致欧元区GDP在第一年下降0.3个百分点,若采取反制措施,GDP将下降0.5个百分点。

地缘冲突令能源供给不确定性加大。俄乌冲突的持续对欧元区能源供给扰动不断。欧洲对天然气进口的依赖程度较高,且其自身电力供给稳定性欠佳。2024年12月,极寒风暴导致德国35%的风电设备无法正常供电。天然气供给方面,2025年1月1日起,俄罗斯中止过境乌克兰向欧洲输送天然气,这部分天然气量约占欧洲全部天然气供应量的5%,据欧洲天然气基础设施(GIE)数据,截至2025年4月,欧洲天然气库存仅为34.35%,而基准价格仍处于相对高位,4月23日荷兰TTF天然气价格(欧洲天然气基准价格)为34.2欧元兆/千瓦时,仍处于2023年12月以来相对高位。在俄乌冲突持续影响下,欧洲能源供给不确定性仍然较大,能源供应不足和价格的大幅波动,将直接增加企业生产成本。同时,能源价格的上涨也会传导至消费端,抑制居民的消费需求,对经济增长产生抑制作用。欧盟委员会指出,若能源供应风险持续发酵,将加剧经济下行压力,甚至可能引发经济衰退。

成员国政局动荡影响经济稳定。部分成员国的政局动荡,令欧元区经济复苏更添不稳定因素。2024年德国和法国议会选举等事件导致地区政治风险显著上升,其中,12 月份法国总理巴尼耶辞职一度引发政坛震动。2025 年,法国政局三足鼎立局面或将继续影响其政策实施方向及市场信心。此外德国将于 2025 年进行联邦议院选举,不仅将左右德国政治格局及经济前景,也将影响欧洲政治及经济形势。持续的政治不稳定将使政府政策缺乏连贯性和稳定性,市场信心也会受到严重打击,居民及企业对未来政策环境的不确定性担忧加剧,投资及消费预期持谨慎态度,企业的生产经营活动也会受到诸多限制,进而阻碍经济的增长。

工业制造业疲软制约经济发展。制造业作为欧元区经济的重要支柱产业,其疲软状态对经济增长产生明显制约作用。2025 年 4 月份,欧元区制造业 PMI 为 48.7%,自 2022 年 5 月以来持续低于 50%荣枯线;2 月份工业生产、制造业生产同比分别增长 1.2%和 0.7%,维持较低增速。欧洲央行分析指出,若 2025 年制造业不能有效复苏,欧元区经济增长将面临更大的挑战。制造业低迷将制约产业链上下游发展,导致产业链供应链协同效应难以发挥,还使得就业机会减少,居民收入增长受限,进一步抑制消费市场回暖。此外,当前全球制造业竞争加剧,欧元区制造业在成本、技术创新等方面面临多重压力,若不能及时转型升级,将进一步拖累经济增长。

三、主要国际组织和机构对欧元区经济预测

国际货币基金组织(IMF)2025 年 4 月 22 日《世界经济展望》指出,2025 年欧元区经济下行压力加大,受全球贸易紧张局势升级,美国关税政策及其引发的反制措施的影响,或将令欧元区面临需求冲击,打击了出口、推高商品价格。同时,贸易政策不确定性也将导致市场悲观预期升温,投资活动减弱。IMF 预计 2025 年欧元区经济将增长 0.8%,较 1 月份预测值下调 0.2 个百分点。OECD 3 月 17 日发布《经济展望》预测,2025 年欧元区经济将增长 1.0%,较 2024 年 12 月预测值下调 0.3 个百分点,美欧贸易摩擦加剧,将对欧元区贸易产生冲击,经济前景承压。欧洲央行 3 月 6 日发布《宏观经济展望》预测,2025 年欧元区经济将增长 0.9%,较 2024 年 12 月预测值下调 0.2 个百分点,随着通胀下行、货币政策保持宽松,消费需求将支撑经济继续复苏,但受成员国政局不确定性以及外部地缘政治风险和美国高关税政策影响,经济复苏力度低于此前预期(表 2)。

综合主要国际组织和机构预测,2025年欧元区经济前景面临风险挑战加大。从需求侧来看,消费有望因通胀回落和实际可支配收入增加而增长,“下一代欧盟计划”带动公共投资,但内部政治不稳定性和外部贸易经济环境不确定性可能抑制消费和投资潜力释放。从供给侧看,通胀缓解降低企业成本,但出口受美国关税和全球贸易格局调整影响,增长空间受限;能源供应不稳定和劳动力成本上升对生产造成较大压力,制造业若不能突破困境,将持续削弱经济增长动力。

表2　主要国际组织对欧元区经济的预测

单位:%

国际组织	2024年	2025年预测值	2026年预测值
IMF	0.9	0.8	1.2
英国共识公司	0.9	0.9	1.2
OECD	0.9	1.0	1.2
欧洲央行	0.8	0.9	1.2
欧盟委员会	0.8	1.3	1.6
世界银行	0.7	1.0	1.2

资料来源:国际货币基金组织(IMF)《世界经济展望》(2025年4月),英国共识公司《国际经济调查与预测》(2025年4月),经济合作与发展组织《经济展望》(2025年3月),欧洲央行《宏观经济展望》(2025年3月),欧盟委员会《经济预测(秋季)》(2024年11月),世界银行《全球经济展望》(2025年1月)。

主要成员国中,德国经济仍陷入停滞,受美国关税政策以及国内政府换届导致内外部经济政策面临高度不确定性,加之其支柱产业制造业持续低迷,经济前景难有改善。IMF预计德国经济2025年将零增长,较1月份预测值下调0.3个百分点;法国、意大利均将维持低速增长,受到全球经济放缓、贸易紧张局势以及内部政治不确定性影响,法国经济2025年将增长0.6%,较1月份预测值下调0.2个百分点;高债务水平限制了意大利财政刺激政策空间,同时高关税及贸易限制措施对其出口或将造成一定冲击。意大利经济2025年将增长0.4%,较1月份预测值下调0.3个百分点。

(执笔:郝悦;成文于2025年4月)

经济缓慢增长 内外部因素制约复苏前景

——2024年日本经济形势回顾及2025年展望

2024年,得益于日元贬值,日本出口额创记录新高,贸易逆差大幅收窄,由于物价高企和劳动力短缺,企业加快设备投资,但个人消费低迷,经济复苏步伐仍较为缓慢。展望2025年,日本有望通过改善个人收入和刺激投资拉动经济增长,但面临外部贸易政策不确定性上升,特别是美国关税政策冲击、与其他经济体货币政策走向分化,以及内部劳动力短缺、高债务压力等结构性问题制约,经济复苏仍将较为乏力。

一、2024年日本经济缓慢复苏

(一)经济低速增长

2024年,日本GDP增速为0.1%,较上年大幅回落1.4个百分点。分季度看,四个季度GDP环比增速分别为-0.5%、0.8%、0.4%和0.6%,同比增速为-0.7%、-0.7%、0.7%和1.1%,经济逐步走出技术性衰退,呈温和增长态势(图1)。

从GDP构成看,国内需求拉动GDP增长0.2个百分点,分项中,私人企业设备投资和政府消费拉动0.2个百分点,为需求的主要拉动项;私人需求对GDP的贡献为零,其中私人住宅投资拖累GDP 0.1个百分点;政府需求拉动经济增长0.1个百分点。净出口拖累GDP增长0.1个百分点(表1)。

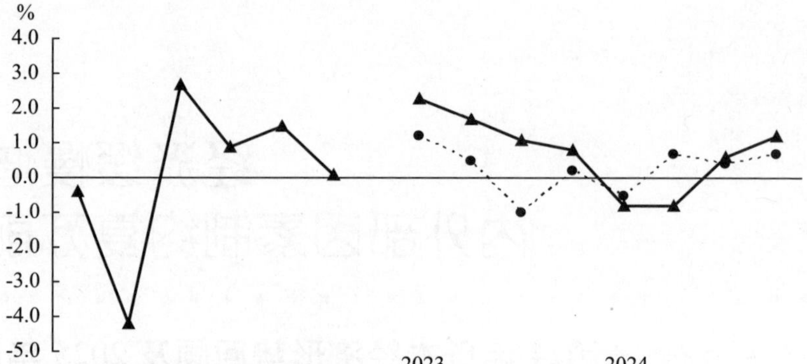

	2019	2020	2021	2022	2023	2024	2023 Q1	Q2	Q3	Q4	2024 Q1	Q2	Q3	Q4
同比	-0.4	-4.2	2.7	0.9	1.5	0.1	2.3	1.7	1.1	0.8	-0.8	-0.8	0.6	1.2
环比							1.2	0.5	-1.0	0.2	-0.5	0.7	0.4	0.7

图 1　日本年度和季度 GDP 增长速度

资料来源：日本内阁府。

表 1　日本国内生产总值构成对经济增长的拉动

单位：百分点

指　　标	2024 年	一季度	二季度	三季度	四季度
国内生产总值	0.1	−0.5	0.8	0.4	0.6
国内需求	0.2	−0.3	1.1	0.5	−0.2
私人需求	0.0	−0.2	0.7	0.5	−0.2
私人消费	0.0	−0.2	0.4	0.4	0.0
私人住宅投资	−0.1	−0.1	0.1	0.0	0.0
私人企业设备投资	0.2	−0.1	0.2	0.0	0.1
政府需求	0.1	−0.1	0.5	0.0	0.0
政府消费	0.2	0.0	0.2	0.0	0.1
政府投资	−0.1	−0.1	0.3	−0.1	0.0
净出口	−0.1	−0.3	−0.3	−0.1	0.7
出口	0.2	−0.9	0.4	0.3	0.2
进口	−0.3	0.7	−0.7	−0.5	0.5

资料来源：日本内阁府。

注：环比贡献。

从经济景气度看，据日本内阁府数据，2024 年先行指数先降后升，与经济走势较为一致。8 月份先行指数降至 107.2（2020 年 = 100），为 2020 年 12 月以来最低，12 月份升至 108.9。反映经济现状的一致指数以及落后于经济活动的滞后指数均呈回升态势（图 2）。

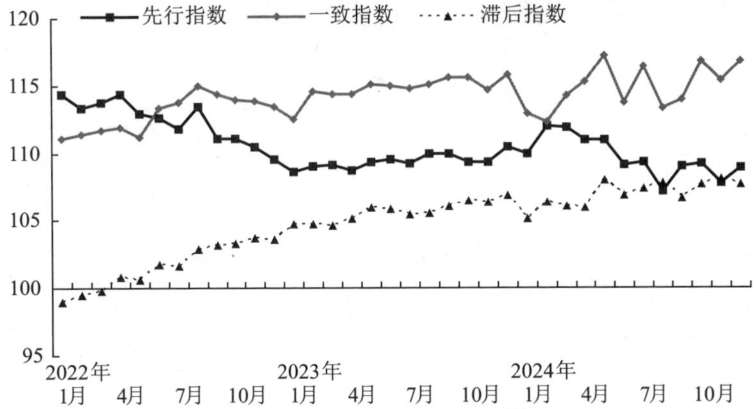

图 2 日本经济景气动向指数

资料来源：日本内阁府。

（二）工业萎缩程度加深

2024 年，日本工业生产下降 2.3%，降幅较上年扩大 1.0 个百分点，连续三年下降。从分项看，15 个工业大类中有 11 个负增长，其中，汽车工业、通用及业务用机械工业、石油及煤炭制品工业、无机有机化学工业降幅超过 5%。从月度数据看，1 月份工业生产指数为 92.4（2020 年 = 100），为 2020 年 8 月以来最低，此后持续低位徘徊，全年平均为 101.5，为 2020 年以来最低（图 3）。

（三）内需疲软，消费信心不足

由于工资上涨，日本零售额延续增长态势，但高通胀一定程度限制了居民消费支出，2024 年日本零售额增长 2.5%，增速较上年回落 3.1 个百分点，为近三年最低；受日本本土车企认证违规暂停生产影响，全年新车登记数下降 6.7%，较上年的 15.8% 由正转负，为近四年最大降幅。消费者信心指数低位波动，由 1 月份的 37.7 波动降至 12 月份的 35.9，为 2023 年 9 月以来次低（图 4）。

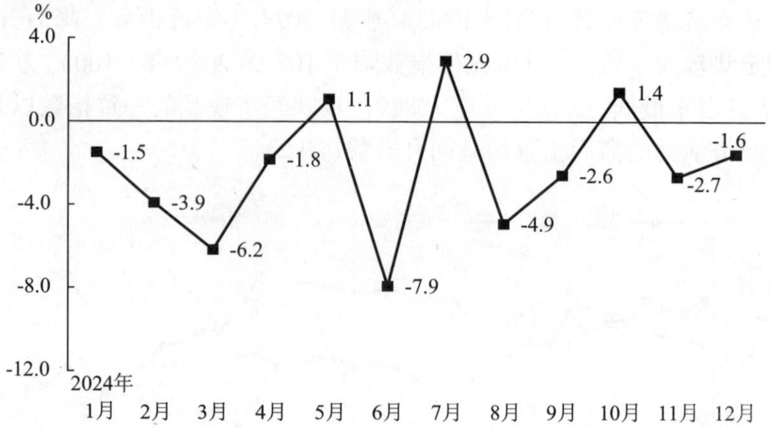

图 3　2024 年日本工业生产同比增速

资料来源:日本产业经济省。

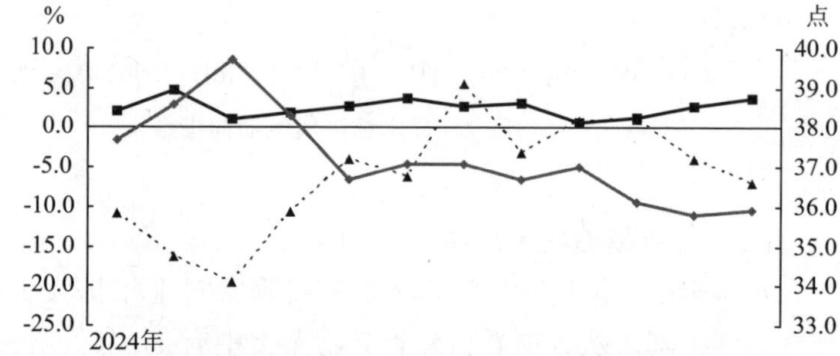

	1月	2月	3月	4月	5月	6月	7月	8月	9月	10月	11月	12月
零售额同比	2.1	4.7	1.1	2.0	2.8	3.8	2.7	3.1	0.7	1.3	2.8	3.7
新车登记同比	-10.8	-16.2	-19.6	-10.6	-3.9	-6.1	5.5	-3.2	0.8	1.0	-3.9	-7.0
消费者信心(右轴)	37.7	38.6	39.7	38.3	36.7	37.1	37.1	36.7	37.0	36.1	35.8	35.9

图 4　2024 年日本消费市场情况

资料来源:日本产业经济省、日本央行、日本内阁府。

(四)对外贸易有所好转

由于日元贬值促进出口增长,2024 年,日本货物贸易出口额同比增长 6.2%,增速较上年加快 3.5 个百分点;进口额增长 1.8%,较上年的 −6.8%由负转正;贸易逆差较上年收窄 41896 亿日元至 53325 亿日元,为近 3 年最小逆差。从月度数据看,出口呈前高后低,2—7 月份中有 5 个月增速超 8%,11 月份回落至 1.7%,为年内最低;进口在日元贬值和夏季极端天气影响下呈先升后降走势(图 5)。

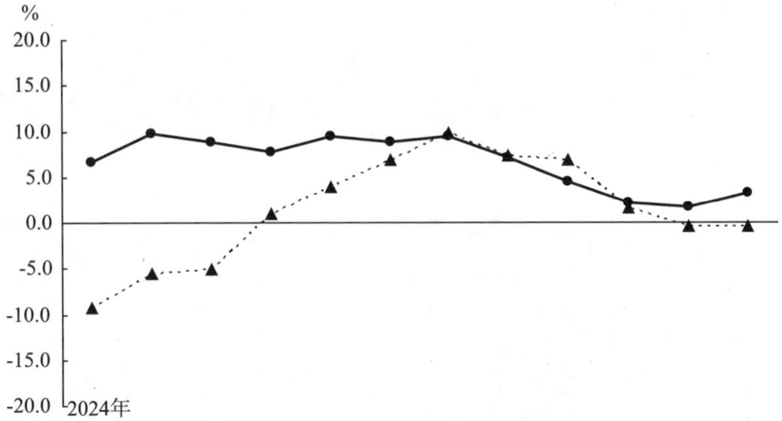

	1月	2月	3月	4月	5月	6月	7月	8月	9月	10月	11月	12月
出口同比	6.7	9.7	8.8	7.8	9.5	8.8	9.5	7.1	4.5	2.1	1.7	3.2
进口同比	-9.4	-5.6	-5.1	0.9	3.8	6.9	9.8	7.3	6.8	1.5	-0.5	-0.5

图 5 2024 年日本出口额和进口额同比增长率

资料来源:日本财务省。

(五)物价高企,通胀压力持续

日本米价长期居高不下推高食品价格,叠加日元贬值导致进口价格上涨,2024 年,日本 CPI 上涨 2.7%,为 1991 年以来次高,其中,食品(4.3%)、能源(3.8%)、教育文化娱乐(5.4%)、家具及家庭用品(4.0%)等价格均大幅上涨。扣除生鲜食品的核心 CPI 上涨 2.5%,涨幅较上年回落 0.6 个百分点,为 2015 年以来次高。PPI 上涨 2.3%,涨幅回落 2.0 个百分点(图 6)。

(六)就业市场相对稳定

2024 年,日本失业率为 2.5%,较上年回落 0.1 个百分点,为近 5 年最低。全年失业人数较上年减少 2 万人至 176 万人,为 2020 年以来最低;就业人数较上年增加 34 万人至 6781 万人。高成本压力下企业招聘意愿有所减弱,全年求人倍率为 1.25,较上年下降 0.06,为近 3 年来首次下降。

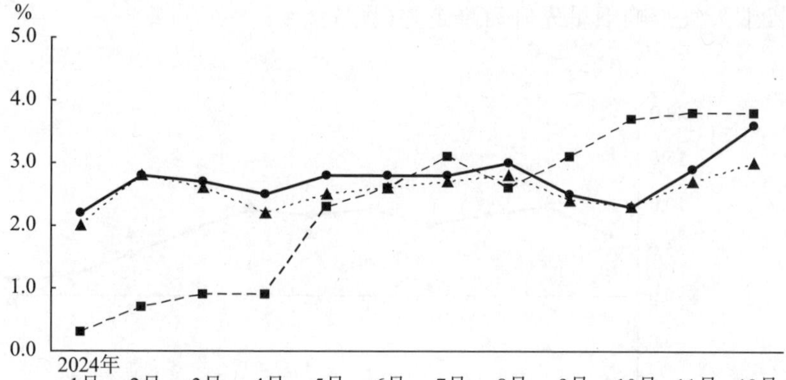

	1月	2月	3月	4月	5月	6月	7月	8月	9月	10月	11月	12月
CPI	2.2	2.8	2.7	2.5	2.8	2.8	2.8	3.0	2.5	2.3	2.9	3.6
核心CPI	2.0	2.8	2.6	2.2	2.5	2.6	2.7	2.8	2.4	2.3	2.7	3.0
PPI	0.3	0.7	0.9	0.9	2.3	2.6	3.1	2.6	3.1	3.7	3.8	3.8

图 6　2024 年日本 CPI 和 PPI 同比涨跌率

资料来源：日本统计局和日本央行。

二、内外部因素制约，2025 年日本经济复苏仍较乏力

2025 年，在工资水平稳步提升、企业投资逐步回暖以及财政政策继续发力的带动下，日本经济有望继续复苏，同时，日本央行计划在 2025 年进一步加息至 1%，货币政策正常化进程稳步推进。但由于物价持续高企、人口老龄化加剧以及政府债务压力上升等内部结构性问题影响，居民实际收入增长有限，企业经营信心承压，经济内生动力仍然不足，加之受美国高关税政策及其不确定性影响，未来经济复苏势头仍然较弱。

（一）支撑日本经济增长的主要因素

一是持续加薪有望推动国内消费回暖。在 2024 年全面加薪的基础上，2025 年日本政府继续推进工资上涨。据日本工会联合会公布的第三轮春季劳资谈判结果，日本各大企业同意平均加薪 5. 42%，涨幅较 2024 年扩大 0. 14 个百分点，为 34 年以来最高水平，中小企业工资增长率为 33 年来首次达到 5%。雇员薪资的全面上涨将有效提高居民可支配收入、提振居民购买力、激发内需活力，拉动零售和服务业等相关行业发展。同时加薪有助于实现工资和物价同步上涨的良性循环，也为日本央行逐步实现货币政策正常化提供了有利条件。

二是企业设备投资有望成为推动经济增长的重要引擎。受劳动力短缺和老龄化影响，日本企业加大对自动化和数字化设备的投资力度，尤其在自动化和半导体设备方面投资意愿强劲。2024 财年企业行为调查显示，日本企业在 2025—2027 财年的设备投资年均预期增长 6.3%。日本首相明确提出投资拉动经济的长期发展战略，包括营造良好的投资环境、鼓励家庭储蓄向投资转化、吸引海外投资，同时政府还通过减税、财政补贴、设立专项基金等方式直接参与投资，并设立 AI 与半导体等重点产业专项财政支援框架。经济产业省预计到 2040 财年日本国内设备投资规模将扩大至 200 万亿日元。多重政策叠加下，企业设备投资有望成为支撑日本经济的重要力量。

三是加息推动日本货币政策正常化。2025 年 1 月 24 日，日本央行宣布加息 25 个基点，将基准利率从 0.25%上调至 0.50%，为 2007 年以来最大幅度的加息，也是自 2008 年 10 月以来首次将利率提升至 0.5%的水平，标志着货币政策进一步迈向正常化。从全球环境看，风险继续主导市场，美联储连续暂停降息、美国关税致全球经贸环境恶化、全球地缘紧张局势持续，在多重不确定因素交织下，日元作为避险货币的吸引力明显增强，加之加息提升了日本金融资产的回报率，更多资本流入日本资本市场，有助于缓解企业投融资压力。从国内情况看，随着更多的国际资本选择流入日本市场，购买日元资产，日元需求增加推动日元升值。这将有助于减轻能源和食品等进口成本的压力，促进物价水平稳定，加之在雇员薪酬继续增长下，居民实际可支配收入有望增长，从而促进消费回暖。

(二)日本经济面临的挑战及存在的问题

一是高通胀制约家庭消费意愿。据日本农林水产省 2025 年 4 月数据，自 2023 年中期以来，日本各地米价持续上扬，2025 年 4 月大米价格同比上涨 92.1%，再创历史最大涨幅。此外，由于日本能源高度依赖进口，国际能源价格上涨直接传导至国内市场，4 月份能源价格同比涨幅为 6.6%，保持较快上涨。大米和能源价格上涨推动 CPI 保持相对高位，4 月份 CPI 同比上涨 3.6%，保持 1981 年以来高位。由于价格上涨的项目主要集中在食品和能源等刚需领域，导致消费者信心受挫，居民消费意愿下降。4 月份消费者信心指数为 31.3，连续 5 个月回落，创 2023 年 3 月以来新低。从家庭消费看，通胀令居民出现食品类消费替代，能源支出显著增加，居住、服装、医疗等领域支出有所减少。一季度，家庭食品实际消费支出同比下降 2. 2%，其中，米类下降 3. 5%，面包下降 7. 7%，而对面食和其它谷类实际消费支出同比分别增长 3. 9%和 5. 2%，表明消费者在主食方面出现了替代行为；能源实际消费支出同比增长 5. 5%，其中电气大幅增长 7. 9%；家具和家庭用品、衣服鞋帽、保健医疗的实际消费支出分别下降 5. 1%、7. 1%、5. 1%。在刚性生活必需品价格上涨下，居民消费回暖程度或较为有限。

二是政府债务问题仍然严峻。2024 财年，日本政府部门债务余额升至 1311 万亿日元，较上一财年增长 3. 9%；政府债务占 GDP 比重达 214%，远超国际警戒线。其中，国债余额增长 4. 9%至 1133 万亿日元，再创历史新高，占 GDP 比重为 185%；国债依存度达 31. 5%，较上年有所上升（表 2）。据日本内阁府数据，2025 财年日本财政预算总额为 115. 5 万亿日元，创历史新高，2025 财年税收收入预计达 78. 4 万亿日元，财政来源不足部分将发行 28. 65 亿日元的国债填补。尽管国债发行额减少了约 6 万亿日元，但日本财政状况依然严峻，财源的四分之一依赖国债。税收收入在全球经贸环境恶化、国内消费恢复缓慢等因素影响下，仍存在较大不确定性。同时，利率上升与物价高企推高了国债利息支出和社会保障相关支出，加重了财政负担，日本政府财政可持续性面临严峻挑战。庞大的债务规模和脆弱的财政基础将进一步制约政策灵活性，增加中长期财政重建的难度，并可能对日本经济和金融市场稳定性构成重大风险。

表 2　日本债务及债务占 GDP 比重

项　　目	2020 财年	2021 财年	2022 财年	2023 财年	2024 财年
国债余额（万亿日元）	973	1017	1053	1080	1133
国债占 GDP 比重	181%	184%	186%	181%	185%
国债依存度	73. 5%	39. 9%	44. 9%	31. 1%	31. 5%
中央和地方长期债务余额（万亿日元）	1165	1208	1239	1262	1311
债务占 GDP 比重	217%	218%	219%	212%	214%

资料来源：日本财务省。

三是少子化、老龄化问题更趋严峻。2024 年日本人口下降速度加快，少子化、老龄化加剧，劳动力人口持续短缺。据日本总务省2025年4月公布的数据，截至2024年10月，日本人口（不包括外国人）约为1.2亿人，较上年同期减少89.8万人，创历史最大降幅。从年龄细分看，15岁以下人口1383万人，较上年减少34.3万人；支撑经济发展的15岁至64岁劳动人口7372.8万人，减少22.4万人；65岁及以上老年人口比上年增加1.7万人，占总人口比例为29.3%，创历史新高，其中75岁及以上老年人口较上年增加70万人至2077.7万人，占比创历史新高。人口减少导致劳动力市场供需失衡，大量高龄者退休而青年劳动力供给不足。2024财年全国企业破产数量首次超过1万家，其中由于招聘困难和用人成本飙升导致的破产较上年增加60%，中小企业面临巨大的经营压力。

四是美关税政策对日本经济造成冲击。2025年4月2日，美国政府宣布自4月起对包括日本进口商品一律加征10%的基础关税，并对日本额外征收14%的附加关税；4月16日，日本与美国围绕贸易和投资领域开启谈判；5月5日，美国拒绝对日本予以“对等关税”全面豁免。美国关税政策将对日本经济造成深远影响。一方面，将导致日本对美出口成本大幅上升，关税转嫁至商品价格直接削弱日本商品在美市场的竞争力，特别是汽车、半导体和机械设备等核心产业将大幅受挫。受出口下滑影响，企业可能采取缩减生产、减少招聘等方式缓解压力，导致生产及投资进程受阻、居民收入增长放缓，不利于经济内生增长。受美国“对等关税”措施影响，日本经济研究中心4月份将日本2025年GDP增速预期下调0.4个百分点至0.6%。另一方面，关税政策将扰乱日本货币正常化节奏。面对关税带来的经济不确定性，日本央行更加审慎对待加息，5月1日宣布利率维持在0.5%不变，并表示贸易政策带来的不确定性显著增加，下次加息时机将很大程度上取决于关税对经济的影响。目前日本央行有意放缓加息进程，导致长期通胀预期上升，日本或将陷入高通胀与经济放缓的两难境地。

三、2025年日本经济增长预期下调

主要国际组织及机构预测，2025年日本经济增速将在0.5%—1.2%区间，维持温和增长态势。主要由于工资增长超过物价上升水平，有望推动消费和投资等内需增长。日本政府于2024年11月推出39万亿日元

的经济刺激计划，将进一步提振经济。然而在外部面临美国高关税政策、贸易不确定性上升、全球金融市场波动，内部结构性问题难有改善，以及地震、台风等自然灾害影响下，经济增长预期有所下调。

近期，主要国际组织均下调了 2025 年日本经济增长预期。2025 年 3 月，经济合作与发展组织（OECD）预测，日本经济增长 1.1%，较 2024 年 12 月预测值下调 0.4 个百分点。2025 年 4 月，国际货币基金组织（IMF）预测，2025 年日本经济增长 0.6%，较 1 月份预测值下调 0.5 个百分点；英国共识公司预测增长 1.0%，较 1 月份预测值下调 0.2 个百分点。2025 年 5 月，日本央行预测 2025 财年日本经济增长 0.5%，较 1 月份预测值下调 0.6 个百分点（表 3），日本央行认为，2025 年在国内政策支持下，国内的消费和投资预期将逐步回升，尤其是在就业市场改善和工资增长的推动下，居民的购买力有望得到提升。此外，金融环境和政策支持将有助于稳定经济增长和物价水平，经济总体有望实现温和增长。但全球关税政策和贸易摩擦等外部不确定性因素可能继续对日本出口和工业生产带来压力，经济运行中下行风险较大。

表 3　主要国际组织和机构对日本经济的预测

单位：%

国际组织	2024 年	2025 年 估计值	2026 年 预测值
世界银行	0.0	1.2	0.9
国际货币基金组织	0.1	0.6	0.6
经济合作与发展组织	0.1	1.1	0.2
英国共识公司	0.1	1.0	0.7
日本央行	0.1	0.5	0.7

资料来源：世界银行《全球经济展望》（2025 年 1 月）；国际货币基金组织《世界经济展望》（2025 年 4 月）；英国共识公司《共识预测》（2025 年 4 月）；经济合作与发展组织《经济展望》（2025 年 3 月）；日本央行《经济及物价形势展望》（2025 年 5 月）。

注：日本央行数据为财政年度数据。

（执笔：李婧婧，郝悦，焦子怡；成文于 2025 年 5 月）

经济活动持续复苏 下行压力依然较大

——2024 年新兴及其他经济体经济形势回顾及 2025 年展望

2024 年,新兴及其他经济体经济延续复苏态势,生产活动保持扩张,对外贸易明显好转,通胀持续回落,劳动力市场仍具韧性。展望 2025 年,随着主要经济体继续降息,全球货币政策延续宽松,新兴及其他经济体经济有望得到提振。但美国加征关税限制贸易活动,地缘政治不确定性仍存,通胀上行风险和贸易不确定性仍然较大,加之部分国家债务高企,新兴及其他经济体经济增长前景面临挑战。

一、2024 年新兴及其他经济体经济延续复苏态势

(一)经济活动持续复苏

多数经济体经济较快增长。2024 年,越南 GDP 增速(7.1%)较上年加快 2.1 个百分点,为 2007 年以来次高;巴西(3.4%)加快 0.2 个百分点,为近 3 年最高;俄罗斯(4.3%)加快 0.2 个百分点,为近 3 年最高;新加坡(4.4%)和韩国(2.0%)分别加快 2.6 个和 0.6 个百分点,均为近 3 年次高;印尼(5.0%)与上年持平,连续 3 年处于 5.0%及以上;墨西哥(1.5%)和南非(0.6%)分别回落 1.8 个和 0.1 个百分点,均为近 4 年最低;2024/2025 财年,印度 GDP 增速(6.5%)较上一财年回落 2.7 个百分点,保持较快增长(图 1)。

(二)通胀涨幅整体回落

由于全球利率高企，在一定程度上抑制消费和投资需求,加之国际

大宗商品价格持续回落,全球供应链紧张形势有所缓解,主要经济体通胀涨幅有所回落。2024 年,印度 CPI 同比涨幅(4.9%)较上年回落 0.8 个百分点,为 2019 年以来最低;墨西哥(4.7%)、南非(4.4%)、巴西(4.4%)和韩国(2.3%)分别回落 0.8 个、1.6 个、0.2 个和 1.3 个百分点,均为 2020 年以来最低;印尼(2.3%)回落 1.1 个百分点,为近 3 年最低;受俄乌冲突影响,俄罗斯(8.5%)回升 2.8 个百分点,为 2015 年以来次高(图 2)。

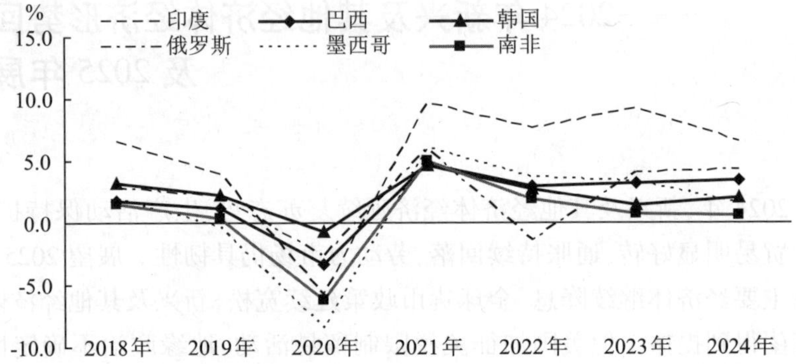

图 1　主要新兴及其他经济体 GDP 增长率

资料来源:各经济体官方统计网站。

注:印度年度数据指财政年度。

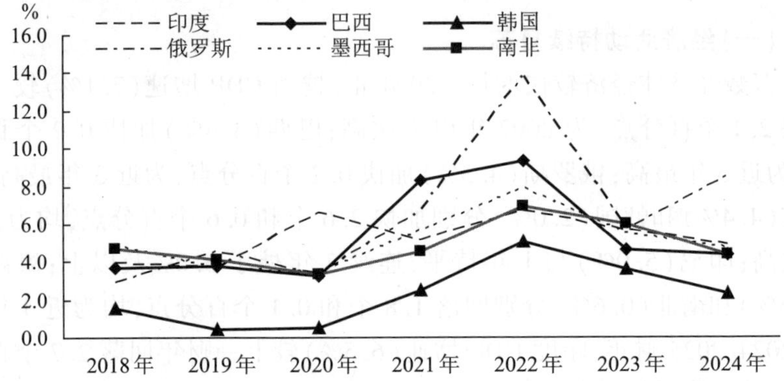

图 2　主要新兴及其他经济体消费者价格同比上涨率

资料来源:各经济体官方统计网站。

（三）劳动力市场仍具韧性

由于需求有所回暖增加劳动力需求，多数经济体失业率处于相对低位。2024 年，受戒严令事件冲击，韩国失业率（2.8%）较上年回升 0.1 个百分点，仍为 2000 年有记录以来次低；墨西哥（2.7%）回落 0.1 个百分点，为 2000 年以来最低；由于俄乌冲突持续导致劳动力供给短缺，俄罗斯（2.5%）回落 0.7 个百分点，创历史新低；巴西（6.9%）回落 1.1 个百分点，为 2012 年有记录以来最低；印度（8.0%）和越南（2.2%）均回落 0.1 个百分点；南非（32.6%）回升 0.2 个百分点（图 3）。

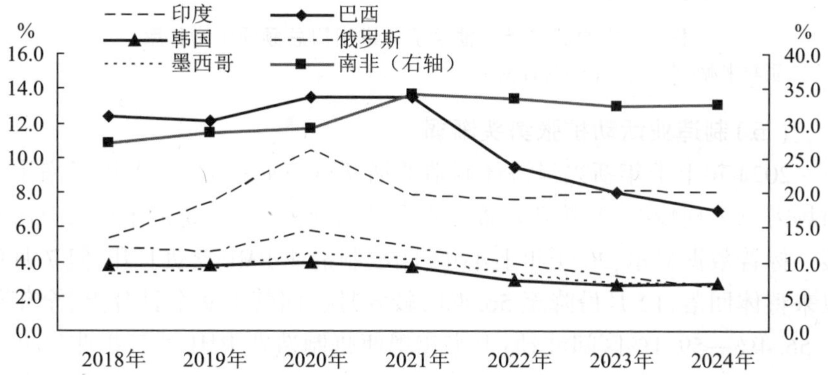

图 3 主要新兴及其他经济体失业率

资料来源：各经济体官方统计网站。

（四）对外贸易有所回暖

2024 年以来，随着全球货币政策转为宽松，国际贸易回暖，多数国家进出口总额实现正增长。2024 年，韩国进出口总额较上年增长 3.2%，增速由负转正，其中出口额增长 8.1%，全年保持正增长，进口额下降 1.7%，降幅比上年收窄 10.5 个百分点；印度进出口总额增长 4.8%，其中出口额增长 2.2%，进口额增长 6.5%，增速均由负转正；越南进出口总额增长 15.2%，增速由负转正，其中出口额增长 14.2%，进口额增长 16.2%，全年均有 10 个月增速超 10%；印尼、巴西进出口总额分别增长 3.7%、3.3%，增速均由负转正；南非进出口总额下降 3.3%，降幅比上年收窄 3.4 个百分点（图 4）。

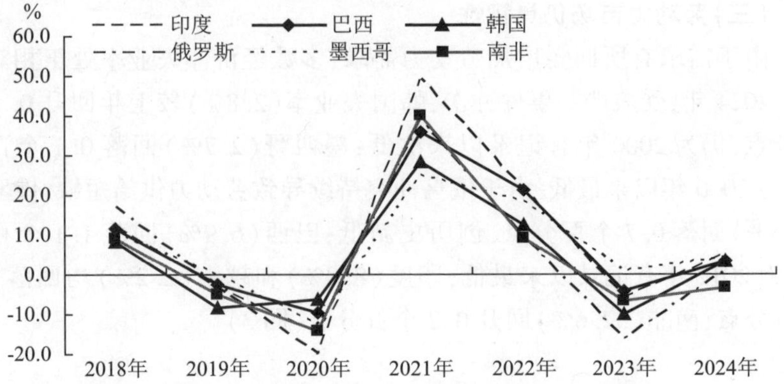

图 4　主要新兴及其他经济体进出口总额同比增长率

资料来源:各经济体官方统计网站。

(五)制造业活动扩张势头渐弱

2024 年上半年新兴经济体制造业活跃度有所提升,下半年以来由于市场需求表现疲软,制造业厂商生产积极性下降,制造业扩张势头有所放缓。标普数据显示,2024 年上半年,印度制造业 PMI 波动上升,但 7 月份以来整体回落,12 月份降至 56.4%,较 6 月份回落 1.9 个百分点,全年处于 56.4%—59.1%区间波动;上半年墨西哥制造业 PMI 处于扩张区间,7 月份以来由荣转枯,其中 9 月份跌至 47.3%,为 2022 年 1 月以来最低;上半年越南制造业 PMI 整体回升,其中 6 月份和 7 月份升至 54.7%,为 2018 年 11 月以来最高,12 月份降至 49.8%;俄罗斯扩张势头有所放缓,

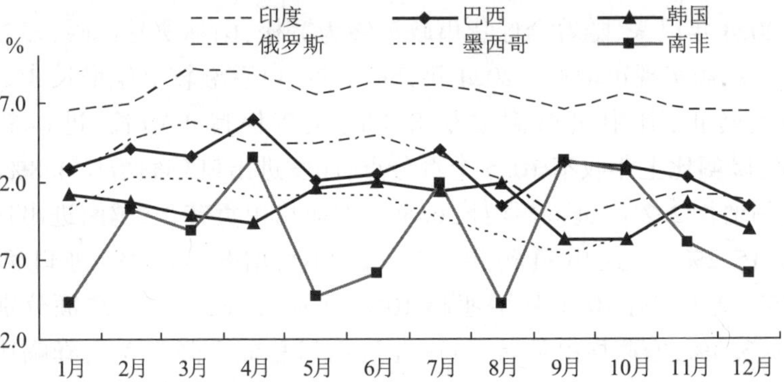

图 5　2024 年主要新兴及其他经济体制造业 PMI 走势

资料来源:S&P Global,南非制造业 PMI 来源于南非经济研究局。

12 月份为 50.8%,较 3 月份 55.7%的相对高点回落 4.9 个百分点,其中 9 月份跌至收缩区间;菲律宾和巴西分别于 50.9%—54.3%和 50.4%—55.9%区间波动,保持温和扩张(图 5)。

二、2025 年新兴及其他经济体经济展望

(一)支撑经济复苏的有利因素

一是主要新兴经济体增长动力较强。先行指标显示主要新兴经济体生产活动较为活跃,为经济活动提供支撑。制造业扩张势头较为强劲。2025 年 3 月,印度制造业 PMI 为 58.1%,较上月回升 1.8 个百分点,为 2024 年 6 月以来最高,制造业活动保持较快扩张;印尼为 52.4%,连续 4 个月处于扩张区间,处于 2024 年以来相对高位;巴西为 51.8%,2024 年以来持续处于扩张区间。服务业活动保持扩张。2025 年 3 月,印度服务业 PMI 为 58.5%,处于 2024 年 9 月以来相对高位;巴西为 52.5%,连续两个月处于扩张区间;俄罗斯为 50.1%,连续 9 个月处于扩张区间。

二是货币政策转向宽松有望提振消费和投资。在美国、欧元区等主要发达经济体降息的带动下,新兴经济体纷纷开启降息步伐。2024 年 1 月至 2025 年 4 月,印度累计降息两次共 50 个基点至 6.0%,为 2022 年 12 月以来最低利率;韩国累计降息 3 次共 75 个基点至 2.75%,为 2022 年 10 月以来最低利率;墨西哥累计降息 7 次共 225 个基点至 9.0%,为 2022 年 9 月以来最低利率;菲律宾累计降息 4 次共 100 个基点至 5.5%,为 2022 年 12 月以来最低利率。下阶段,主要经济体或将延续降息步伐,利率继续下行有利于降低借贷成本和债务负担,在一定程度上提振消费和投资。

(二)制约经济复苏的风险因素

一是贸易保护主义阻碍经济复苏。2025 年 4 月以来,美国宣布实施"对等关税"措施,对来自其他国家的进口商品加征高额关税。美国关税政策将推升全球贸易壁垒,加剧全球经济碎片化程度,阻碍各国正常经贸活动,拖累经济复苏,尤其对韩国、墨西哥等出口导向型经济体影响较大。2024 年,韩国货物出口额占 GDP 的比重为 37.5%,对美出口占总出口的比重为 18.7%。在美国关税影响下,4 月份韩国货物进出口总额同比增长 0.5%,增速较上月回落 2.0 个百分点,其中对美出口下降 6.8%。2024 年,墨西哥货物出口额占 GDP 的比重约为 33%,其中对美出口占总出口

的比重超80%，经济合作与发展组织（OECD）指出，自2025年4月起，若墨西哥和美国所有商品再加征25%的双边关税，墨西哥经济将面临衰退风险，2025年GDP预计下降1.3%。

二是贸易壁垒和地缘政治冲突推升再通胀压力。一方面，美国关税政策以及各国采取的反制措施将抬升全球商品价格，加剧新兴经济体通胀压力。另一方面，地缘政治紧张局势对供给扰动持续。2024年下半年以来，全球地缘政治风险指数持续攀升，2025年3月升至2023年10月以来最高。在俄乌冲突反复拉锯，中东地区局势尚不明朗的复杂态势下，地缘政治局势仍具有较大不确定性，将持续扰动国际能源、粮食、金属等重要商品供给，或将推动国际大宗商品价格再度上涨。

三是利率高企加剧债务脆弱性。尽管各国陆续降息在一定程度上降低利率水平，但利率仍处于疫情以来的相对高位，加之全球经济碎片化程度加深、贸易和经济政策不确定性加大、金融市场风险不断积聚，部分发展中经济体仍将面临较高的债务违约风险，对经济及金融稳定性构成挑战。世界银行数据显示，主权信用评级较低的新兴市场和发展中经济体通常面临较高的借款成本和沉重的债务负担，这些经济体2025—2026年经济平均增速仅为2.9%，显著落后于其他新兴市场和发展中经济体4.1%的平均增速。

三、2025年新兴及其他经济体经济的初步预测

2025年4月，国际货币基金组织（IMF）预计2025年新兴和发展中经济体经济增速为3.7%，较上年回落0.6个百分点，较2025年1月预测值下调0.5个百分点；2025年1月，世界银行预计2025年新兴和发展中经济体经济增速为4.1%，与2024年持平。

从主要经济体看，2025年，在私人消费支出较为强劲的拉动下，印度经济将保持稳定增长，预计增速处于6.2%—6.7%之间；印度尼西亚将连续3年保持5.0%左右的增速；世界银行和英国共识公司分别预计越南将增长6.6%和6.2%，IMF预计增长5.2%，增速回落较多；由于消费和投资疲软，俄罗斯和巴西经济增速将分别由2024年的4.3%和3.4%放缓至1.3%—1.7%和1.9%—2.2%之间；受美国加征关税影响，OECD和IMF均预计墨西哥经济出现负增长，其他国际组织机构预计墨西哥经济增速

分别为 0.2%和 1.5%;由于国内需求疲软叠加贸易摩擦加大出口压力,韩国预计由 2024 年的 2.0%放缓至 1.0%—1.5%之间(见下表)。

表　2025 年主要新兴及其他经济体 GDP 增长率预测

单位:%

经济体	世界银行	国际货币基金组织	经济合作与发展组织	英国共识公司
新兴和发展中经济体	**4.1**	**3.7**	–	–
印　度	6.7	6.2	6.4	6.3
巴　西	2.2	2.0	2.1	1.9
俄罗斯	1.6	1.5	1.3	1.7
墨西哥	1.5	-0.3	-1.3	0.2
韩　国	–	1.0	1.5	1.3
印度尼西亚	5.1	4.7	4.9	4.9
土耳其	2.6	2.7	3.1	2.9
阿根廷	5.0	5.5	5.7	4.8
泰　国	2.9	1.8	–	2.4
菲律宾	6.1	5.5	–	5.9
越　南	6.6	5.2	–	6.2
南　非	1.8	1.0	1.6	1.6

资料来源:世界银行《全球经济展望》(2025 年 1 月),国际货币基金组织《世界经济展望》(2025 年 4 月),经济合作与发展组织《经济展望》(2025 年 3 月),英国共识公司《国际经济调查与预测》(2024 年 4 月)。

注:印度为财政年度数据。各国按世界银行公布的 2023 年现价美元 GDP 排序。

(执笔:赵宇欣;成文于 2025 年 4 月)

2024年越南经济增速超预期 美"对等关税"加大经济增长压力

作为主要周边国家之一,越南同我国地缘相近、人文相通,是与我国经贸往来最密切的国家之一,亦是受美"对等关税"政策影响较大的国家之一。2024年,越南工业生产大幅提升,投资消费稳步增长,出口贸易创新高,经济增长超预期。2025年越南经济有望延续增长态势,但受美"对等关税"、国内结构性矛盾制约等影响,增长前景面临多重挑战。

一、2024年越南经济增长超预期

GDP增速超预期。2024年,越南国内生产总值达4763亿美元,同比增长7.1%,较上年提高2.0个百分点。其中,一季度同比增长6.0%,二季度开始同比增速逐步回升,分别达到7.3%、7.4%和7.6%。**国内生产大幅增长**。从工业看,2024年越南工业生产同比增长8.3%,较上年提高5.3个百分点,拉动经济增长2.7个百分点。其中,加工制造业同比增长9.8%,拉动2.5个百分点。从服务业看,2024年服务业同比增长7.4%,较上年提高0.5个百分点。**投资消费稳步增长**。从国内投资看,2024年,越南全社会实现投资资本达3692万亿越南盾,同比增长7.5%,较上年提高0.9个百分点。从国内消费看,2024年,越南消费品和服务零售额为6391万亿越盾,同比增长9.0%,较上年下降0.4个百分点。**就业物价总体稳定**。从就业看,2024年,越南就业人数达5190万人,同比增长1.1%;劳动年龄人口的就业不足率为1.8%,比上年下降0.2个百分点;劳动年龄人口失业率为2.2%,比上年下降0.04个百分点。从物价看,2024年居民消费价格平均上涨3.6%,较上年提高0.3个百分点。**国际**

收支基本平衡。越南国家银行数据显示，2024 年，国际收支口径的货物进出口总额达 2028 亿美元，货物出口额为 1082 亿美元，货物进口额为 946 亿美元，货物贸易顺差 136 亿美元；服务贸易进出口总额达 157 亿美元，服务贸易逆差 40 亿美元。经常账户顺差 78 亿美元，顺差规模与同期国内生产总值之比为 1.6%，处于合理均衡区间。

二、2025 年越南经济展望

(一) 支撑越南经济增长的有利因素

一是国内需求有望继续扩大。从消费看，鉴于部分商品和服务增值税免税政策第三次延长，叠加 2024 年 7 月 1 日起最低工资标准和公务员薪资分别上调 6%和 30%，实际工资增长将提振消费。从投资看，国内基础设施投资不断增长，2025 年 1—2 月，越南政府预算投资达 73 万亿越南盾，同比增长 21.7%；外商直接投资约 69 亿美元，同比增长 35.5%。

二是工业生产有望保持增长势头。由于全球通胀趋缓，美国、欧洲等多个主要市场的商品消费复苏，带动越南出口产品订单增长。越南统计总局数据显示，2025 年 1—2 月工业生产同比增长 7.2%，增幅较上年扩大 0.7 个百分点。其中，制造业生产同比增长 9.3%，供水、废物废水管理和处理活动同比增长 8.0%。

三是服务业供给持续改善。从零售业看，2025 年 1—2 月，社会消费品和服务零售总额为 1138 万亿越南盾，同比增长 9.4%，增幅较上年扩大 1.0 个百分点。从运输服务业看，2025 年 1—2 月，客运量同比增长 13.8%，货运量同比增长 14.5%，货运公里数同比增长 11.8%。从金融服务业看，2024 年总流动性同比增长 9.4%，信贷机构融资同比增长 9.1%，经济信贷同比增长 13.8%，保费收入同比下降 0.3%；2025 年，越南实施国家数字化转型计划，助推金融科技发展提质增效，将为越南银行、证券和保险等金融服务机构提供良好的发展机遇。从房地产服务业看，2024 年，越南房地产行业获得了 18.4 亿美元外商直接投资，占外商直接投资总额的 7.2%；2024 年 1 月国会会议召开后，越南实施土地、住房和商业法改革，将有助于规范房地产市场，促进房地产服务业的健康发展。从旅游业看，2025 年 1—2 月越南旅游业呈现积极复苏势头，赴越南旅游的国际游客超 396 万人次，同比增长 30.2%。

四是宏观政策支持作用有望继续显现。从财政政策来看,越南为2025年设定了超过2500万亿越南盾的财政支出目标,同比增长超36%,财政赤字目标设定为GDP的3.8%,为近10年来的最高水平,较上年提升0.2个百分点。其次,低政策利率有望继续支持经济增长。截至2024年12月末,越南政策利率已连续19个月维持在4.5%的较低水平,低政策利率有利于降低企业融资成本,刺激投资和消费的需求。从货币政策层面来看,越南央行为2025年设定了16%以上的存量信贷增长目标,为经济增长提供充足的资金支持。《亚洲发展报告2024》指出,越南持续积极的财政政策和宽松的货币政策将进一步刺激国内需求。

(二)越南经济增长面临不少挑战

一是受美"对等关税"影响,短期内出口贸易增长或将放缓。《亚洲发展报告2024》指出,美国经济复苏是支撑越南GDP增长的主要因素之一。越南政府新闻网数据显示,2025年1—2月,美国依然是越南最大的出口市场,出口额达196亿美元,占越南出口总额比重为30.5%。2025年4月9日起,美国对越南加征关税税率达46%,越南统计局称,美"对等关税"将对越南出口活动造成严重影响,尤其是对电子手机、机械设备、纺织服装、皮鞋、木材及木制品等六类主要出口商品造成冲击,上述六类商品占对美国出口总额的74%。2024年7月,越南制造业PMI达到54.7%的峰值后开始走弱,截至2025年2月份已下跌至49.2%,随着2025年上半年美国进入去库存周期及美"对等关税"政策影响,越南以出口导向的制造业生产活动将延续放缓态势。

二是金融潜在风险犹存。越南外债占外汇储备的比例过高,金融风险大。2024年上半年数据显示,越南债务总额达1856亿美元,截至2024年10月,外汇储备仅825亿美元,外债占外汇储备的比例超200%。越南经济高度依赖外贸,是出口导向型经济体,美"对等关税"将导致越南出口增长放缓,外汇储备减少,外债占外汇储备比例或将继续上升,金融风险加大。

三是劳动力素质有待提高,合格劳动力短缺。越南国家统计总局数据显示,2024年,越南15岁及以上劳动力达5300万人,劳动参与率为68.9%,与上年持平;受过培训且拥有学位和证书的劳动力比重仅为28.3%,非正规就业比重高达64.6%。

四是基础设施落后。首先,交通效率低。越南全国公路总里程66.8万公里,85.8%为农村道路,国道里程约2.5万公里,高速公路里程仅0.18万公里,铁路标准轨仅占6%,客运和货运占比均不足1%,交通拥堵、城际交通不便等问题凸显,货运和客运成本高企限制了工业和服务业的发展。其次,电力基础设施相对落后,电力供给不足。2024年二季度再遇“电荒”,导致制造业大厂被迫减少用电需求,部分外资考虑撤资,为缓解电力短缺,越南政府决定向中国购买至少18亿度电。

三、2025年越南经济增速或将放缓

世界主要国际组织和机构的预测显示,2025年越南经济增长将略有回落。OECD 2024年12月预测,虽然积极的宏观调控政策能够助力越南消费与投资的稳步提升,但外需弱于预期可能会抑制出口增长,越南经济增速将从2024年的7.1%回落至6.5%。亚洲开发银行和国际货币基金组织预测越南2025年的经济增长率分别为6.6%和6.1%。随着2025年4月份美“对等关税”政策的颁布实施,预计世界主要国际组织和机构会进一步下调越南2025年经济增速。

越南经济下行将在一定程度上影响我国对越货物出口。近年来,中越贸易关系日益紧密,我国连续20多年是越南第一大贸易伙伴,自2016年起越南是我国在东盟第一大贸易伙伴,2024年中越货物贸易占我国货物贸易总值比重为4.2%,2025年1—2月该比重上升至4.6%。越南经济下行对其国内需求产生影响,进而影响我国对越出口。此外,越南是中国部分商品的转口贸易地,受经济下行加上美“对等关税”等因素影响,其转口贸易能力一定程度上将减弱,中越货物贸易增长趋势或将放缓。

（执笔:黄佩佩;成文于2025年4月）

2024 年马来西亚经济表现亮眼 增长前景面临多重挑战

作为主要周边国家之一，马来西亚是我国隔海相望的友好邻邦，经贸往来密切，合作根基深厚、前景广阔。2024 年马来西亚经济增长强劲，2025 年经济有望延续增长态势，但受美"对等关税"、通胀上行风险、政府债务高企等因素影响，增长前景存在一定压力。

一、2024 年马来西亚经济表现亮眼

GDP 高速增长。2024 年，在国内生产和出口增长推动下，马来西亚国内生产总值达 1.93 万亿令吉，同比增长 5.1%，较上年提高 1.5 个百分点。**产业稳步增长。**2024 年马来西亚农业生产同比增长 11.1%，增速较上年由负转正；制造业同比增长 3.5%，较上年提高 3.3 个百分点；采矿和采石业同比下降 0.2%，降幅较上年缩小 12.4 个百分点；建筑业同比增长 18.4%，较上年提高 9.9 个百分点；服务业同比增长 6.2%，较上年回落 0.3 个百分点。**投资创历史新高。**马来西亚投资发展局数据显示，2024 年批准投资总额达 3785 亿令吉，较上年增长 14.9%，创历史新高；其中，国内投资占投资总额比重为 55%，外国投资占投资总额比重为 45%。**国内消费大幅增长。**2024 年，马来西亚个人最终消费支出为 1.2 万亿令吉，较上年同比增长 6.5%，占 GDP 比重为 60.8%。**货物和服务贸易高速增长。**2024 年，马来西亚货物出口总额为 1.1 万亿令吉，同比增长 7.5%；货物进口总额为 1.0 万亿令吉，同比增长 10.7%；贸易顺差为 0.1 万亿令吉，比上年降低 14.0%。服务贸易出口总额为 0.2 万亿令吉，同比增长 24.9%，服务贸易进口总额为 0.3 万亿令吉，同比增长 8.1%，贸易逆

差为 139 亿令吉，较上年减少 293 亿令吉。**就业物价总体稳定。**2024 年，马来西亚经济部门提供 905 万个就业岗位，较去年增长 1.3%；失业率为 3.3%，较上年降低 0.1 个百分点，就业形势向好。2024 年居民消费价格平均上涨 1.8%，较上年下降 0.7 个百分点，物价保持基本稳定。

二、2025 年马来西亚经济展望

（一）支撑马来西亚经济增长的有利因素

一是持续宽松的财政政策和中性货币政策有望支撑经济稳定增长。从财政政策看，2025 年财政预算案总拨款达到 4210 亿令吉，创历史新高，其中包括 860 亿令吉的经济发展支出，重点支持基础设施建设、产业发展等领域，推动经济增长；财政赤字目标设定为 3.8%，相较于 2024 年的 4.3%下降 0.5 个百分点，以此打消国际市场对马来西亚政府债务高筑的担忧，增强国际市场对马来西亚经济的信心。从货币政策看，马来西亚国家银行自 2023 年 5 月将隔夜政策利率（OPR）维持在 3%至今，以稳定经济增长并控制通胀上行风险。

二是数智驱动服务业增长。为抓住科技创新、人工智能（AI）发展机遇，马来西亚加速变革数字发展格局，政府在 AI 基础设施建设中大量投入，数字经济得到持续增长，推动服务业供给。《2024 年东南亚数字经济报告》显示，马来西亚数字经济商品交易总额有望在 2024 年达到 310 亿美元，比上年增长 16%；电子商务领域商品交易额预计同比增长 17%，达 160 亿美元；在线媒体商品交易总额预计同比增长 10%；数字金融服务、在线旅游、食品配送与交通等领域商品交易总额预计均有所增长。2025 年一季度，马来西亚服务业供给同比增长 5.2%，较上年同期提高了 0.4 个百分点。

三是工业生产有望提质进阶。从制造业看，马来西亚政府积极推动新工业大蓝图 2030 计划（NIMP2030）和国家半导体战略（NSS），带动马来西亚制造业稳定增长。2025 年一季度，马来西亚制造业生产同比增长 4.2%，较上年同期提高 2.3 个百分点；建筑业同比增长 14.5%，较上年同期提高 2.6 个百分点；采矿和采石业同比下降 4.9%，较上季度降幅扩大 4.0 个百分点。

四是内需潜力有望继续释放。就业形势延续 2024 年良好态势。

2025年2月，马来西亚失业率为3.1%，较去年同期下降0.2个百分点，保持在2015年5月以来的最低水平；就业人数增长2.6%，达1673万人。**实际收入增长将提振消费**。2024年12月1日起，马来西亚分阶段上调公务员薪资；2024年5月11日起，实施EPF雇员公积金灵活账户提款政策；2025年2月1日起，最低工资标准从1500令吉/月上调至1700令吉/月，马来西亚财政部预计2025年国民总收入较上年增长6.7%，人均收入增至59011令吉，较上年增长5.9%。**国内外投资有望延续良好增长势头**。2024年8月马来西亚政府推出的GEAR-UP计划将促进企业资本支出和基础设施发展，该计划致力于投资"高增长、高价值"行业，包括能源转型、先进制造业、食品安全、医疗保健、伊斯兰金融和生物制药，预计五年内投资将达1200亿令吉。投资发展局数据显示，马来西亚不断发展和升级国内基础设施，现已建成500多个工业区、22个自由工业区（FIZS）、互联网用户普及率达96%、道路网络覆盖了14.4万公里、港口跻身全球集装箱港口前20强、6个国际机场、16个国内机场和18个机场航空站满足国际旅游需求，并为大宗商品贸易提供便利，有助于提振国际市场对马来西亚的投资信心。

（二）面临的挑战

一是受美"对等关税"影响，地缘经济碎片化加剧给马来西亚经济增长带来不确定性。马来西亚统计局数据显示，2025年一季度，美国依然是马来西亚第二大的出口市场，出口额达574.2亿令吉，占出口总额比重为15.2%，马来西亚对美国的贸易顺差为279.1亿令吉，较上年增长62.0%。2025年4月9日起，美国对马来西亚加征24%的"对等关税"。虽然马来西亚面临的"对等关税"税率相对于东南亚其他国家较低，其主要支柱行业——半导体为关税豁免的行业之一，但仍存在变数。根据马来西亚国际贸易暨工业部（MITI）和马来西亚半导体行业协会（MSIA）统计，2023年，马来西亚半导体贸易占全球贸易总额比重为7%，为美国最大半导体供应商，占美国半导体进口的20%。韩国贸易投资促进机构（KOTRA）2024年12月发布的《全球半导体"出口相似指数"（ESI）报告》显示，马来西亚已成为全球第五大半导体出口国，其半导体产品出口占电子电气产品出口总额比重为62%，占出口总额比重约25%。相关行业出口下降和企业经营困难可能导致就业岗位减少，马来西亚国际商会与工业联合会估计,美“对等关税”政策可能导致马来西亚多达5万个直接或间接岗位流失。

二是通胀水平存在上行压力。IMF预测,若2025年年中马来西亚RON95汽油补贴改革得以实施,2025年平均通货膨胀率将从2024年的1.8%升至2.6%,通胀存在上行风险。美“对等关税”政策以及地缘政治紧张局势扰乱全球供应链,或将推高大宗商品价格,国内最低工资和公务员薪酬的提高以及经济增长上行预期也有助于进一步推高物价。

三是政府债务风险犹存。马来西亚财政部数据显示,截至2024年底,政府债务总额为1.2万亿令吉,占GDP比重达64.6%,较上年提高了0.3个百分点;其中,国内债务占政府债务总额比重为97.8%,海外债务占政府债务总额比重为2.2%。虽然马来西亚财政部称债务风险仍在可控范围内,但连续29年实行赤字预算案,政府债务占GDP比重已高于国际通行的60%的警戒线,财政可持续性风险加大。

三、2025年马来西亚经济增速或将放缓

世界主要国际组织和机构的预测显示,2025年马来西亚经济增长将略有回落。马来西亚财政部2024年10月份预测,在全球贸易改善以及对电子电器产品需求强劲的背景下,叠加国内需求不断扩大,2025年经济增速将保持在4.5%—5.5%之间。2025年4月22日,IMF发布的最新预测数据将马来西亚2025年经济增速下调至4.1%,比上年实际增速低1.0个百分点。

马来西亚作为全球和东盟国家贸易的关键枢纽,是中国在东南亚的重要贸易伙伴和投资目的地,也是中国在东盟的第二大贸易伙伴。我国连续16年成为马来西亚第一大贸易伙伴,2024年中马货物贸易占我国货物贸易总值比重为3.4%,2025年一季度该比重上升至3.5%。马来西亚经济下行将对其国内需求产生影响,将一定程度上影响我国对马来西亚货物出口。

(执笔:黄佩佩;成文于2025年4月)

2024 年柬埔寨经济增长强劲 多重风险影响下增速或将放缓

我国长期是柬埔寨最大贸易伙伴和最大投资来源国，产业链供应链合作密切。2024 年柬埔寨经济增长强劲，2025 年有望延续增长态势，但受世界经济下行、美“对等关税”、国内金融风险上升以及劳动生产率偏低等因素影响，增长前景面临诸多挑战。

一、2024 年柬埔寨经济高速增长

GDP 增长强劲。在制造业出口增长、旅游业持续复苏以及农业稳定增长的推动下，2024 年柬埔寨经济增速达 6.0%，较上年提高 1.0 个百分点，位居东南亚国家第二位。**工业同比增长 9.2%。**其中，服装制造业出口同比增长 23.5%，非服装（如电器零件、汽车配件、汽车轮胎和木质制品等）制造业出口同比增长 6.2%。**服务业同比增长 4.5%。**旅游业强劲复苏，2024 年入境旅客达 670 万人次，同比增长 22.9%，创历史新高；房地产市场疲软，2024 年东盟与中日韩宏观经济研究办公室（AMRO）发布的《2024 年柬埔寨年度咨询报告》显示，柬埔寨房地产领域面临供过于求、融资困难和市场信心减弱等多重挑战。**农业同比增长 0.9%。**农产品出口同比增长 17.5%，其中，稻谷、香米、木薯、橡胶、腰果和新鲜芒果出口额分别为 13.98 亿美元、4.91 亿美元、6.89 亿美元、5.95 亿美元、5.05 亿美元和 1.45 亿美元，分别同比增长 11.7%、5.0%、6.7%、12.8%、31.0%和 27.0%；农产品进口达 7.9 亿美元，同比增长 16.1%。**通胀与政府债务总体可控。**2024 年柬埔寨平均通货膨胀率为 0.8%，较上年下降 1.3 个百分点；政府债务总额为 119 亿美元，较上年增加 7 亿美元，占

GDP 比重为 26.3%，其中，国外债务占 GDP 比重为 26.1%，国内债务占 GDP 比重为 0.2%。**国际收支基本均衡。**2024 年，柬埔寨经常账户余额由正转负，赤字占 GDP 比重为 0.2%；旅游业复苏使服务贸易保持顺差，但由于纺织品和皮革等原材料进口超出口，货物贸易逆差占 GDP 比重为 9.9%，较上年扩大了 2.9 个百分点。

二、2025 年柬埔寨经济展望

（一）支撑柬埔寨经济增长的主要因素

一是工业生产有望持续增长。欧盟主要国家需求回暖，有利于柬埔寨制造业生产增长。服装、鞋类及旅行用品制造业是柬埔寨经济的重要支柱，为推动其转型升级、实现可持续发展，柬埔寨政府制定《柬埔寨鞋类和箱包发展战略（2022—2027）》，以提高劳动生产率、改善工作条件、发展当地原材料生产、促进支持产业投资以及实现市场多元化。柬埔寨皇家科学院预测，尽管关税优惠在 2025 年将有所减少，柬埔寨对欧盟的服装、鞋类和旅游产品出口仍将保持增长。柬埔寨海关总署数据显示，2024 年西班牙和德国是柬埔寨在欧盟的最大贸易伙伴，IMF 最新预测数据显示，2025 年西班牙和德国货物进口需求均较上年有所好转，西班牙货物进口需求增长 2.5%，较上年提高 2.2 个百分点；德国货物进口需求下降 0.6%，降幅较上年缩小 0.7 个百分点，有利于柬埔寨制造业产品出口增长。**外商直接投资将持续推动柬埔寨工业增长。**柬埔寨实施开放的经济政策，通过完善营商环境和基础设施建设，提升外资吸引能力，2024 年外商直接投资在制造业的总量同比增长 56.7%；柬埔寨发展理事会（CDC）数据显示，2025 年 1—2 月共批准 112 个投资项目，协议投资额超 10 亿美元，获批的投资项目多集中于工业领域。亚洲开发银行预测，在制造业生产保持增长的背景下，2025 年工业生产将同比增长 9.3%，较上年提高 0.1 个百分点。

二是服务业有望延续增长态势。旅游业是柬埔寨的支柱产业之一，由于东南亚国家经济稳步增长，叠加柬埔寨政府支持旅游业的各项措施落地，国际游客——尤其是来自东南亚的游客将继续增加，加之 2025 年是中柬旅游年，随着中柬航线持续增多，便捷的中转服务和丰富的航线网络将使到访柬埔寨的中国游客增多，为其旅游业发展带来更多机遇；柬埔寨旅游部发布预测显示,2025 年外国游客将达 720 万至 750 万人次,预计创造约 51 亿美元收入,对 GDP 的贡献将达 10.5%。此外,柬埔寨政府在 2024 年初发布了《2023—2033 年跨运输和物流总体规划》,以加强交通基础设施建设,降本增效,规划共包含 174 个项目,预计总投资额为 366.8 亿美元,2025 年仓储和运输服务业有望实现增长。亚洲开发银行预测,2025 年柬埔寨服务业将同比增长 4.4%。

三是农业有望保持稳定增长。农业是柬埔寨经济支柱产业之一,在 RCEP 的推动下,柬埔寨与各成员国之间的贸易往来更加频繁,支撑农业出口的增长;2024 年 1 月 1 日《韩国与柬埔寨自由贸易协定》落地,为柬埔寨农产品进入韩国市场提供了更便利的条件。亚洲开发银行预测,在农产品出口需求的推动下,2025 年农业将同比增长 1.0%,较上年上升 0.1 个百分点。

四是积极的宏观调控政策有望继续支撑经济增长。从财政政策看,柬埔寨财经部数据显示,2025 年柬埔寨将财政赤字目标设定为 15 亿美元,较上年提高 6 亿美元,占 GDP 比重为 3.0%;其中,财政收入预算为 76 亿美元,占 GDP 比重为 14.8%,财政支出预算为 91 亿美元,占 GDP 比重为 17.8%。柬埔寨政府计划 2025 年借入 20 亿特别提款权(约 27 亿美元),部分资金用于基础设施建设,为工业生产提供有力支撑,促进产业协同发展。从货币政策看,柬埔寨国家银行持续鼓励使用本国货币,实行逐步“去美元化”政策,以降低对外部经济波动的敏感性,2024 年汇率平均为 1 美元兑 4071 克朗,已恢复至疫情前水平,柬币的稳定有助于维护国内经济秩序;柬埔寨财经部发布的《2025 年财政管理法》草案预测,2025 年通货膨胀率将在 2.5%左右,低通胀将有利于增强居民消费能力,刺激国内消费,推动经济增长。

(二)面临的挑战和风险

一是美“对等关税”影响为柬埔寨经济增长带来不确定性。2025 年 4 月 2 日,美国政府以“贸易逆差”和“转口贸易规避关税”为由,将柬埔寨列为“对等关税”政策重点打击对象,对柬埔寨输美商品加征 49%的关税,远超越南(46%)、泰国(36%)等东南亚邻国,是全球范围内最高税率之一。美国是柬埔寨最大出口国,柬埔寨海关总署数据显示,2024 年,柬埔寨对美国出口总额为 99.2 亿美元,同比增长 11.4%,占出口总额比重为37.9%;2025年第一季度,柬埔寨对美国出口总额为24.3亿美元,同比增长22.2%,占出口总额比重为35.3%。2023年,柬埔寨是美国第六大服装供应国,在美国市场的份额从十年前的3.2%增至4.3%。美"对等关税"措施将抬升柬埔寨出口成本,削弱柬埔寨商品在美国市场的价格竞争力,导致工业订单减少,国内企业减产、停产及裁员风险上升,为经济增长带来不确定性。

二是不良贷款增加导致金融风险上升。柬埔寨国家银行数据显示,2024年柬埔寨银行体系不良贷款率(NPL)持续上升,其中,银行NPL为7.9%,较上年上涨2.5个百分点;小额贷款机构NPL达9%,较上年上涨2.3个百分点。银行盈利能力减弱,2024年柬埔寨银行资产回报率(ROA)和股本回报率(ROE)分别为0.2%和1.2%,较上年分别下降0.4和0.2个百分点;小额贷款机构回报率和股本回报率分别为0.6%和2.5%,较上年分别下降0.9和3.4个百分点。在坏账节节上升压力下,金融机构放贷更趋谨慎,银行体系未偿还贷款增长率连续两年下降,2024年,银行体系总贷款仅增长3.0%,较2023年下降1.8个百分点,资本充足率和流动性风险加大。

三是劳动生产率偏低。亚洲开发银行《亚洲发展报告》指出,柬埔寨近年经济高速增长的主要驱动力是投资而非生产率增长,各经济部门劳动生产率水平较低,生产效率在近十年呈负增长态势。虽然制造业出口和旅游业是其经济增长的主要驱动力,但要实现更可持续的增长并快速成为中高收入国家,还需显著提高其劳动生产率。

四是极端天气条件或将影响农业生产。农业是柬埔寨经济支柱产业之一,2023年农业占GDP比重约为22%,超一半的家庭主要收入来自农业。柬埔寨的地理位置和地形使其易受洪涝灾害影响,极端天气如干旱、洪涝、台风等会导致水稻等农作物受灾减产。2025年3月柬埔寨腰果协会预测,受年初异常天气和降雨影响,腰果产量预计减少约23%。

三、2025年柬埔寨经济或将放缓

世界主要国际组织和机构的预测显示,2025年柬埔寨经济或将放缓。2025年4月22日,IMF发布最新的预测数据显示,2025年柬埔寨经济增速为4.0%,较上年实际增速下降2.0个百分点。

我国连续 13 年为柬埔寨最大贸易伙伴和最大外资来源国，两国产业链供应链合作不断深化。海关总署数据显示，2024 年中柬货物贸易占我国货物贸易总值比重为 0.29%，2025 年一季度该比重上升至 0.32%，连续六个季度保持增长并创历史新高；我国与柬埔寨在汽车产业和纺织服装产业协作深度，2025 年一季度，我国对柬出口汽车、锂电池和纺织品分别为 8.4 亿元、1.0 亿元和 101.4 亿元，同比分别增长 183.7%、465.7%和 17.7%。柬埔寨经济下行将一定程度上影响我国对柬埔寨汽车产业和纺织品领域货物出口。此外，柬埔寨是中国部分商品的转口贸易地，其对美出口的半导体设备、箱包和针织毛衣等主要货物，核心零部件和原材料多来自中国，受经济下行叠加美“对等关税”等因素影响，转口贸易或将放缓，将一定程度上影响我国半导体设备零部件、纺织原材料等货物出口。

（执笔：黄佩佩；成文于 2025 年 5 月）

三 国际比较研究

2024年我国世界500强企业数量位居第二

美国《财富》杂志最新发布的2024年世界500强企业排行榜显示，我国上榜企业共133家[①]，比上年减少9家，位居世界第二，这是自2018年以来，我国上榜的企业数量首次少于美国。美国今年共计139家企业上榜，比上年增加3家。沃尔玛连续11年蝉联世界500强榜首，亚马逊重新升至第二位，中国国家电网有限公司继续位列第三（表1）。

表1 2024年世界500强营业收入前十名企业

单位：百万美元

排名	公司名称	国家	营业收入
1	沃尔玛	美国	648125.0
2	亚马逊	美国	574785.0
3	国家电网有限公司	中国	545947.5
4	沙特阿美公司	沙特阿拉伯	494890.1
5	中国石油化工集团	中国	429699.7
6	中国石油天然气集团	中国	421713.6
7	苹果公司	美国	383285.0
8	联合健康集团	美国	371622.0
9	伯克希尔—哈撒韦公司	美国	364482.0
10	CVS Health 公司	美国	357776.0

资料来源：《财富》网站 https://www.fortunechina.com/。

① 包括中国台湾的5家企业。

一、我国上榜企业数量有所下降

2024年世界500强排行榜企业的营业收入总和约为41万亿美元，相当于全球GDP的三分之一，比上年微增0.1%。进入排行榜的门槛(最低年营业收入)也从309亿美元升至321亿美元。今年所有上榜企业的净利润总和同比增长2.3%，约为2.97万亿美元。今年我国上榜企业营业收入总额约为11万亿美元，相比去年所有上榜企业下降6%。

美国上榜139家企业排名第一，中国133家排名第二，日本40家排名第三。中美两国形成双头并进的局面，遥遥领先于其他国家。美国、中国和日本三个国家，在榜单中贡献了大约三分之二的企业数量、营业收入和利润。

二、我国汽车行业发展良好，互联网行业逐步回暖

今年我国上榜企业中，汽车行业和互联网行业的发展较为突出。

汽车行业中，我国共有10家上榜，其中，奇瑞汽车首次上榜，以391亿美元的营业收入位列385位。其他九家的排位较上年多数有所上升。作为上年排名提升最多的中国企业，比亚迪的营业收入再次取得显著提升，从630亿美元提升到851亿美元，排名提升69位至第143位。宁德时代继去年首次上榜后，今年营业收入从488亿美元提升到566亿美元，排名提升42位至第250位。吉利汽车排名也提升40位至第185位。我国汽车行业发展势头良好。

互联网行业中，我国企业排名整体上升。5家互联网巨头中，除了阿里巴巴下滑2位之外，京东、腾讯和美团的排名均有提升，拼多多更是首次上榜。受益于我国互联网行业的回暖，美团成为榜单中排名提升最多的中国企业，排名提升83名至第384位。京东集团则再次进入前50名，成为中国大陆最大的民营企业。

三、我国企业经营质量有待提高

虽然我国企业的上榜数量依然位居全球前列，但今年被美国超过，凸显出一些问题。

在上榜企业数量和排名方面，今年中国内地和香港上榜企业数量为

128家，比上年减少7家①。除去5家新上榜和重新上榜企业以及6家位次不变的公司，有46家企业位次上升，71家位次下降。

在营业收入方面，2024年上榜中国企业的平均营业收入为830亿美元，较上年下降0.4%，略高于全榜500家企业的平均营业收入，但低于上榜美国企业的平均营业收入990亿美元。在营业利润方面，上榜中国企业平均利润仅39亿美元，而全榜500家企业平均利润为59亿美元，美国上榜企业平均利润则达到88亿美元，我国企业营业利润方面还存在较大提升空间（表2）。

表2 2024年世界500强利润额前十名企业

单位：百万美元

排名	500强排名	公司名称	国家	利润
1	4	沙特阿美公司	沙特阿拉伯	120699.3
2	7	苹果公司	美国	96995.0
3	9	伯克希尔—哈撒韦公司	美国	96223.0
4	17	Alphabet公司	美国	73795.0
5	26	微软	美国	72361.0
6	22	中国工商银行股份有限公司	中国	51417.0
7	21	摩根大通公司	美国	49552.0
8	30	中国建设银行股份有限公司	中国	46990.0
9	66	Meta Platforms公司	美国	39098.0
10	34	中国农业银行股份有限公司	中国	38048.7

资料来源：《财富》网站https://www.fortunechina.com/。

（执笔：朱原则；成文于2024年8月）

① 中国台湾上榜企业较上年减少2家。

2024年我国货物出口总额继续稳居世界首位

世界贸易组织(WTO)近日发布的全球贸易统计报告显示，2024年世界货物出口总额为244310亿美元,比上年增长2.0%;货物进口总额为247470亿美元,比上年增长2.0%。

我国货物出口总额连续16年稳居世界第一位。2024年我国货物出口总额达35770亿美元,比上年增长6.0%,占全球的份额为14.6%。位居第二位的是美国,出口总额为20650亿美元,比上年增长2.0%,占全球的份额为8.5%。排在第3—10位的国家和地区分别为德国、荷兰、日本、韩国、意大利、中国香港、法国和墨西哥(见下表)。

我国货物进口总额继续稳居世界第二位。2024年我国货物进口总额达25870亿美元,比上年增长1.0%,居世界第二位,占全球的份额为10.5%。位居第一位的是美国,进口总额达33590亿美元,比上年增长6.0%,占全球的份额为13.6%。排在第3—10位的国家和地区分别是德国、英国、荷兰、法国、日本、中国香港、印度和墨西哥。

WTO预计,受美国关税政策及各国贸易政策不确定等因素影响,预计2025年全球货物贸易将陷入严重萎缩之中,从地域来看,预计北美地区货物贸易受影响最为严重,亚洲地区总体将保持温和增长态势。

表　2024年世界货物出口额和进口额排名前十位的国家和地区

单位：亿美元

位次	国家和地区	货物出口额	位次	国家和地区	货物进口额
1	中国	35770	1	美国	33590
2	美国	20650	2	中国	25870
3	德国	16830	3	德国	14250
4	荷兰	9210	4	英国	8160
5	日本	7070	5	荷兰	8120
6	韩国	6840	6	法国	7500
7	意大利	6740	7	日本	7430
8	中国香港	6460	8	中国香港	7040
9	法国	6400	9	印度	7020
10	墨西哥	6170	10	墨西哥	6440

资料来源：WTO《全球贸易展望与统计》报告。

（执笔：高析；成文于2025年4月）

2024年我国全球竞争力显著提升

2024年6月18日，瑞士洛桑国际管理发展学院(International Institute for Management Development，简称IMD)发布2024年全球竞争力排名(World Competitiveness Ranking 2024)①报告。报告从经济表现、政府效能、商业效率和基础设施等4个一级指标对全球67个主要经济体进行评价。报告显示，2024年全球竞争力前三位分别是新加坡、瑞士、丹麦，我国排名大幅上升7位，位居世界第14位，创近五年新高(见下表)。

表　2024年全球竞争力指数排名前二十位情况

排名	经济体	排名较上年变化	排名	经济体	排名较上年变化
1	新加坡	+3	11	卡塔尔	+1
2	瑞士	+1	12	美国	-3
3	丹麦	-2	13	澳大利亚	+6
4	爱尔兰	-2	14	中国	+7
5	中国香港	+2	15	芬兰	-4
6	瑞典	+2	16	沙特阿拉伯	+1
7	阿联酋	+3	17	冰岛	-1
8	中国台湾	-2	18	比利时	-5
9	荷兰	-4	19	加拿大	-4
10	挪威	+4	20	韩国	+8

① IMD自1989年开始，每年公布全球竞争力排名报告，该排名是根据经济文献、国际、国家和地区来源的164个竞争力指标以及来自商界、政府机构和学术界的反馈，以及由6612名高级管理人员回答的92个调查问题编制，并根据336项竞争力标准评分。

一、我国竞争力提升显著，多项指标创新高

IMD 全球竞争力衡量经济体长期价值创造的能力，不仅包含 GDP 和生产力，还有企业面临的政治、社会和文化因素（见下图）。2024 年我国全球竞争力创新高主要由于：

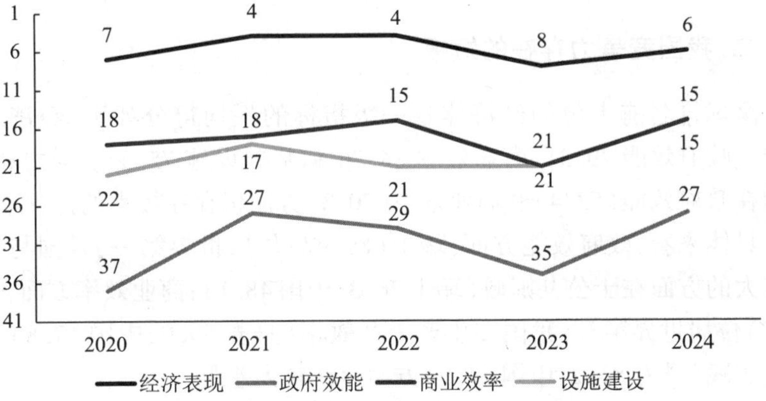

图　近五年我国竞争力各个维度排名变化趋势

数据来源：IMD 官方网站。

经济表现稳居前列。2024 年，我国经济表现较上年上升 2 位，位居世界第六，在四个分项指标中表现最好。从二级指标来看，国内经济上升 2 位至世界第一，国际贸易下降 4 位至第 43 位，国际投资下降 7 位至第 13 位，就业上升 10 位至第 19 位，价格水平上升 6 位至第 28 位。从指标变化可以看出，我国国际投资和国际贸易受地缘政治和贸易摩擦的影响较大。

政府效能稳步提升。过去 5 年，我国在政府效能上的排名呈现总体上升趋势，2024 年较上年上升 8 位，位居第 27 位，为近 5 年最高排名，在所有参评经济体中处于中等偏上水平。从二级指标来看，我国在公共财政（第 31 位）和税收政策（第 23 位）方面排名微降，在制度框架（第 34 位）、商业立法（第 33 位）和社会框架（第 28 位）等方面稳中有升，带动政府效能整体排名上升。

商业效率全面进步。2024 年，我国商业效率位居第 15 位，较上年上升 7 位，为近 5 年最高排名。从二级指标来看，2024 年各个分项的排名

都有所上升,其中,生产力和效率进步最大,上升了 13 位至第 18 位,其次是金融方面,上升 7 位至第 21 位。

基础设施建设明显增强。2024 年,我国基础设施位居第 15 位,创近 5 年新高,较上年提升了 6 个名次,近年来总体维持在参评经济体的前三分之一。其中,我国技术基础设施(第 5 位)和科技基础设施(第 8 位)表现亮眼,稳居世界前十。

二、我国竞争力存在的短板

全球排名前十位的经济体各一级指标的平均得分如下:经济表现 60. 21、政府效能 79. 31、商业效率 84. 76 和基础设施 75. 32。与之相比,我国在政府效能(53. 4)和商业效率(70. 3)方面仍存在较大的提升空间。

具体来看,政府效能方面,瑞士(89. 97)位居世界第一,我国与其差距较大的方面在于公共财政(瑞士 76. 3,中国 48. 1);商业效率方面,丹麦(100)位居世界第一,我国在生产力和效率(丹麦 89. 0,中国 57. 8)以及管理实践(丹麦 83. 2,中国 54. 9)方面存在较大差距。

我国在经济表现(63. 3)和基础设施(68. 8)方面与全球排名前十位经济体的平均水平基本相当,但仍存在进一步提升的空间。经济表现方面,我国(63. 3)与排名第一的美国(75. 05)存在一定差距,最主要的差距在于国际投资方面(美国 100,中国 53. 7);基础设施方面,我国与排名第一的瑞士(88. 42)差距较大,具体来看,差距主要在于健康与环境(瑞士 72. 8,中国 50. 3)以及教育(瑞士 72. 2,中国 53. 9)方面。

三、我国提升竞争力的努力方向

IMD 强调,竞争力的衡量着眼于长期影响。短期内,政府通过强大的社会保障,比如提供更多的失业救济金、减税等措施,可以迅速使经济反弹,从而提升政府效率,并提升竞争力。但长期竞争力的提升则需要依靠创新,创新是经济体长期竞争力的基石。报告建议,我国可以通过增加教育支出,提升劳动力素质来培养创新人才,并进一步推动科技创新,提升长期竞争力。

下阶段,对我国而言,提高竞争力水平要强化以下几个方面:一是积极应对全球经济下行的风险,保持经济稳定增长。稳定就业,加大就业保障力度,提升居民收入水平,实现更加稳定的社会发展。化解地方政府债务风险,增强财政能力可持续性。二是深化改革开放,激发市场活力。进一步优化营商环境,释放市场活力,提升经济效率。三是坚持创新驱动发展。加大科技研发投入,提升自主创新能力,实现高质量发展。

(执笔:朱原则;成文于 2024 年 6 月)

我国数字化发展成效显著 多个领域位居世界前列

世界银行近期首次发布了《2023 年数字化进展与趋势报告》(简称《报告》),对全球数字技术的生产和使用情况进行了分析。《报告》主要从数字产业规模、数字基础设施、数字技术应用三方面衡量全球 217 个国家和地区数字化发展的最新情况。《报告》显示,我国数字化发展水平多项指标位居世界前列。

一、我国数字产业规模位居世界前列

数字产业增加值①位居全球第二。2022 年我国信息通信技术(ICT)制造业增加值为 3271.3 亿美元②,与位居全球第一的美国(3376.96 亿美元)基本相当;ICT 服务业增加值为 7573.62 亿美元,仅次于美国的 18474.99 亿美元,但差距较大,还需加力。

数字产业劳动力规模位居全球第一。2022 年我国 ICT 制造业雇员人数 1005.6 万人,大幅领先排名第二的美国(105.3 万人);ICT 服务业雇员人数 1378.3 万人,大幅领先排名第二的印度(634.4 万人)。

ICT 出口总值位居世界前列。2021 年我国 ICT 商品出口总值 8575.05 亿美元,位居全球第一,排名第二的是我国香港地区(4104.78 亿美元),第三是韩国(2198.11 亿美元);ICT 服务出口总值 829.23 亿美元,位居全球第三,仅次于爱尔兰的 2065.89 亿美元和印度的 992.33 亿美元。

---

① 该报告数据只包含中国大陆地区(不含香港、澳门和台湾地区)。

② 报告数据主要采用 2022 年的数据,如有不同会在文中特别注明。

数字创新水平全球领先。2021 年我国 ICT 专利数为 432505 件，位居全球第一，大幅领先排名第二的美国，ICT 专利数为 168003 件。此外，我国数字产业风险投资数量 4004 件，风险投资总值 229.11 亿美元，都稳居全球第二，仅次于美国的 7250 件和 1246.35 亿美元。

二、我国数字基础设施总体处于领先水平

宽带基础设施水平位居世界前列。2022 年我国 4G 覆盖率为 100%，位居全球第一；移动下载速度中位数为 116.7 兆比特每秒，位居全球第七；固定宽带下载速度中位数为 227 兆比特每秒，位居全球第二，与位居全球第一的新加坡的 237 兆比特每秒基本相当。

宽带流量价格整体较低。2022 年我国移动宽带流量价格水平处于全球后 20%[①]，有 44 个国家移动流量价格比我国更便宜，我国移动流量价格还存在一定的优化空间；固定宽带流量价格为全球第 3 低，仅高于列支敦士登和摩纳哥两个小国家。

可见，我国宽带基础设施整体水平较高，但仍存在一些短板。从数据基础设施来看，2022 年我国互联网交换中心（IXP）月人均高峰流量为 2.1 人均千字节数，每百万人互联数据中心数不到 0.1。而高收入国家平均 IXP 月人均高峰流量为 76.4 人均千字节数，每百万人互联数据中心数为 3.0。

三、我国数字技术应用方面有待进一步提高

在衡量数字技术应用的核心指标中，我国部分方面已达到高收入国家水平。2022 年我国每百人固定宽带订阅数 41.35，位居全球第 19 名，高收入国家的平均水平为 38；月度人均移动宽带流量 14.4 千兆字节，位居全球第 30 名，高收入国家的平均水平为 14 千兆字节。

但是数字技术应用中目前还存在一些短板，有待进一步提高。2022 年我国互联网普及率为 76%，与高收入国家 92%的平均水平相比有一定差距；联合国数字政府指数为 0.81，位居全球第 43 名，不及高收入国家

---

① 我国每月 2 千兆字节的移动宽带流量和固定宽带流量价格占每月人均国民总收入的百分比均为 0.5%。

0.89 的平均水平；15 岁以上人口进行或接受数字支付的比率为 86%，位居全球第 42 名，高收入国家的平均水平为 93%。

（执笔：朱原则；成文于 2024 年 4 月）

英国碳排放统计核算制度方法

党的二十大报告再次强调了我国的“双碳”目标,要积极稳妥地推进碳达峰碳中和、积极参与应对气候变化全球治理,并作出完善碳排放统计核算制度的战略部署。英国作为首个以立法形式承诺2050年实现净零排放的主要经济体,在碳排放统计监测等方面进行了诸多探索。基于此,本文对英国碳排放核算模式的原则、核算方法及主要结果进行比较分析。

一、英国碳排放核算①模式概述

根据英国《京都议定书》的承诺、“脱欧”后继续履行欧盟《努力分担条例》的承诺及其在2020年《巴黎协定》做出的“国家自主决定贡献”承诺,英国需要每年向不同国际组织报告减排情况。为了更好地监测本国净零战略进展,英国于2008年通过《气候变化法案》,开始实施碳排放核算。目前英国共有能源安全和净零排放部(DESNZ)、英国国家统计局(ONS)以及英国环境、食品和农村事务部(DEFRA)三个官方部门负责开展碳排放核算相关工作。此外,DESNZ还需向《联合国气候变化框架公约》(UNFCCC)秘书处报告国家年度碳排放量。由于国际组织和国内各部门的碳排放监测目标不同,采取的核算原则不同,因此三个官方统计部门之间以及与向国际组织提交的结果也存在差异。

(一)英国碳排放核算负责机构及核算方法原则

1. 英国能源安全和净零排放部(DESNZ)按照领土原则进行碳排放统计核算,核算结果用于监测英国领土范围内排放目标的进展情况,核算

① 碳排放统计核算是指对一国或地区的温室气体排放量进行量化和计算的过程,其中温室气体包括二氧化碳、甲烷、一氧化二氮、氢氟碳化合物、全氟碳化合物、六氟化硫和三氟化氮。

方法与向 UNFCCC 提交的《国家温室气体排放清单报告》保持一致。其核算对象主要包括英国境内企业(无论注册地是否在英国)、在英国境内居住的居民、在英国短暂停留的游客以及土地(包括森林、农作物或牧场)排放量,不包括国际航空和航运、在英国境外的英国居民和注册地在英国但经营地在英国境外的企业、英国从其他国家进口的商品和服务的生产以及用于能源生产的生物质燃烧的排放量。DESNZ 目前负责发布英国领土原则的碳排放临时年度数据、最终年度数据以及分地方政府①和市镇或郡范围的地方碳排放年度核算数据。

2. 英国国家统计局(ONS)按照常住原则进行碳排放核算。按常住原则核算的碳排放结果作为环境账户一部分进行发布,根据环境经济核算体系(SEEA)中的大气排放方法进行核算。其核算对象包括英国常住居民和英国注册企业的排放,无论其是否在英国境内,不包括英国境内的外国居民和外国企业的排放。ONS 目前负责发布英国常住原则的碳排放季度实验数据、临时年度数据、最终年度数据和碳排放强度数据。

3. 英国环境、食品和农村事务部(DEFRA)根据消费量核算排放量,也称为英国的"碳足迹"。核算对象为英国消费的商品和服务供应链产生的排放量,无论这些商品和服务在世界上何处生产,"碳足迹"核算对象包括英国进口商品产生的排放量,但不包括英国出口商品产生的排放量。

(二)英国碳排放核算数据发布情况

1. 英国国内碳排放核算数据分类及其发布时间

目前英国公布的碳排放核算数据,按照发布频率可以划分为季度实验数据、临时年度数据和最终年度数据;按照核算范围可以分为国家核算和地区核算(表 1)。

2. 英国国内国际发布数据的差异及数据转换

根据《联合国气候变化框架公约》(UNFCCC),英国作为附件 1 国家应每年向 UNFCCC 秘书处提交《国家温室气体排放清单报告》(NIR)。英国向 UNFCCC 提交的数据以领土原则为基础,在 DESNZ 公布的年度排放数据基础上增加了王室属地和海外领土的排放量。表 2 对各排放原则中包含的排放来源进行汇总,表 3 给出了 ONS 采用环境经济核算体系

① 英国地方政府包括英格兰地方政府、苏格兰地方政府、威尔士地方政府和北爱尔兰政府。

(SEEA)方法测算的常住原则下的 CO_2 排放量与 DESNZ 报告数据、UNFCCC 报告数据的转换公式。

表 1　英国国内官方碳排放核算指标数据发布时间

英国碳排放核算指标	发布时间
1. DESNZ 临时年度数据	报告期的 3 个月后发布(2022 年数据于 2023 年 3 月底发布)
2. DESNZ 最终年度数据	报告期的 13 个月后发布(2021 年数据于 2023 年 2 月发布)
3. ONS 季度实验数据	不定期发布,于 2023 年 11 月 3 日发布了 2023 年二季度实验数据
4. ONS 临时年度数据	报告期的 9 个月后发布(2022 年数据于 2023 年 10 月发布)
5. ONS 年度数据	报告期的 18 个月后发布(2021 年数据于 2023 年 7 月发布)
6. DEFRA 碳足迹	尚不固定,2020 年数据于 2023 年 7 月公布

资料来源:《英国温室气体排放量:临时估算:方法综述》《英国环境账户:2023》《2021 年英国温室气体排放量,最终数据》。

表 2　各排放原则中包含的排放来源汇总

排放来源	UK 领土原则(UNFCCC)	UK 常住原则(环境账户)	UK 消费原则
1. 在英国境内,为英国所属产业,生产英国消费的产品	√	√	√
2. 在英国境内,为英国所属产业,生产世界其他地区消费的产品	√	√	×
3. 在英国境内,为世界其他地区所属产业,生产英国消费的产品	√	×	√
4. 在英国境内,为世界其他地区所属产业,生产世界其他地区消费的产品	√	×	×
5. 在英国境外,为英国所属产业,生产英国消费的产品	×	√	√
6. 在英国境外,为英国所属产业,生产世界其他地区消费的产品	×	√	×
7. 在英国境外,为世界其他地区所属产业,生产英国消费的产品	×	×	√
8. 在英国境外,为世界其他地区所属产业,生产世界其他地区消费的产品	×	×	×
9. 为英国所属,英国住户使用的燃油船舶运输和燃油航空运输	×	√	√
10. 为世界其他地区所属,英国住户使用的燃油船舶运输和燃油航空运输	×	×	√
11. 为英国所属,世界其他地区住户使用的燃油船舶运输和燃油航空运输	×	√	×
12. 为世界其他地区所属,世界其他地区住户使用的燃油船舶运输和燃油航空运输	×	×	×
13. 英国公民在英国境内的活动	√	√	√
14. 世界其他地区公民在英国境内的活动	√	×	×
15. 英国公民在世界其他地区的活动	×	√	√
16. 世界其他地区公民在世界其他地区的活动	×	×	×
17. 林业、土地利用和土地利用变化	√	×	×

资料来源:《2023 年英国基于消费的账户数据发布:方法摘要》。

表 3 ONS、DESNZ 和 UNFCCC 报告数据转换公式

碳排放报告口径	换算公式
1. DESNZ 报告	“ONS 报告”排放量(即环境账户数据)-船舶燃料排放(除往返王室属地外)-可再生燃料和废物衍生燃料产生的碳排放-跨境净排放(-英国常住单位的境外排放+非英国常住单位的境内排放)+英国土地利用、土地利用变化和林业排放=“DESNZ 报告”排放量
2. UNFCCC 报告	“DESNZ 报告”排放量+王室属地排放量+海外领土排放量=“UNFCCC 报告”排放量

资料来源:《英国大气排放量桥接表,1990—2021》。

二、英国基于领土原则的碳排放统计核算方法

DESNZ 目前负责发布英国领土原则的碳排放年度最终数据、年度临时数据以及地区碳排放年度数据。

(一)碳排放年度最终数据

对 CO_2 等温室气体实际排放进行直接测量不具有可操作性,因此英国碳排放核算数据是根据各种排放源的排放量模型估算得到的,大致可以分为四种方法,即建模法、碳排放因子法、碳平衡法和经营者报告排放量汇总法。不同来源的碳排放数据基本估算方法均采用《2006 年 IPCC 国家温室气体清单指南》中定义的方法和数据源开展,确保国际可比。

大多数排放源估算基本等式为:

碳排放因子×活动水平数据=排放量

其中,能源的碳排放因子取决于燃料特性或燃料的燃烧方式,例如所用设备的尺寸和效率。对于其他来源,碳排放因子可能取决于一系列参数,例如牲畜的饲料特性或工业过程排放发生的化学反应。一般根据各代表性来源的测量值计算得到碳排放因子值,并将由此产生的因子应用于英国的所有类似来源。

英国温室气体清单使用了英国和国际研究中针对每种排放源的最佳可用数据。所使用的方法在很大程度上取决于数据的可用性和排放源在英国总体清单中的重要性:根据国际指南,对高排放源使用更详细的方法,而对低排放源可以使用更简单的方法。

英国碳排放年度最终核算的主要数据来源于《英国能源统计摘要》《英国环境署污染清单》、工业统计、英国其他行政机构(如英国煤炭管理

局)、行业协会、国际组织、独立专家以及其他公共部门数据。

在估算完成后,英国一般按照国家通信部门(National Communication sector,NC sector)口径[①]汇总和通报碳排放年度最终核算数据[②],此外,英国也会提供按照标准产业分类(SIC)口径汇总得到的碳排放最终数据。以上两种口径均以排放来源为基础,其中 NC sector 包括能源供应,商业,交通,公共,住户,农业,工业过程,土地利用、土地利用变化以及林业(LULUCF)和废弃物使用共 9 个部门(表 4)。英国还提供按照"最终用户(End User)"分配和汇总得到的碳排放最终数据,以"最终用户"为基础意味着能源供应部门的排放量将根据最终使用活动发生的地点进行重新分配。

表 4　英国领土原则年度最终碳排放量报告口径(2021 年)

单位:百万吨 CO_2 当量($MtCO_2e$)

NC 部门(以来源为基础)		NC 部门(以最终使用为基础)		标准产业分类(SIC)(以来源为基础)			
1. 能源供应	86.9	1. 商业	108.2	1. 农业、林业和渔业	48.8	12. 房地产业	0.9
2. 商业	75.3	2. 交通	122.3	2. 采矿业	16.8	13. 专业和科技活动	1.7
3. 交通	109.5	3. 公共	11.1	3. 制造业	71.4	14. 企业管理和商务服务业	3.2
4. 公共	7.5	4. 住户	97.3	4. 电力、燃气、蒸汽和空调供应	61.4	15. 公共管理和国防;社会基本保障	4.4
5. 住户	69.4	5. 农业	49.2	5. 供水;污水处理、废物管理和补救活动	24.5	16. 教育	2.3
6. 农业	47.9	6. 工业过程	10.6	6. 建筑业	9.2	17. 卫生和社会工作	5.6
7. 工业过程	10.3	7. LULUCF	1.1	7. 批发和零售贸易;机动车辆和摩托车的修理	14.5	18. 艺术、娱乐和文娱活动	0.9
8. LULUCF	1.1	8. 废弃物管理	18.7	8. 运输和存储	26.9	19. 其他服务活动	0.9
9. 废弃物管理	18.7	9. 出口	8.1	9. 住宿和餐饮业	3.4	20. 住户作为雇主的活动;住户自用、未加区分的生产货物	0.0
				10. 信息和通讯业	0.8	21. 消费支出	127.6
				11. 金融和保险业	0.2	22. LULUCF	1.1
总计	**426.5**	**总计**	**426.5**			**总计**	**426.5**

资料来源:DESNZ《英国领土温室气体排放国家统计数据》合集。

① 以气专委规定的源排放量和汇清除量的主要类别为基础划分的报告口径。

② 英国将自 2024 年起不再使用通信部门口径进行通报碳排放数据。

（二）碳排放年度临时数据

为了提高碳排放统计数据的时效性，DESNZ 定期发布碳排放年度临时数据，由于 CO_2 占英国温室气体排放的大部分（2021 年为 95%），因此年度临时数据将碳排放分为 CO_2 排放量和非 CO_2 排放量分别进行统计核算。

1. 碳排放年度临时数据统计核算的分类及基本方法

首先对 CO_2 排放量临时数据，按两类分别进行统计核算：一是与能源使用相关的 CO_2 排放量；二是与能源使用无关的 CO_2 排放量。

与能源使用相关的 CO_2 排放量，根据 DESNZ 季度能源趋势出版物中发布的临时能源消耗统计数据和碳排放年度最终数据进行计算。

使用该方法的前提假定包括以下三方面：（1）最近两年 CO_2 排放量的百分比变化与最近两年特定活动和燃料的能源使用变化相同。例如，如果能源数据中发电站使用的天然气体积减少了 5%，则假设发电站使用天然气产生的 CO_2 排放量减少了 5%。（2）对于在《能源趋势》中缺少数据的部分排放来源假定能源使用的排放量将保持不变。（3）所有农业 CO_2 排放量也保持不变，因为能源使用只占该行业排放量的一小部分。

具体步骤是：首先将能源使用产生的 CO_2 排放量根据表 5 所示的来源部门和燃料分为 28 组，根据能源使用数据计算每一组的增长系数；其次通过同比增长系数和最新的碳排放年度最终数据得出各能源使用活动或燃料类型的下一年临时估计数。

表 5　估算碳排放临时数据增长系数的来源部门和燃料类别

来源部门	燃料类型
1. 发电站	煤、其他燃料、石油、燃气
2. 其他能源供应	煤、其他燃料、石油、燃气
3. 交通	汽油、柴油、燃气（道路车辆）、航空燃料、其他燃料
4. 公共	煤、石油、燃气
5. 住户	煤、其他燃料、石油、燃气
6. 商业及其他燃烧和电力	煤、石油、燃气
7. 其他	煤、燃气、焦炉煤气、其他固体燃料

资料来源：DESNZ《英国温室气体排放量：临时估算：方法综述》。

与能源使用无关的 CO_2 排放量，由于缺少相关数据，因此该部分假定与前一年最终数据保持一致。农业、废弃物管理和 LULUCF 部门即使其与能源使用相关但其碳排放量均以这种方式处理。

表 6　各部门非能源使用产生的 CO_2 排放百分比

部门	非能源使用产生的 CO_2 排放百分比
1. 能源供应	11%
来自发电站	12%
其他能源供应	10%
2. 商业	1%
3. 交通	0%
4. 公共	0%
5. 住户	0%
6. 农业	100%
7. 工业过程	68%
8. 废弃物管理	100%
9. LULUCF	100%
CO_2 排放总量	5%

资料来源：DESNZ《英国温室气体排放量：临时估算：方法综述》。

非 CO_2 排放量，根据最新发布的能源与排放预测中两年非 CO_2 排放预测之间的百分比变化，对上一年的总量应用同比增长系数得出。

2. 碳排放年度临时数据统计核算季节温度调整方法

受气温影响，不同部门在不同季节的碳排放量存在较大差异，其中住户和公共部门排放受气温影响较大。因此，在碳排放临时估计中，DESNZ 还会进行季节温度调整。在总报告中，各季度排放量以年度总量的形式进行报告，涵盖当前季度与前三个季度，在附表中提供了各季度临时核算数据。

碳排放量的温度调整只针对特定活动和燃料类型，旨在消除不同年份的温度差异（而非年内温度的季节性变化）。调节程度由每个季度的平均供暖天数决定，经温度调整的季度排放量估算消除了外部温度的影响。具体调整方法如下：

首先，在特定部门或燃料类型的季度排放量和季度平均升温天数之间建立简单线性回归；其次，确定决定系数（R^2）并开展回归系数显著性水平检验；再次，将回归模型的梯度作为每额外加热度日的额外排放量的估计值，对每个部门和燃料的碳排放量进行调整，并观察给定季度偏离该季度所需典型供暖量的供暖天数，得到偏差值；最后，将上述“偏差”×“给定部门或燃料类型每额外供暖度一天的额外排放量估计值”，得出温度对碳排放的影响，消除这种温度效应，得到该季度的温度调节碳排放量。

温度调整中使用的长期平均值为 30 年期的平均值，每 10 年更新一次，由于在核算过程中假设平均每年使用较少的供暖，因此经温度调整后的排放值往往低于之前计算的排放值，但不会对长期趋势产生重大影响。其中，英国国际航空和航运燃料的排放量估算未经温度调整。

三、英国基于常住原则的碳排放统计核算方法

英国国家统计局（ONS）编制并发布基于常住原则的碳排放季度数据和年度数据，其中年度数据包括年度排放总量以及碳排放强度指标，均发布于英国环境账户中。

（一）碳排放季度数据核算方法

碳排放季度数据核算主要步骤如下：首先，确定数据源，ONS 以英国 NAEI 提供的大气排放数据（根据活动数据和碳排放因子计算的英国境内所有相关来源的大气排放数据）为主要数据源；其次，按照 2007 年标准产业分类（SIC 2007）将排放量划分到行业，若排放源和行业之间存在着直接关系，则可直接进行划分，若不存在直接关系，必须使用适当的数据对各行业的排放量进行估算；第三，建模进行时间分解①和外推②，由于 CO_2 季度估算数据源是滞后的，ONS 通过建模对碳排放量季度估计值进行时间分解，满足这一需求；第四，使用预测指标捕捉碳排放量的季度变化。

---

① 时间分解：将变量的年度时间序列（即温室气体排放的 AEA 数据点）在时间上分解为季度时间序列。该过程确保四个季度的总和等于可获得年度数据的参考年的年值（“基准”）。

② 外推：从时间分解中获得的目标变量的季度时间序列外推到需要且可以估算的最新季度。

ONS 以基于 Chow-Lin 估算方法①开发的更高频率建模和统计技术为基础进行估算,得到碳排放季度数据。这一过程涉及时间分布和外推,ONS 使用更高频率的预测指标来近似估算排放的季度概况,其中这些预测指标与温室气体排放量相关。

时间分布过程旨在尽可能保持这些较高频率指标的年内变化,并受年度变动的限制。然而,ONS 使用预测指标中的季度间变化将实验估计结果扩展至最新可用年度排放量数据的时间节点之后,这本质上会导致一定程度的不确定性。

ONS 遵循“使用预测指标捕捉碳排放量季度变化”的原则,并且突出强调了构建捕捉“行业内”效应的预测模型的重要性。ONS 使用了行业级别的高频预测指标,这些指标捕捉了给定行业或一组行业的排放量季度环比变化。随后,这些行业水平的估计值被用作输入预测指标,汇总得到总排放量。该方法可以更全面地反映碳排放随时间变化的特征。

ONS 目前采取的预测方法是假设预测指标与温室气体排放量之间存在线性关系,并且随着时间的推移是恒定的。但这不能准确反映现实,例如,“煤炭使用”可能是一个很好的预测指标,可以在时间上分解前几年的排放量,但近几年燃料类型选择的改变,使预测准确性下降。因此 ONS 将在测试更合适预测指标的基础上,不断优化模型,允许 CO_2 排放量和预测指标之间的关系在建模过程中随时间变化而变化。

预测指标的选择:由于大部分碳排放与能源使用直接相关,因此可以将英国能源统计数据作为初始预测指标。目前,ONS 建模中使用的所有预测指标都来自 DESNZ《能源趋势》,且重点关注高排放量行业的预测指标(表 7)。这些数据在参考期后一个季度公布,使我们能够估计该时期英国温室气体排放量。2023 年第一季度(1—3 月)的临时估计数于 2023 年 6 月发布。

① Chow-Lin 方法是将 Chow-Lin (1971) 、Fernandez(1981) 和 Litterman (1983) 共同发展的月度—季度转换思想扩展成季度—年度的转换。其主要思想是:通过年度相关数据对年度 GDP 回归得到一个回归方程,然后根据这个方程和相应的季度数据来预测季度 GDP,并对季度 GDP 进行调整,使其能够与年度总值相等。

表 7　英国碳排放季度估算各行业预测指标

部门	GHG 排放占比（常住原则）	已考虑的预测指标
1. 电力、燃气、蒸汽和空调	17.1%	按燃料类型划分的能源生产数据
2. 消费者支出	26.7%	(1)按燃料类型(特别是煤炭、制造燃料、石油和天然气)划分的季度住户能源消耗量;(2)柴油和汽油的季度消费量
3. 运输和存储	11.3%	(1)燃油和柴油机运输燃料的季度消耗量;(2)从经济合作与发展组织的航空运输 CO_2 排放量的数据中直接估算 CO_2 排放量
4. 制造业	16.9%	尚未确定
5. 农业、林业和渔业	9.5%	牲畜数量(可能数据)
6. 其他	18.5%	尚未确定

资料来源:英国国家统计局《制定季度温室气体排放量》和《英国季度温室气体排放的实验估计(常住基础)QMI》。

(二)碳排放年度最终数据核算方法

ONS 按照标准产业分类(SIC)口径汇总根据常住原则计算得到的碳排放年度最终数据。Ricardo Energy and Environment 负责英国国家大气排放清单(NAEI)的运营,每年向 ONS 提供产业部门和产业分组排放数据。

ONS 碳排放年度数据核算主要步骤与其季度核算步骤基本一致。第一,以英国 NAEI 提供的大气排放数据(根据活动数据和碳排放因子计算的英国境内所有相关来源的大气排放数据)为主要数据源;第二,按照 2007 年标准产业分类(SIC 2007)将排放量划分到行业,由于 NAEI 来源类别不是基于诸如标准行业分类(SIC 2007)的编码结构,因此需要通过一定的映射程序在两者之间建立联系,实现匹配,匹配的方式有"一对一"匹配、"一对多"匹配;第三,针对无法实现 NAEI 与 SIC 2007 匹配的特定排放源,采用特殊的估算方法。

其中,"一对一"匹配,是指许多 NAEI 源可以通过一对一关系直接映射到按 SIC 2007 划分的行业中,如与货运列车用天然气油相关的源活动组合将与铁路运输行业对应的 SIC 2007 代码一一匹配;"一对多"匹配,是指 NAEI 来源可以通过一对多关系与几个 SIC 2007 划分的行业相关联,该来源的"活动"和由此产生的排放量必须根据其活动的比例水平直接或间接地划分至多个相关的 SIC 2007 行业中。

(三)碳排放年度临时数据核算方法

英国常住原则的碳排放年度临时数据核算方法的基本方法是,在数据可用的前提下,使用 2022 年的生产活动信息对 2021 年的活动数据进行更新,或在必要时使用适当的替代信息进行更新,然后应用 2022 年的排放系数,得出临时核算数据。

(四)碳排放强度

除了碳排放量,ONS 还在其环境账户中公布碳排放强度指标,即碳排放水平与国内生产总值比值。根据不同国际机构的要求,ONS 共发布两种口径的碳排放强度数值。一是按照欧盟统计局建议,计算并发布不包括消费者支出(住户)排放的碳排放强度指标;二是根据联合国可持续发展目标(SDGs)建议,计算并发布包括消费者支出(住户)排放的碳排放强度指标。其中,消费者支出是指英国个人对燃料和其他产品的消费,"消费者支出—出行"类别排放量基本由道路运输排放构成。

四、英国基于消费的碳排放统计核算概念与方法

英国环境、食品及农村事务部(DEFRA)负责基于消费的碳排放量统计工作,这一统计指标也称为"碳足迹"。

(一)英国碳足迹的内涵及统计范围

碳足迹,即英国住户消费商品和服务相关的碳排放,这些碳排放在世界各地的供应链中产生,因此碳足迹核算包括与英国国际贸易相关的碳排放量以及英国住户直接产生碳排放量,但不包括非常住单位在英国境内消费商品和服务对应的碳排放量。以碳足迹为基础衡量的排放水平可能会受到英国进口产品的变化、英国进口国供应链贸易模式的变化以及这些供应链内各国生产排放强度差异的影响。

(二)英国碳足迹统计核算方法

DEFRA 与利兹大学合作开展碳足迹统计核算,其基本方法是利用多区域投入产出法(MRIO)将与生产技术相关的环境影响和产品消费者联

系起来。最新的统计核算结果是在借鉴挪威科技大学建模成果①之上形成的。碳足迹包括国内和国外消费两部分，因此碳足迹统计的数据来源主要包括英国国内原始的供给使用表数据以及 EXIOBASE v3.8.2 数据库。

具体统计核算步骤如下：

第一步是调整源数据的划分依据及价格。将国内使用表数据按国内使用和国外使用进行划分，再将数据转换为基本价格；将 EXIOBASE v3.8.2 数据库中的国外部门数据调整至 112 个部门以便于匹配。

第二步是将上述数据按照国内外的中间需求、最终需求编制年度表格。最终如图 1 所示，其中各元素计算公式见表 8。

		英国按112部门划分的国内供给表（1）			
			世界其他地区供给表（4）		
英国按112部门划分的国内使用表（2）	其他国家对英国产品的中间需求（9）			本国产品的国内最终需求（3）	其他国家对英国产品的最终需求（9）
英国对其他国家产品的中间需求（7）	世界其他地区使用表（5）			进口至国内最终需求（8）	其他国家对其他国家产品的最终需求（6）
国内增加值（10）	世界其他地区增加值（11）				

图 1　UKMRIO 表结构图

资料来源：《2023 年英国基于消费的账户数据发布：方法摘要》。

① 将该大学 EXIOBASE 数据库中的贸易数据直接应用于英国模型中。

表 8 UKMRIO 表各组成元素计算公式

UKMRIO 表组成元素	计算公式
(1)国内供给表	英国 112 个行业国内供给表＝英国 112 个行业供给表(ONS 供给表可直接应用于 UKMRIOT 中)
(2)国内使用表	英国 112 个行业国内使用表＝英国 112 个行业的综合使用表×国内使用比例
(3)本国产品的国内最终需求	本国对本国产品的最终需求＝英国所有产品的最终需求×国内最终需求比例
(4)世界其他地区供给表	世界其他地区供给表＝其他国家 112 个行业的供给表(经调整)
(5)世界其他地区使用表	世界其他地区使用表＝其他国家 112 个行业的使用表(经调整)
(6)其他国家对其他国家产品的最终需求	其他国家对其他国家产品的最终需求＝其他国家对其他国家产品的最终需求(经调整)
(7)进口至国内的产品使用表	①预先构建进口至英国中间产品的行向量:"进口到中间产品"行总计＝按基本价格计算的工业产出总和－按行业划分的英国国内使用总量－英国增加值 ②英国对其他国家产品的中间需求＝"'进口到中间产品'行总计重复 112×15 次"×EXIOBASE 按行业和地区划分的进口占英国中间需求的比例
(8)进口至国内最终需求	①预先构建进口至英国国内最终需求的行向量:"进口至国内最终需求"行总计＝按购买价格计算的最终需求总和×进口的最终需求比例 ②英国对其他国家产品的最终需求＝"进口至最终需求行总计重复 112×15 次"×EXIOBASE 按行业和地区划分的进口占英国最终需求的比例
(9)英国对其他国家中间需求和最终需求的出口	①预先构建英国总出口栏行向量:英国出口列总计＝英国产品出口×国内出口比例 ②英国出口＝"'英国出口到其他国家中间和最终需求列'重复 112×15+1 次"×英国对 EXIOBASE 中所有目的地的出口比例
(10)国内增加值	英国增加值＝英国增加值(直接取自 SUT)
(11)世界其他地区增加值	世界其他地区增加值＝世界其他地区增加值(经调整)

资料来源:《2023 年英国基于消费的账户数据发布:方法摘要》。

第三步是建模、调整数据结构。对表中的缺失值用极小数进行替代;以英国数据作为权重将 EXIOBASE 转换为 UKMRIO 表结构,其中涉及产业部门的聚集或拆分、币种转换(按照年平均汇率)等,使用 RAS 平衡程序实现整张表各元素间的平衡。

五、英国三种碳排放核算模式统计结果比较分析

结合现有统计数据，本文对英国官方编制的三种碳排放核算模式的年度统计数据进行比较分析。由于三种数据采取的核算原则不同，碳排放统计的维度与指标也存在差异，因此不可直接进行数据大小的比较。但根据图2所示，以上三种碳排放年度数据从不同的维度均阐明了英国的碳排放量呈现下降趋势。

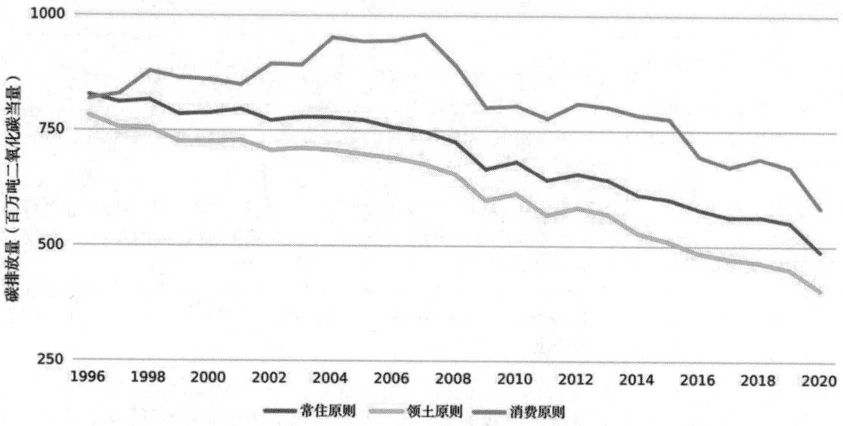

图2　英国分别基于领土、常住和消费原则的碳排放量比较

根据ONS公布的常住原则碳排放核算数据，制造业，电力、燃气、蒸汽和空调供应（以下简称“能源供应”），运输和存储以及住户四个部门构成了碳排放的主要组成部分，自1996年至今占比高于70%，因此本文对以上四个部门的碳排放趋势进行了比较分析，见图3。

由于能源供应从使用煤炭和高排放燃料转向使用天然气等低排放燃料以及可再生能源，英国能源供应部门和制造业部门碳排放下降明显，分别下降51.6%和51.2%（与1996年相比）。住户碳排放量下降较为缓慢，与1996年相比下降15.7%。运输和存储部门在2020年之前，碳排放量呈现缓慢上升的趋势，与1996年相比增长9.5%，受新冠疫情影响，2020和2021年英国运输和存储碳排放量分别下降28%（与2019年相比）和9%（与2020年相比）。

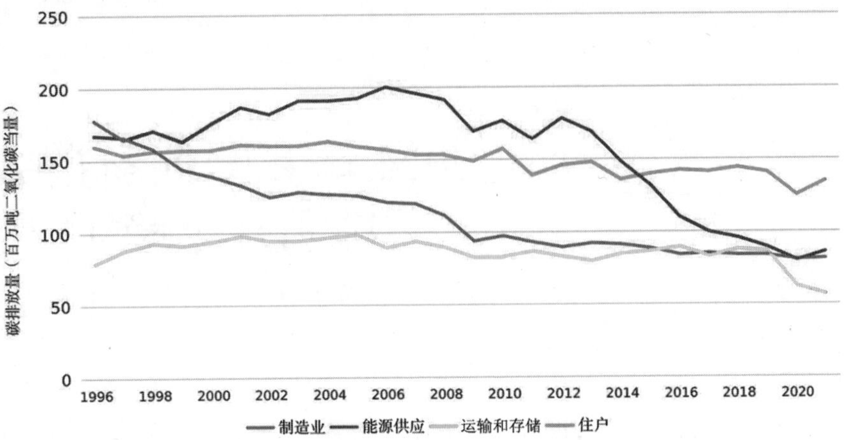

图 3　常住原则下各主要碳排放部门排放量比较

图 4 提供了 1996 年至 2020 年英国碳足迹及其组成部分的变化趋势。英国的碳足迹在 2007 年达到峰值（959 百万吨 CO_2 当量），2020 年为 583 百万吨 CO_2 当量，比 2007 年的峰值降低 39.2%。2020 年，英国生产相关的排放量占碳足迹的 32%，排放水平较 1996 年降低 53%。2020 年，住户直接产生的排放水平（英国住户燃烧化石燃料供暖的排放和交通运输直接排放之和）占碳足迹的 21%，为 125 百万吨 CO_2 当量，排放水平比 1996 年降低 20.9%。

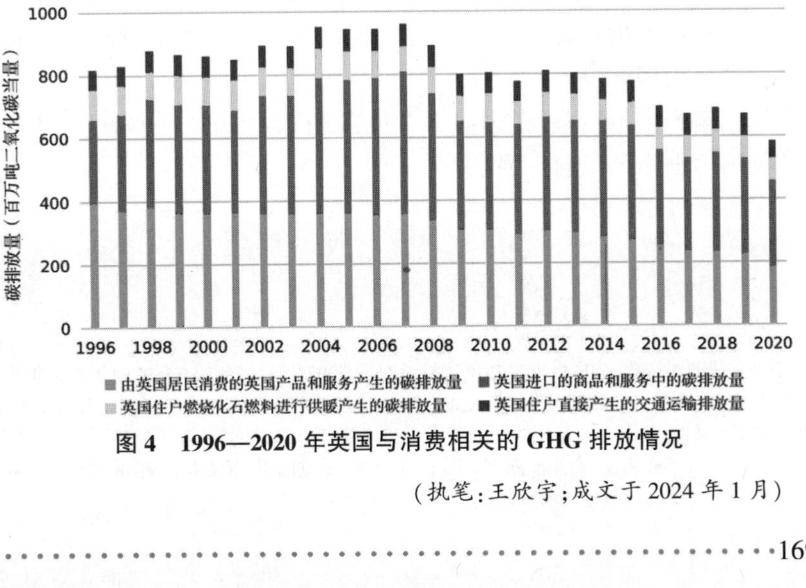

图 4　1996—2020 年英国与消费相关的 GHG 排放情况

（执笔：王欣宇；成文于 2024 年 1 月）

2024年我国创新指数排名升至第11位

2024年9月26日，世界知识产权组织发布了《2024年全球创新指数[①]报告》（以下简称《报告》），评估了全球133个经济体的创新情况。《报告》显示，2024年我国创新指数为56.3，居世界第11位，较上年上升1位。

一、我国创新指数排名回升

从总指数看，2024年我国创新指数居全球第11位，较上年上升1位。从收入分组看，我国在中等偏上收入组中位居首位，是该收入组中唯一进入前30位的经济体。从地区分组看，我国在东南亚、东亚和太平洋区域中排名仅次于居全球第4位的新加坡和第6位的韩国（表1）。

从创新投入指数看，我国居第23位，较上年上升2个位次。新加坡、瑞士和瑞典为创新投入前三强。

从创新产出指数看，我国居第7位，较上年上升1个位次。瑞士、瑞典和英国为创新产出前三强。

① 全球创新指数（GII）由世界知识产权组织于2007年起每年以《全球创新指数报告》的形式进行发布，旨在为处在不同发展阶段的国家进行创新生态系统的构建和创新政策的制定时提供参考。《报告》着眼于各经济体的创新投入和创新产出两方面，设置了制度、人力资本与研究、基础设施、市场成熟度、商业成熟度、知识与技术产出、创意产出共七大类78项细分指标，对全球133个经济体的创新生态系统表现进行综合评价排名。

表 1　2024 年全球创新指数排名前 10 位的国家和地区

排名	全球创新指数		创新投入分指数	创新产出分指数
	国家或地区	数值	国家或地区	国家或地区
1	瑞　士	67.5	新加坡	瑞士
2	瑞　典	64.5	瑞　士	瑞典
3	美　国	62.4	瑞　典	英国
4	新加坡	61.2	美　国	韩国
5	英　国	61.0	芬　兰	美国
6	韩　国	60.9	韩　国	德国
7	芬　兰	59.4	丹　麦	中国
8	荷　兰	58.8	加拿大	荷兰
9	德　国	58.1	中国香港	芬兰
10	丹　麦	57.1	英　国	法国
	中国(第 11 位)	56.3	中国(第 23 位)	

二、我国多项创新指标领先全球

创新基础设施排名大幅跃升。2024 年，在构成全球创新指数的七项支柱中，我国在基础设施、商业成熟度和知识与技术产出三方面排名上升。其中，我国基础设施发展情况显著改善，由 2023 年的第 27 位上升至第 5 位；商业成熟度居全球第 11 位，知识与技术产出居全球第 3 位，排名较 2023 年分别上升 9 个和 3 个位次（表 2）。

表 2　2024 年我国全球创新指数大类和中类指标排名和数值

指标	排名	指数	指标	排名	指数
制度	**44**	**57.6**	投资	32	25.9
制度环境	49	61.8	贸易、竞争和市场规模	4	92.6
监管环境	78	36.7	**商业成熟度**	**11**	**58.0**
经营环境	14	74.2	知识型工人	8	70.9
人力资本与研究	**22**	**50.3**	创新群	13	58.4
教育	5	69.2	知识吸收	21	44.6
高等教育	87	23.6	**知识与技术产出**	**3**	**61.7**
研发	17	58.1	知识创造力	3	69.9
基础设施	**5**	**62.4**	知识影响力	4	63.1
信息通信技术	19	87.0	知识传播力	14	52.0
一般基础设施	7	62.1	**创意产出**	**14**	**50.0**
生态可持续性	23	38.0	企业无形资本	1	82.0
市场成熟度	**16**	**55.8**	创意产品与服务	27	32.4
信贷	25	48.9	在线创意	126	3.6

生态可持续指标逆势上升。过去一年全球绿色技术和环境指标增长情况不乐观,但我国基础设施支柱下的生态可持续性中类指标排名由第50位提升至第23位,其中ISO14001环境管理认证由第10位升至第4位。

领先全球的细分指标数量进一步增加。2024年,我国共有8项细分指标居全球首位,较上年增加2项,分别为阅读、数学和科学PISA得分、国内市场规模、科技集群发展情况、实用新型申请数量、高技术产品出口占比、商标申请数量、工业设计申请数量和创意产品出口占比。我国居全球前5位的细分指标较上年增加2项,达18项,在教育、贸易规模、无形资产等方面均具有一定的优势。

三、我国科技集群优势进一步增强

2024年我国百强科技集群[①]数量再创新高,共26个科技集群跻身全球百强,较上年增长2个,居世界首位。其中,深圳-香港-广州集群、北京集群和上海-苏州集群为国内排名前3位的科技集群,分列世界百强科技集群中的第2位、第3位和第5位。美国和德国紧随其后,全球百强科技集群数量分别为20个和8个。

《报告》显示,我国排名前5位的科技集群主要专利领域为数字通信、计算机技术和半导体,热门学科集中在机械工程和化学,均为提升国家实力的重要领域。

(执笔:李海阳;成文于2024年9月)

① 《全球创新指数报告》中的科技集群是通过对全世界发明专利和科技论文作者最集中的地理区域进行分析确定的。编制百强科技集群时,采用了两个创新指标:一是世界知识产权组织《专利合作条约》(PCT)中已公开的专利申请发明人的所在地,二是已发表科技论文中列出的作者所在地。

2024年我国软实力排名升至全球第三

2024年3月,英国品牌金融咨询公司①(Brand Finance)发布了最新一期《全球软实力②指数报告》。报告显示,2024年我国全球软实力排名较上年跃升两位,位居全球第三,成功超越德国和日本,仅次于美国和英国。

一、我国软实力提升明显,增幅全球第一

2024年我国全球软实力指数得分达到71.2分,较上年增长6.2分,这一增幅在全球193个国家和地区中位居第一。我国软实力与全球第一的美国(78.8)差距进一步缩小,距离全球第二的英国(71.8)仅差0.6分(见表)。

表　2020—2024年全球软实力前5位情况

	2020	2021	2022	2023	2024
1	美国(67.1)	德国(62.2)	美国(70.7)	美国(74.8)	美国(78.8)
2	德国(61.9)	日本(60.6)	英国(64.9)	英国(67.3)	英国(71.8)
3	英国(61.8)	英国(57.9)	德国(64.6)	德国(65.8)	中国(71.2)
4	日本(60.2)	加拿大(57.2)	中国(64.2)	日本(65.2)	日本(70.6)
5	中国(58.7)	瑞士(56.3)	日本(63.5)	中国(65.0)	德国(69.8)

数据来源:Brand Finance官网。

① Brand Finance是全球领先的品牌评估咨询公司,总部位于伦敦。Brand Finance每年进行超过5000次的品牌评估,发布100多份报告,对所有行业和国家的品牌进行排名。Brand Finance从2020年开始发布全球软实力指数报告,报告自发布以来就成为全球公认的关于软实力排名的权威报告。

② 根据报告的定义,软实力是一个国家通过吸引或说服(而非强制),影响国际舞台上各种行动者(国家、企业、社区、公众等)的偏好和行为的能力。

除 2021 年我国受新冠肺炎疫情的影响较大导致软实力指数得分有所下降外,近 5 年我国软实力一直稳步提升(见图)。这是我国经济实力、科技实力、综合国力持续增强的结果,体现出我国国际影响力的提升。

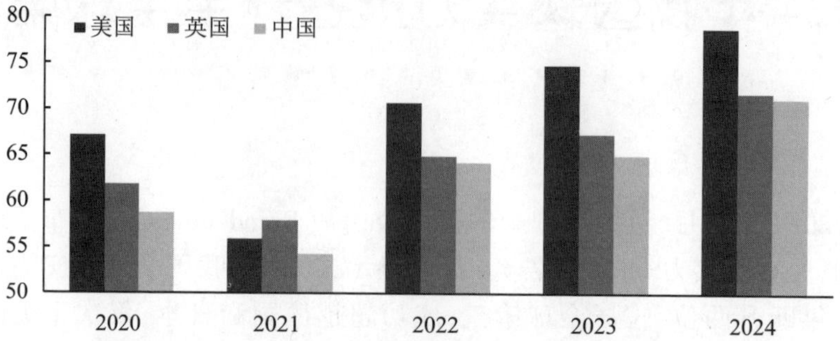

图 2020—2024 年美国、英国与我国软实力指数得分

数据来源:Brand Finance 官网。

二、我国商业与贸易、教育与科学的发展对全球软实力排名提升影响明显

报告显示,2024 年我国软实力取得显著进步,主要归功于商业与贸易、教育与科学两大领域①的快速发展,2024 年这两个领域的排名均升至全球第三。商业与贸易领域中,未来增长潜力、营商与贸易便利度两项属性位居全球第一;教育与科学领域中,科技与创新领先、太空探索投资两项属性位居全球第二,科学领先位居全球第三。

其他领域中,我国在国际关系领域较上年增长 0.6 分、文化与遗产增长 0.4 分、治理增长 0.4 分、媒体与传播增长 0.4 分、人与价值观与去年持平,可持续发展降低 0.2 分。报告显示,我国在 8 个领域中得分最低的一项是人与价值观,拖累了声誉方面的得分。Brand Finance 的 CEO 戴维·黑格表示,语言、文化差异和西方媒体的片面描述导致了国际社会对中国社会的真实情况认知不足,损害了中国的声誉。

---

① 2024 年软实力指数报告覆盖全球 193 个国家和地区,从国家品牌的知名度、影响力、声誉 3 个方面来评价各国的软实力水平。3 个方面共涵盖了 8 个关键领域,包括商业与贸易、国际关系、教育与科学、文化与遗产、治理、媒体与传播、可持续发展以及人与价值观。

三、我国提升软实力方面仍需加力

报告显示,2024 年我国受房地产市场风险、市场信心减弱的影响,国际上受到以美国为首的西方国家的多重制约和限制,这为我国软实力的提升带来阻力。

展望未来,我国要继续强化商业与贸易、教育与科学等领域的优势,同时加强与世界的交流、传播,讲好中国故事,传播好中国声音,全面提升国际影响力,进一步提高我国软实力,巩固和提升我国国际竞争力。

(执笔:朱原则;成文于 2024 年 3 月)

2024年我国独角兽数量位居世界第二

胡润研究院4月9日于广州发布《2024全球独角兽榜》(Global Unicorn Index 2024),列出了全球成立于2000年之后,价值10亿美元以上的非上市公司,即独角兽公司。胡润研究院自2017年以来追踪记录独角兽企业,今年是第六次发布全球独角兽榜。

一、全球独角兽企业快速发展

2024年,全球独角兽企业数量达到1453家,比上年增加92家。其中,美国增加37家,以703家独角兽领跑全球;中国增加24家,以340家位居第二;印度减少1家,以67家保持第三;英国增加4家,以53家位居第四。今年榜单中共有171家新独角兽,其中美国70家、我国56家、世界其他地区45家。

今年共有430家独角兽企业的价值比上年有所增加,170家企业的价值比上年有所下降,其中42家因估值低于10亿美元而“降级”退出榜单,37家通过上市或并购“升级”退出榜单,其中29家上市,8家被并购。其他895家企业价值基本保持不变。

全球1453家独角兽企业分布在53个国家和地区。金融科技、人工智能、区块链和新能源是过去一年增长最快的行业。金融科技以185家独角兽领跑,其次是软件服务(139家)和人工智能(115家)。

今年人工智能行业取得了快速发展。AI已经取代电子商务,与金融科技、软件服务形成独角兽的三大主要赛道。全球独角兽企业正在改变金融服务、企业管理解决方案和医疗健康等行业。

二、全球十大独角兽概况

今年全球独角兽榜前十名门槛比上年提高500亿元,达到2350亿元，占全球独角兽总价值的18%。前十名公司价值增长1.4万亿元，占全榜单增长价值的45%。中国和美国各有四家独角兽进入前十名，澳大利亚和马耳他各有一家（表1）。

表1 2024年全球十大独角兽

排名	排名变化	公司名称	企业估值（亿元）	估值变化（亿元）	国家	行业	成立年份
1	0	字节跳动	15600	1420	中国	社交媒体	2012
2	0	SpaceX	12800	3050	美国	航天	2002
3	14	OpenAI	7100	5680	美国	人工智能	2015
4	-1	蚂蚁集团	5700	-2840	中国	金融科技	2014
5	-1	Shein	4600	0	中国	电子商务	2012
6	-1	Stripe	4300	780	美国	金融科技	2010
7	0	Databricks	3050	850	美国	大数据	2013
8	8	Canva	2800	1280	澳大利亚	软件服务	2012
9	8	币安	2400	990	马耳他	区块链	2017
10	-4	微众银行	2350	0	中国	金融科技	2014

数据来源：胡润百富官网。

今年前十名里有三家新面孔，分别是美国的OpenAI、澳大利亚的Canva和马耳他的币安。而Telegram、Revolut和菜鸟网络则跌出榜单前十。

字节跳动以1.56万亿元的价值连续第三年成为全球价值最高的独角兽。2023年以近8000亿元的营收超过腾讯；SpaceX公司价值飙升近3100亿元，以1.28万亿元位居全球第二；过去一年全球表现最好的独角兽是OpenAI，通过推出ChatGPT，并发布了文生视频模型Sora，价值增长近5700亿元，达到7100亿元，跻身全球前三；蚂蚁集团价值下降了2800多亿元，从上年的第三位降至第四位；创立于广州的快时尚电商Shein公司价值保持在4600亿元，位居全球第五。

美国支付平台Stripe公司虽然公司价值增长近800亿元，达到4300亿元，但仍下跌一位至全球第六；数据科技公司Databricks公司价值增长

850 亿元,达到 3050 亿元,位居全球第七;澳大利亚软件公司 Canva 由于用户数量激增,公司价值增长了一倍,达到 2800 亿元,排名大幅上升 8 位,位居全球第八;知名区块链公司币安虽然向美国支付了 43 亿美元的巨额罚款,但公司价值增长了近 1000 亿元,达到 2400 亿元,位居全球第九;微众银行公司价值保持在 2350 亿元,下降了 4 位,位居全球第十。

三、我国独角兽企业概况

中国独角兽主要来自人工智能、半导体和新能源行业、生物科技和电子商务。我国十大独角兽见表 2。其中米哈游、广汽埃安和小红书首次进入前十名。

表 2　2024 年我国十大独角兽

排名	排名变化	公司名称	企业估值（亿元）	估值变化（亿元）	城市	行业
1	0	字节跳动	15600	1420	北京	社交媒体
2	0	蚂蚁集团	5700	-2840	杭州	金融科技
3	0	Shein	4600	0	广州	电子商务
4	0	微众银行	2350	0	深圳	金融科技
5	18	米哈游	1600	1120	上海	游戏
6	0	Oppo	1430	-280	东莞	消费电子
7	0	Vivo	1400	-250	东莞	消费电子
8	0	京东科技	1350	0	北京	金融科技
8	2	滴滴	1350	280	北京	共享经济
10	1	广汽埃安	1000	0	广州	新能源汽车
10	1	小红书	1000	0	上海	软件服务

数据来源:胡润百富官网。

从地域分布来看,北京以 78 家独角兽位居国内第一,全球第三;上海以 65 家位居国内第二,全球第四;深圳以 34 家位居国内第三,全球第六;广州和杭州均为 24 家,并列国内第四,全球第九。其次为苏州、南京、成都、武汉、合肥以及青岛等。

从增长速度来看，合肥比上年增长3家，增幅位居第一。其次是广州、杭州、苏州、南京，均增长2家。粤港澳大湾区总体比去年增加7家，达到70家，相当于印度一个国家的独角兽数量。

从行业领域来看，我国占据了全球新能源独角兽数量的一半以上，广汽埃安凭借千亿市值连续第二年稳坐全球最大新能源车企独角兽的宝座；在全球半导体相关独角兽中，我国占据了80%以上。其中，我国汽车芯片公司地平线机器人价值增长370亿元，达到620亿元，是全球最具价值的半导体独角兽；我国还拥有超过三分之一的航天领域独角兽，如星河动力、长光卫星和航天科工火箭等，但SpaceX仍是最具价值的航天领域独角兽；在社交媒体领域里，字节跳动是绝对的领导者，其次是总部位于迪拜的Telegram；在线游戏方面，我国米哈游公司价值增长了1100多亿元，达到1600亿元，在游戏行业中位居第一；在食品饮料领域里，我国元气森林价值710亿元，位居行业第一，蜜雪冰城价值670亿元位居第二。

（执笔：朱原则；成文于2024年4月）

全球老龄化先行国家促进养老消费的经验及启示

人口老龄化是社会发展的重要趋势,也是各国可能遇到的境况。欧美等发达国家是全球较早步入老龄化的高收入国家,日本和韩国等亚太区国家虽进入老龄化社会相对较晚,但是老龄化进程较快。目前,以美国(17.4%①)、英国(19.2%)、日本(29.6%)、德国(22.8%)、韩国(18.3%)等为主要代表的老龄化先行国家均已进入深度老龄化或超级老龄化社会。老龄化既是全球面临的共同挑战,也蕴含着巨大的消费机遇。银发经济已成为老龄化先行国家新的经济增长点,数据显示②,上述国家2020年银发经济规模占同期国内生产总值(GDP)的比重依次为45.7%、38.6%、36.5%、34.5%、29.7%。

银发经济涵盖老年阶段多元化、个性化、高品质的消费需求,但各国根据本国国情、老年人偏好、文化特点、经济发展、社会保障和医疗服务水平等方面的不同各有侧重,主要集中在养老服务模式选择、养老服务和适老产品等方面。本文重点考察了上述5个国家发展养老消费的经验做法以及热点消费领域,并分析了我国下一步可以挖掘的养老消费领域,提出激活我国养老消费市场活力的政策建议。

---

① 该数据是指2023年的人口老龄化程度。本文老龄化的界定采用的是联合国标准,即将人口老龄化进程划分为三个阶段:一是65岁及以上老年人口占总人口比例超过7%是“老龄化社会”(ageing);二是65岁及以上老年人口达到14%是“深度老龄化社会”(aged);三是65岁及以上老年人口超过20%是“超级老龄化社会”(super-aged)。

② 该数据来自美国退休人员协会(AARP)《全球长寿经济展望》(2020年)。

一、老龄化先行国家促进养老消费的经验做法

老龄化先行国家在促进养老消费中，主要有以下经验做法：注重顶层设计，注重加大政府对养老相关领域支持力度，推动银发经济与数字技术相融合，提倡政府、社会等多主体参与，以及养老服务模式越来越“去机构化”。

（一）强化养老消费顶层设计

美国 1965 年发布《老年人法案》，从法规层面为老年人预防性保健服务和交通基础设施适老建设提供资金支持。美国退休人员协会 2015 年发布《住房适应性改造指南》，指导老年人进行住房适老化改造，实现原居安全养老。日本从 20 世纪 60 年代至今，已出台十余部关于养老护理服务的法律，包括《老人保健法》《护理保险法》等；同时，也出台了相关条例、法令，如日本对养老护理机构的设置、申办、营运和管理等建立了系统化和规范化评估体系。德国弗里德里希哈芬市 2007 年在全国率先启动了智慧城市建设，包括智慧养老项目，如远程诊疗、肿细会诊[①]、“独立生活[②]”、在线教育、能源使用智能仪表等。英国 2017 年发布《产业战略白皮书》，第一次明确提出要发展银发经济，并将应对老龄化带来的挑战作为未来国家的重点工作，具体措施包括开发新型护理技术（如远程监护、智能护理设备）、推广适老居住设计（如无障碍设施、智能家居系统）和适老旧房改造、鼓励企业提供灵活工作（如兼职、远程办公）、开发智能家居等。韩国 2005 年成立老龄化及未来社会委员会和国家保健产业振兴院，2006 年制定《老龄亲和产业振兴法》，采取财政、税收、金融等方式支持老年人用品的研发与推广应用。

（二）注重加大政府对养老相关领域开发支持力度

美国政府 2020 年投资 4000 亿美元，用于提高和充实居家长期护理服务质量和内容，希望能有效帮助老人居家养老，或者延迟入住养老院时

---

① 肿细会诊是一个主要针对癌症患者的诊疗项目，参与会诊的医生可以通过视频会议共享患者的信息，并作出有利于患者治疗的方案。

② “独立生活”是一个主要针对特殊服务对象，如因身体健康问题或年龄问题而行动受限的居民的项目，在现代信息技术的帮助下，行动不便者可以更轻松地使用这些服务（如日常看护、就医、物资配送等）。

间。美国纽约州政府每年出资为老年人免费发放 AI 机器人伴侣。英国 2018 年成立 9800 万英镑的健康老龄化挑战专项基金,重点聚焦基础研究和源头创新,以推动银发经济及健康老龄化的产品、商业模式和系统创新。德国 2018 年将健康和护理作为《高科技战略 2025》涉及的 7 个重点领域之一,投入约 4500 万欧元支持 18 个与环境辅助生活(AAL)①系统研发相关的项目。日本大力支持开发推广护理机器人和辅助数字技术,对护理机器人厂家研发新产品、新技术提供专项补贴。

(三)积极推动银发经济与数字技术相融合

美国、英国积极推动"智慧养老",促进数字化、智能化技术在养老领域的应用实践,涌现出智慧生活、智慧康复和智慧养老等新趋势新业态。日本支持养老护理机构引入信息与通信技术(ICT)设备和先进管理软件,以提高工作效率。

(四)充分发挥政府和市场协同作用

美国采取政府主导和民间金融机构并行的模式,为老年人抵押房产获取现金流。英国大力推动政府、企业、社会资本等多元主体共同参与的合作模式,积极鼓励外资进入养老市场,其最大的退休住房开发商之一(公司名称 Pegasus Life)即为美资公司。日本充分发挥行业协会作用,如由"银发服务业振兴会"承担政企交流平台搭建、优质老龄产品认证等,由"科技辅具协会"承担护理机器人及养老护理器具产品研发补助发放、人才培养、资质认证等。

(五)养老服务模式越来越"去机构化"

养老模式主要有居家养老、社区养老、机构养老三种。从老龄化先行国家经验看,在老龄化初期一般大力发展机构养老,伴随着老龄化加深,在积极、健康老龄化理念指引下,逐步"去机构化",回归社区养老或居家养老,以消除老年人的社会隔离和孤立。美国以社区养老为主,倡导"在地养老"理念,基于老年群体和医护服务程度涵盖四种服务类型。英国以社区养老为主,最早提出以社区建设为核心的"智慧养老"概念,注重"医养结合",有配套医疗设施,多数具有准医疗机构水准。德国以家庭

---

① AAL 系统是指通过感应传输装置,用智能化赋能家居家电,包括升降床铺、床脚边传感器、血压计、血糖检测仪、自动喂餐机等。

养老为主、社区养老为辅、机构养老为最后选择，其养老模式选择标准以保障退休后的生活水平与工作期间基本相同。日本养老服务业注重“医养护融合”，80岁以下的老年人以家庭养老和社区养老为主，80岁以上的老年人以机构养老为主。韩国以家庭养老为主，倡导“在地养老”理念，推行老年长期照护保险制度。

二、老龄化先行国家促进养老消费的热点领域

老龄化先行国家注重及时捕捉老年人个性化、高质量的新需求，积极将前沿技术融入产品和服务，不断提升老年群体生活质量。一是积极推出适老化住宅、服务机器人、远程护理检测器、数字互动平台（如远程养老服务、远程医疗服务）等产品和服务。一方面，让更多老年人能够安全、便利地实现居家养老、“在地养老”的心愿；另一方面，通过科技赋能大幅提升养老服务效率，降低养老成本。二是积极推动生物学技术在延缓和预防衰老方面的应用，加强对老年神经退行性疾病的早期筛查和健康指导，帮助老年人延长健康寿命，减轻老年人家庭乃至社会的医疗卫生负担。

分国家看，美国养老消费重点关注住宅适老化改造、医疗保健、老年医美、智慧养老产品和服务、持续照料退休老人社区。美国智慧养老的运作模式为“家庭+养老信息化平台+医疗机构+保险公司”，形成了“硬件+服务+数据”三重创新架构。美国政府和企业充分依托互联网、物联网、人工智能和大数据等技术为老年人提供智能家居和可穿戴设备等产品，以及提供远程医疗、生活服务信息咨询、在线陪伴和健康监测等服务，满足老年人物质层面和精神层面需求。英国应用互联网、传感器、可穿戴设备等智能化手段，建立起远程医疗与移动医疗，对老年人的日常身体状况与健康状态进行实时监测，并通过移动通信设备为老年人提供远程医疗咨询与护理指导等。另外，英国政府正在推动可以与老年人进行互动交流的“虚拟伴侣”智能电脑，可以监测健康数据，也能在意外发生时分析老年人的语言、面部表情和行为，并通知医疗机构等。德国的长期护理保险制度为老年人提供了重要的经济支持。此外，德国还鼓励老年人通过“以房养老”模式来增加收入。这种模式允许老年人将自己的房产抵押给银行或保险公司，以换取一定的养老金或生活费用。这些措施为老年

人提供了更多的经济选择，促进了养老消费。日本养老消费的热点领域以政策驱动（如介护保险）、服务精细化（如小规模多功能设施）、产品创新和金融支持为核心。日本养老消费经验表明，养老产业需结合社会文化特征，通过多主体协作（政府、企业、社区）实现可持续发展。韩国积极开发数字化老年医疗产品，加大对康复器械、照护型机器人、智能化尿布等创新产品的研发投入，积极推广"非接触式"咨询服务；各行业充分挖掘银发经济细分市场的空缺领域和潜力空间，拓展丰富市场供给；各大金融企业纷纷推出针对老年人的特色金融产品，丰富老年人的投资选择。

三、对中国的启示

中国自1999年进入老龄化社会，老年人口规模日益庞大、老龄化程度日益加深。最新数据显示，2024年，我国65岁及以上人口有2.2亿人，占全国人口的15.6%，已进入深度老龄化社会。如此庞大的老年群体催生出银发经济巨大市场，因此，有必要挖掘我国养老消费的新领域，多措并举激发养老消费活力。

（一）中国养老消费可挖掘的重点领域

养老消费涵盖从基础照护到高端康养的全链条，核心在于以满足老年人的真实需求为导向，结合技术升级与政策支持，解决服务可及性、产品适老化及心理健康等问题。根据先行老龄化国家促进养老消费经验及我国实际情况，可以从专业化居家养老、老年食品与用餐服务、老年文娱教育服务、适老化产品与辅具、养老金融与保险服务等方面挖掘我国养老消费的潜力。

1. 专业化居家养老。目前，我国以家庭养老为主，在现有基础上，应提高居家养老的智能化水平，提高老年人口养老质量。一是配备智能健康监测设备，诸如智能手表、健康监测戒指等穿戴式设备，以及远程医疗设备，通过实时监控老年人的健康状况，增强紧急情况下的响应能力；二是整合医疗、家政、社区服务等资源，打造一站式智慧养老平台；三是积极研发应用适老化科技产品，简化操作界面，优化交互设计，如智能家居改造、语音助手等。在家庭养老的基础上，积极探索社区养老和机构养老新模式，使社区养老"智能化"、机构养老"居家化"。

2. 老年食品与用餐服务，包括营养均衡与适老化口感的老年营养和健康食品，针对糖尿病、高血压等慢性病，研发低糖、低脂食品及营养代餐产品，老年保健食品与补充剂（如维生素、益生菌等），以及适老餐饮服务（如社区老年食堂、送餐上门服务等）。

3. 老年文娱教育服务，包括老年教育与兴趣课程（涵盖艺术、科技、语言等领域，如中老年艺术培训、智能手机使用），老年社交与文娱活动（如组织老年旅游、广场舞比赛、书画展览等活动），陪伴型产品（如智能陪伴机器人、虚拟现实（VR）娱乐设备等）。

4. 适老化产品与辅具，包括卫浴设施、电动护理床等适老化用品，生活辅助器具（如助行器、轮椅、防跌倒设备等），老年服饰与鞋类（如老年功能鞋），健康监测辅具（如非处方血糖仪、睡眠监测耳塞等）。

5. 养老金融与保险服务，包括养老理财与信托产品（如长期护理保险、适老储蓄产品等），以及整合保险、居家养老和健康管理的“保险+服务”产品等。

（二）政策启示

1. 出台相关配套政策，营造良好养老发展营商环境。老年消费涉及面广、产业链长、业态多元，进一步挖掘银发经济的潜力，需要构建安全的消费环境和完善的老年人权益保护机制。一是出台鼓励养老消费相关支持政策和针对老年商品和服务消费市场的培育政策；二是出台针对涉老企业的相关税收、补贴、贷款等优惠政策；三是健全养老机构资质评估以及全流程监管制度；四是进一步加强执法，严厉打击假冒伪劣、夸大产品效果等欺诈老年人消费的行为，完善老年人维权机制，优化售后服务，让老年人敢消费、愿消费；五是支持高等院校、技工院校设置银发经济相关专业，培养更多的愿意为老年人服务的专业化人才。

2. 探索多元化养老模式，努力实现“老有所养”向“老有颐养”升级。受中国文化观念等因素影响，我国的养老模式以家庭养老为主，建议增加多样化居家养老服务供给，在助餐、助急、助医等方面，补齐居家养老服务供给短板，并逐步形成以社会力量为主的多元化养老服务格局；尝试发展家庭和政府共建的社区养老服务，按照困难、高龄、失能、失独等相关标准，精准化匹配养老服务；鼓励支持社会资本投资建立养老机构，满足老年人尤其是特殊老年人（包括高龄老人、失能和失智老人等）的多样化需求，让养老变“享老”。

3. 积极推动适老产品研发,满足老年人个性化需求。一是遵循老年人消费观念和习惯,支持引导线下老年用品实体店布局,构建老年人便利生活消费圈;二是充分利用互联网、大数据和人工智能等信息技术,推进一些平台、APP 等工具的适老化改造,让银发网民安心触网,乐享“云上生活”,打通线上消费渠道;三是强化老年用品创新和研发,包括适老化日用品、老年休闲陪护产品、康复辅助器具、养老金融、老年旅游、老年教育等;四是针对老年人消费“痛点”,推动存量养老服务设施改造,提升养老服务机构护理能力,提高老年人的生活质量。

(执笔:胡雪梅,朱原则,张旭,王欣宇;成文于 2025 年 2 月)

四 国际热点问题研究

2024 年全球 FDI 持续收缩

2025 年 1 月,联合国贸易和发展会议发布的最新《全球投资趋势监测》报告显示,剔除欧洲中转经济体①后,2024 年全球 FDI 较上年下降 8%,延续收缩态势。主要投资领域中,跨境并购相对稳定,绿地投资仍较疲弱,国际项目融资直线下降。展望 2025 年,在美国“对等关税”措施、地缘政治紧张局势以及国际金融市场持续波动等因素扰动下,全球投资前景面临挑战。

一、全球 FDI 继续下跌

2024 年,剔除欧洲中转经济体后,全球 FDI 较上年下降 8%,降幅比上年收窄 10 个百分点。

发达经济体 FDI 降幅依然较大。2024 年,剔除欧洲中转经济体后,发达经济体 FDI 较上年下降 15%,降幅比上年收窄 13 个百分点。欧洲发达经济体 FDI 较上年下降 45%,在欧盟 27 个成员国中有 18 个国家出现下降,其中,德国和波兰均下降 60%,降幅较大;意大利、西班牙和法国分别下降 35%、13%和 6%。在并购价值提高的拉动下,北美发达经济体 FDI 较上年增长 13%,增速由负转正,其中,美国增长 10%。除欧洲和北美之外的其他发达经济体 FDI 较上年增长 16%,增速由负转正。

发展中经济体 FDI 整体处于历史高位。2024 年,发展中经济体 FDI 为 8550 亿美元,仍处于历史较高水平,较上年下降 2%,降幅比上年收窄 3.3 个百分点,连续两年下降。亚洲发展中经济体 FDI 较上年下降 7%,

① 欧洲中转经济体包括爱尔兰、卢森堡、荷兰、瑞士和英国等,其 FDI 统计数据受到中转资金流动的影响较大。

降幅比上年扩大 1.2 个百分点，连续两年下降，其中，中国下降 29%，较 2022 年的相对高点下降约 40%，连续两年下降；东盟增长 2%，创 2350 亿美元的新高。在阿布扎比发展控股公司在埃及为 Ras EI-Hekma 半岛开发达成的国际项目融资推动下，流入非洲发展中经济体的 FDI 超过 900 亿美元，创历史新高，增速超 80%，较上年由负转正；扣除埃及之后，流入非洲发展中经济体的 FDI 增长 23% 至 500 亿美元。由于能源价格下降，拉丁美洲和加勒比地区发展中经济体 FDI 较上年下降 9% 至 1730 亿美元，降幅比上年扩大 5.8 个百分点（表 1）。

表 1　2024 年全球 FDI 增长率

单位：%

地区/经济体	FDI 增长率	地区/经济体	FDI 增长率
世界	-8	发展中经济体	-2
发达经济体	-15	非洲	86
欧洲	-45	亚洲	-7
北美	13	拉美和加勒比地区	-9
其他发达经济体	16		

资料来源：联合国贸易和发展会议。

二、FDI 主要投资领域表现疲软

（一）跨境并购相对稳定

2024 年，全球跨境并购活动的交易金额较上年小幅增长 2% 至 3870 亿美元，但仍低于 2022 年 7070 亿美元的较高水平。其中，发达经济体跨境并购金额超 3600 亿美元，较上年增长 19%，主要因美国增长 80% 拉动；发展中经济体下降 71% 至 220 亿美元，降幅比上年扩大 42 个百分点。

（二）绿地投资仍显疲弱

受工业部门投资疲软影响，2024 年，全球绿地投资项目数量较上年下降 8% 至 1.7 万个。其中，发达经济体绿地投资项目数量下降 10% 至 9607 个，降幅比上年扩大 6.4 个百分点；发展中经济体下降 6% 至 7608 个，较上年由增转降。

（三）国际项目融资降幅较大

由于融资条件困难以及投资者预期降息而持观望态度，2024 年，全球国际项目融资数量较上年下降 26%至 1803 个。其中，发达经济体国际项目融资数量下降 29%至 1079 个，降幅比上年扩大 12.2 个百分点；发展中经济体下降 23%至 724 个，降幅比上年扩大 1.2 个百分点（表 2）。

表 2　2024 年全球 FDI 三大领域增长率

单位：%

地区/经济体	跨境并购交易额	已公布的绿地投资项目数量	国际项目融资交易数量
世界	2	-8	-26
发达经济体	19	-10	-29
欧洲	-8	-23	-26
北美	75	20	-34
其他发达经济体	-11	11	-28
发展中经济体	-71	-6	-23
非洲	—	-22	-13
亚洲	-56	-2	-25
拉美和加勒比地区	—	-9	-24

资料来源：联合国贸易和发展会议。

三、半导体和信息与通信产业是主要投资热点

2024 年，制造业领域和服务业领域的绿地投资项目数量分别较上年下降 5%和 11%，但半导体和信息通信领域投资表现较好。由于数字经济和人工智能的快速发展，数字基础设施和半导体制造业领域投资活力较强，加之在各国为扩大国内芯片生产能力、确保芯片供应的产业政策推动下，信息通信技术产业的项目投资额达到 2000 亿美元，较上年几乎翻了一番。在 2024 年全球前十大绿地投资项目中，共涉及 4 个半导体领域的项目和 2 个信息与通信领域的项目，投资金额共 945 亿美元，占十大项目总投资金额的 57%，创造的工作岗位占 31%（表 3）。

表 3 2024 年前十大绿地投资项目

母国经济体	产业部门	东道国经济体	预计资本支出（十亿美元）	预计创造的就业岗位（千个）
马来西亚	焦炭和精炼石油	阿根廷	30.0	3.0
中国台湾	半导体	美国	25.0	1.1
韩国	半导体	美国	24.0	3.0
卢森堡	基础金属和金属制品	印度	16.5	20.0
美国	焦炭和精炼石油	墨西哥	15.0	2.8
美国	信息与通信	英国	13.0	1.6
阿联酋	半导体	美国	11.0	1.3
中国台湾	半导体	印度	11.0	3.0
美国	信息与通信	英国	10.5	3.0
加拿大	可再生能源	澳大利亚	9.8	3.0

资料来源：联合国贸易和发展会议。

展望 2025 年，随着主要经济体继续降息，借贷成本进一步降低，以及人工智能和云计算等数字技术蓬勃发展有望增强投资活力，2025 年全球 FDI 或将呈温和增长态势。但受美国“对等关税”措施影响，全球贸易壁垒抬升，经济断链风险或将推动资金向国内或区域内回流，抑制跨国投资与贸易活动，拖累全球经济复苏，加之地缘政治紧张局势持续、主要经济体货币政策不确定性仍存、国际金融市场波动较大，全球投资前景面临挑战。

（执笔：赵宇欣；成文于 2025 年 4 月）

国际大宗商品价格总体回落 未来仍面临较大不确定性

——2024 年国际大宗商品价格走势分析及 2025 年展望

2024 年,受世界经济缓慢复苏、工业生产增长乏力、贸易增长动能不足影响,国际大宗商品需求较为疲软,导致价格承压下行。展望 2025 年,随着全球贸易壁垒增加,全球经济将因成本上升、贸易阻力增加而出现增速放缓甚至衰退,拖累国际大宗商品需求,抑制国际大宗商品价格上涨,但加征高额关税将直接推高进口成本,抬升大宗商品价格,国际大宗商品价格不确定性加大。

一、2024 年国际大宗商品价格波动下行

国际大宗商品价格先涨后跌。据世界银行数据,2024 年国际大宗商品价格指数为 105.1(2010 年 = 100),较上年下跌 2.7%,其中,能源价格指数为 101.5,下跌 5.1%,非能源价格指数为 112.5,上涨 2.0%。1—4 月份,国际大宗商品价格指数持续上涨,4 月份涨至 111.6,较上年末上涨 9.1%,5 月份以来,国际大宗商品价格指数波动下行,12 月份跌至 103.2,较 4 月份年内高点下跌 7.5%。能源价格指数与国际大宗商品价格指数走势较为一致,4 月份涨至年内高点,此后震荡下行,四季度以来开始企稳,12 月份同比下跌 3.1%;非能源价格指数总体上涨,12 月份同比上涨 8.5%(图 1)。**国际油价冲高回落。**2024 年,OPEC 一揽子油价由年初的 78.4 美元/桶快速涨至 4 月 5 日的 91.1 美元/桶,此后震荡回调,9 月份以来持续在 70—80 美元/桶区间震荡。

农产品价格小幅回升。2024 年,农产品价格指数为 115.0,较上年上

涨3.7%。其中,饮料价格上涨63.7%,原材料价格上涨5.9%,是主要拉动项;粮食和油脂价格分别下跌15.2%和10.1%。**金属价格有所上涨。**2024年,金属价格指数为106.7,较上年上涨2.6%,为近3年首次上涨。其中锌、铝、铜、锡等有色金属分别上涨4.6%、7.2%、7.7%、15.9%,金、银等贵金属分别上涨22.9%和20.8%,铁矿石下跌9.3%。**化肥价格大幅下跌。**能源价格回落缓解化肥生产成本压力,叠加化肥出口瓶颈得到缓解,供应有所增加,价格持续回落。2024年,化肥价格指数为117.6,较上年下跌23.4%,创近4年新低(图2)。

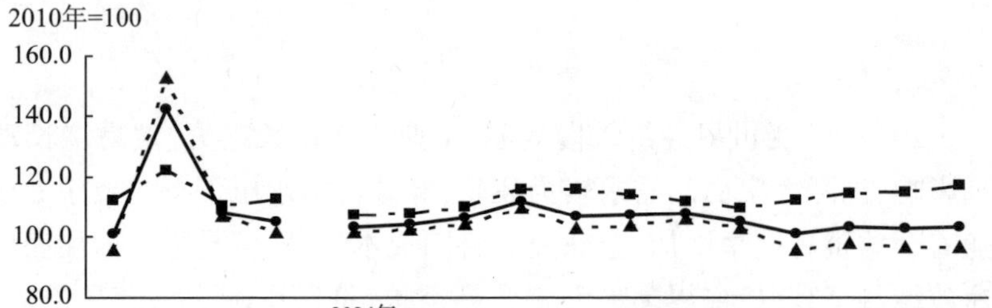

	2021	2022	2023	2024	2024年1月	2月	3月	4月	5月	6月	7月	8月	9月	10月	11月	12月
大宗商品	100.9	142.5	108.0	105.1	103.2	104.0	106.1	111.6	106.9	107.2	107.9	104.9	100.9	103.2	102.5	103.2
能源	95.4	152.6	107.0	101.5	101.2	102.2	104.2	109.6	102.6	103.8	106.0	102.6	95.4	97.7	96.5	96.5
非能源	112.1	122.1	110.2	112.5	107.2	107.5	109.9	115.6	115.6	114.2	111.7	109.6	112.2	114.6	114.7	117.0

图1 国际大宗商品价格走势

资料来源:世界银行。

	2021	2022	2023	2024	2024年1月	2月	3月	4月	5月	6月	7月	8月	9月	10月	11月	12月
农产品	107.7	119.3	110.9	115.0	109.2	110.5	113.7	118.1	115.5	115.7	113.6	112.0	115.1	116.0	118.1	121.1
化肥	152.3	235.7	153.5	117.6	115.9	118.0	115.3	113.8	108.5	118.2	120.3	120.0	118.7	123.5	119.7	119.6
金属矿	116.4	115.0	104.0	106.7	102.0	100.1	101.5	110.5	116.6	110.6	106.8	103.5	105.4	110.6	107.2	105.9

图2 国际非能源产品价格走势

资料来源:世界银行。

二、国际大宗商品价格的主要影响因素

(一)世界经济增长动能不足

一是世界经济维持低速增长。据国际货币基金组织数据,2024 年世界经济增速为 3.2%,较 2023 年回落 0.1 个百分点,低于 2000—2019 年 3.7%的平均增速。**二是全球贸易持续疲软。**2024 年全球制造业 PMI 新出口订单指数共 10 个月处于收缩区间,12 月份为 48.2%,较 4 月份的年内高点回落 2.3 个百分点。联合国数据显示,2024 年全球货物贸易量增长 2.4%,仍处于疫情以来较低水平。**三是制造业复苏动能不足。**2024 年全球制造业 PMI 于 48.0%—51.0%区间波动,上半年整体略高于 50.0%荣枯线,保持温和扩张,下半年降至荣枯线及以下,12 月份为 49.6%,较 5 月份 51.0%的年内高点回落 1.4 个百分点。美国、日本制造业 PMI 自 7 月份以来均由荣转枯,欧元区收缩加剧。主要经济体工业生产表现疲弱。2024 年,美国工业生产下降 0.2%,较上年由正转负;欧元区和日本工业生产分别下降 3.0%和 2.6%,降幅均较上年扩大 1.3 个百分点。

(二)国际大宗商品供给有所改善

能源供给有所增加。2024 年,“OPEC+”延续自愿减产计划,以美国为首的非“OPEC+”国家原油产量持续增长,全球原油供应升至 1.029 亿桶/日,全年供需基本平衡。其中,以美国为首的非“OPEC+”国家石油产量达到 5310 万桶/日,与 2023 年相比增加 150 万桶/日。伊朗加大上游投资,原油产量持续攀升,2024 年,伊朗原油产量维持在 330 万桶/日,较 2022 年和 2023 年分别增长 80 万桶/日和 30 万桶/日。**农产品供给稳中有升。**据联合国粮农组织数据,2024 年全球谷物产量为 28.42 亿吨,处于历史次高水平,其中,大豆、玉米、小麦等主要农作物供应相对宽松。

(三)主要经济体货币政策转向宽松

2024 年,随着通胀压力有所缓解,主要经济体开启降息步伐。其中,美联储累计降息 3 次共 100 个基点,下调联邦基金利率目标区间至 4.25%—4.50%;欧洲央行降息 4 次,累计 135 个基点。一方面,随着全球货币政策放宽,刺激国际大宗商品投资需求,对价格具有一定支撑作

用;另一方面,2024 年美元指数在 101—108 区间波动,处于 2003 年以来高位,美元作为大宗商品的基础计价货币,美元走强对大宗商品价格具有一定的平抑作用(图 3)。

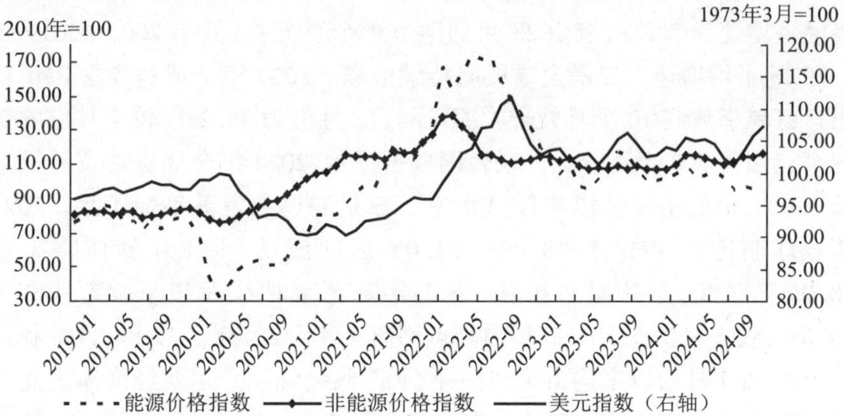

图 3　国际大宗商品价格与美元指数走势

资料来源:世界银行、Wind。

(四)地缘局势持续紧张

地缘紧张局势对国际大宗商品供给扰动持续。2024 年,国际局势变乱交织,俄乌冲突旷日持久,朝韩对峙僵持,巴以冲突胶着,叙利亚局势恶化令中东乱局再添变数,全年全球地缘政治风险指数共有 11 个月高于长期平均水平 100,12 月份为 136.2,保持在 2022 年 5 月以来高位。目前全球超过 80%的贸易量依赖海运,地缘冲突导致航线延长、成本上升以及关键航线运输中断风险明显增大。此外,中东、俄乌是全球能源、粮食、有色金属的重要生产和出口国,霍尔木兹海峡承担着全球约 30%的原油贸易和 20%的液化天然气贸易,地区冲突将继续扰乱全球供应链稳定,对全球能源、粮食等重要资源供给安全造成冲击。

三、2025 年国际大宗商品价格不稳定性上升

展望下阶段,原油供需面相对宽松将导致油价继续承压,但主要经济体货币政策和贸易政策不确定性加大,叠加地缘紧张局势扰动,国际大宗商品价格或将波动加剧。据世界银行 2025 年 4 月发布的《大宗商

品市场展望》报告预测，2025 年国际大宗商品价格将下降 12.4%，其中，能源价格指数下降 17.4%，非能源价格指数下降 3.3%。报告指出，国际大宗商品价格传统“繁荣—萧条”周期平均持续时间为四年左右，但 2020 年至 2024 年间的周期仅持续两年，显示当前市场震荡更快、更剧烈。

一是原油供需前景保持宽松态势，国际原油价格承压。2025 年 4 月，“OPEC+”产油国达成协议，8 个“OPEC+”主要产油国自 5 月起将原油日产量提高 41.1 万桶，幅度高于此前市场预期的 13.8 万桶。5 月份，“OPEC+”产油国宣布 6 月份将再度增产。此外，美国与伊朗核谈判取得一定进展，伊朗原油可能重返国际市场，增加全球原油供应。同时，美国“对等关税”措施对全球经济前景构成重大风险，全球经济将因成本上升、贸易阻力增加而出现增速放缓，拖累国际大宗商品需求。

二是主要经济体货币政策不确定性加大。美联储降息预期分歧加剧。美联储主席表示，关税措施及其对经济的影响具有较大不确定性，货币政策仍需谨慎观望。但特朗普敦促美联储尽快降息。货币政策摇摆不定将加大美元指数波动，对以美元计价的大宗商品价格产生影响。2025 年 4 月 17 日，欧洲央行将三大关键利率下调 25 个基点，为 2024 年 6 月开始降息以来第 7 次降息，并表示通胀走势仍将是决定未来是否进一步降息的关键。

三是贸易摩擦不断升级，扰乱国际大宗商品市场秩序。2025 年 3 月，美国对从墨西哥、加拿大、中国进口商品征收 20%—25%关税；4 月 2 日，美国公布“对等关税”措施，对全球征收 10%基准关税，对美国贸易逆差较高的 60 个经济体征收额外关税，其中，对中国、欧盟、日本、印度、韩国、越南分别征收 34%、20%、24%、26%、25%、46%的关税。虽然，此后美国与多国开展关税谈判，降低关税幅度，并推迟实施时间，但美国贸易政策不确定性仍然较高，导致投资者信心受挫，资金纷纷寻求避险，将进一步加剧国际大宗商品市场动荡。

四是地缘冲突持续发酵，加剧国际大宗商品价格波动。随着各方谈判的开展，中东地区和俄乌局势或将出现新变化，但巴以存在深层分歧，进一步和谈陷入僵持；美国介入俄乌和谈，谈判博弈与冲突持续，预计短期内地缘紧张局势难有缓和。受此影响，红海与苏伊士运河航线以及黑海航线仍存在阻滞可能,货运绕行或延误风险较大,阻碍正常贸易往来。大宗商品产地集中但需求分散,对贸易依赖度高,供给或运输受阻将加剧国际大宗商品价格波动。

(执笔:朱祎;成文于 2025 年 5 月)

附表：

国际大宗商品价格指数

商　品	2024年	2025年（预测）	2024年											
			1月	2月	3月	4月	5月	6月	7月	8月	9月	10月	11月	12月
名义价格指数（2010年=100）														
大宗商品	105.1	92.1	103.2	104.0	106.1	111.6	106.9	107.2	107.9	104.9	100.9	103.2	102.5	103.0
能源	101.5	83.8	101.2	102.2	104.2	109.6	102.6	103.8	106.0	102.6	95.4	97.7	96.5	96.5
非能源	112.5	108.8	107.2	107.5	109.9	115.6	115.6	114.2	111.7	109.6	112.2	114.6	114.7	117.0
农产品	115.0	114.0	109.2	110.5	113.7	118.1	115.5	115.7	113.6	112.0	115.1	116.0	118.1	121.1
饮料	176.4	211.1	123.5	139.1	158.7	200.8	173.2	187.9	177.3	175.2	177.6	175.8	195.7	231.8
食品	115.8	107.7	118.4	116.9	117.6	116.6	118.1	115.1	113.9	111.2	114.7	116.3	116.2	115.1
油类	106.9	99.6	109.6	105.2	106.2	104.9	106.8	107.0	107.8	102.3	104.0	109.5	110.7	108.5
谷物	112.9	101.0	121.0	116.0	115.2	113.8	119.3	115.6	109.1	106.3	111.1	108.6	108.6	109.6
其他食品	130.4	124.3	127.5	133.1	134.8	134.7	132.0	125.3	126.2	127.4	132.2	132.3	130.2	128.6
原材料	80.9	79.8	79.7	80.4	81.4	79.7	79.7	80.3	80.6	81.8	84.3	84.6	83.4	79.6
木材	79.6	79.3	79.8	79.0	79.4	78.1	78.4	78.6	79.3	80.9	82.7	81.2	79.2	78.7
其他原材料	82.4	80.5	79.7	81.9	83.6	81.5	81.2	82.1	81.9	82.7	86.2	88.4	88.0	80.6
化肥	117.6	126.1	115.9	118.0	115.3	113.8	108.5	118.2	120.3	120.0	118.7	123.5	119.7	119.6
金属和矿产	106.7	96.2	102.0	100.1	101.5	110.5	116.6	110.6	106.8	103.5	105.4	110.6	107.2	105.9

资料来源：世界银行。

2024年以来世界经济运行状况初步分析

2024年以来，全球贸易需求回暖，制造业生产扩张，服务业持续恢复，主要经济体总体稳定增长，大宗商品价格涨幅扩大，世界经济复苏势头有所增强，5月份联合国上调2024年世界经济增速预期至2.7%。但全球抗通胀进程缓慢，高利率、高债务压力犹存，金融市场脆弱性加大，贸易保护主义、地缘政治冲突等交织，我国面临的外部环境依然复杂严峻。

一、世界经济持续复苏，积极变化有所增多

（一）全球经济先行指标向好，经济增长前景改善

全球经济景气度稳步回升。4月份，OECD监测的G20领先指标较上月上升0.15点至100.59，创2022年以来新高，连续6个月高于长期趋势线100。彭博月度全球GDP增长跟踪（Global GDP tracker）环比折年率增长4.3%，增速连续6个月加快，为2023年2月以来最高。**主要国际组织上调全年经济增长预期。**随着全球通胀逐步回落，主要经济体经济稳定增长，加之国际贸易回暖、生产活动持续扩张，主要国际组织相继上调全球经济增长预期。4月份以来IMF、OECD先后上调2024年世界经济增速至3.1%和3.2%。5月16日，联合国预测，2024年世界经济将增长2.7%，较1月份预测值上调0.3个百分点。

（二）全球制造业继续修复，服务业保持扩张

主要经济体制造业逐步恢复。由于市场需求回暖，带动产出及新订单企稳回升，市场信心有所增强，主要经济体制造业均有不同程度改善。5月份，美国制造业PMI为50.9%，较上月回升0.9个百分点，连续5个月处于扩张区间；欧元区为47.4%，回升1.7个百分点，为2023年2月以来最高；英国和日本分别为51.3%和50.5%，回升2.2个和0.9个百分

点，均重回扩张区间。**多数经济体服务业保持扩张**。在新商业活动和产出活动较快增长带动下，主要经济体服务业继续扩张。5月份，美国服务业PMI较上月回升3.5个百分点至54.8%，欧元区持平于53.3%，均为2023年5月以来最高；英国、日本分别为52.9%、53.6%；印度回升0.6个百分点至61.4%，为近4个月最高。

（三）国际贸易总体改善，主要经济体进出口加快

多数经济体对外贸易增长加快。4月份，全球贸易“风向标”韩国货物进出口额同比增长9.5%，结束此前连续两个月的负增长，其中出口增长13.8%，较上月加快10.7个百分点，进口增长5.4%，由负转正；日本进出口额同比增长8.3%，为2023年1月以来最快增速，其中出口增速连续5个月超5%；越南进出口额同比增长14.2%，其中出口增长12.4%，连续2个月保持两位数增速；巴西、印尼等进出口额均较快增长。**全球贸易前景改善**。联合国预测，2024年全球货物和服务贸易量增速较上年加快2.5个百分点至3.2%，且较1月份预测值上调0.8个百分点。联合国指出，在需求回暖提振下，上半年全球贸易特别是新兴市场对外贸易增长明显加快，下半年若美联储和欧洲央行开启降息，全球贸易或将出现更为明显的反弹。**全球供应链压力指数保持低位**。纽约联储数据显示，4月份，全球供应链压力指数较上月下降0.5点至-0.8，为近8个月新低。

（四）全球通胀稳中有落，大宗商品价格持续上涨

主要经济体通胀继续回落。在高利率持续影响下，主要经济体通胀延续回落态势。4月份，美国CPI同比上涨3.4%，较上月回落0.1个百分点，核心CPI上涨3.6%，回落0.2个百分点，为2021年4月以来最低水平；欧元区CPI同比上涨2.4%，与上月持平，核心CPI回落0.2个百分点至2.7%，为2022年1月以来最低；日本CPI同比上涨2.5%，回落0.2个百分点，为近3个月最低。**国际大宗商品价格继续上涨**。全球工业生产持续复苏，加之地缘紧张局势和贸易限制措施对供给的扰动，4月份，国际大宗商品价格指数环比上涨5.3%，涨幅较上月扩大3.2个百分点。其中，能源价格指数涨至近6个月新高，环比上涨5.2%；非能源价格指数创2022年8月以来新高，上涨5.3%，其中金属和矿产价格指数创2023年2月以来新高，上涨8.9%，为主要拉动项。

(五)全球股指震荡上行,美元指数高位回落

5月初公布的美国就业市场数据偏弱,美联储降息预期重燃,全球股市大幅反弹,美元汇率下跌。**全球股指再创新高。**受美国降息预期影响,以及美国芯片企业超预期财报数据掀起AI热潮,截至5月24日,明晟全球股指较4月末上涨4.2%,5月21日创历史最高收盘价;明晟新兴市场股指上涨2.9%,5月20日创2022年2月以来最高收盘价;中国上证综合指数4月末突破3100点后,维持震荡走势,5月20日创2023年9月以来最高收盘价。主要股票市场中,截至5月24日,美国道指、纳指、标普500较4月末分别上涨3.3%、8.1%和5.3%;德国DAX、英国FT100、日经225分别上涨4.2%、2.1%、0.6%。**美元指数高位回落,主要经济体货币对美元有所升值。**截至5月24日,美元指数较4月末相对高位下跌1.5%。主要货币对美元有所升值,5月24日,欧元、英镑、日元较4月末分别升值1.7%、2.0%、0.5%,人民币与4月末基本持平。

(六)美欧经济增长加快,日本复苏仍显乏力

美国经济增长有望加快。据美国亚特兰大联储5月24日预测,二季度美国GDP环比折年率增速为3.5%,较一季度加快1.9个百分点;私人消费和投资为主要拉动项,预计个人消费支出环比折年率增速为3.4%,拉动GDP增长2.3个百分点,设备和知识产权投资将分别增长3.3%和5.8%,拉动GDP增长0.2个和0.3个百分点。国内消费保持旺盛。4月份,零售额同比增长4.0%,较上月加快1.7个百分点。**欧元区经济有所改善。**据欧盟委员会5月15日预测,二季度欧元区GDP同比增长0.7%,较一季度加快0.3个百分点,环比增速持平于0.3%。通胀回落、需求回暖,就业保持稳定,个人消费加快增长,有利于支撑经济回升。3月份零售量同比增长0.7%,为近18个月首次由负转正;4月份消费者信心指数升至-14.7,创2022年2月以来新高。**日本经济复苏动能不足。**日本经济研究中心5月17日预测,二季度日本GDP环比增长0.5%,较一季度-0.5%的增速由负转正。尽管外需改善带动增强,但内需不足、生产萎缩将拖累经济复苏步伐。

二、不稳定不确定因素较多，世界经济复苏压力犹存

(一) 全球再通胀压力有所上升

主要经济体通胀回落缓慢。2024 年以来，尽管美欧等主要经济体通胀水平有所回落，但依然高于政策目标。4 月份美国 CPI 同比上涨 3.4%，持续高于政策目标；欧元区 CPI 涨幅持续高于央行 2%的通胀目标，英国 CPI 涨幅连续 4 个月高于市场预期。**生产端价格上行压力加大。**受地缘紧张局势加剧、工业大宗商品生产受限、清洁能源技术对工业金属需求扩大等因素影响，工业金属价格显著上涨。据伦敦金属交易所数据，截至 5 月 24 日，锡、镍、铜、铝价格均涨至年内高位，较 4 月末分别上涨 6.4%、5.3%、3.3%、2.7%。国际金属价格较快上涨，将推动生产端价格再度上行。4 月份，美国 PPI 同比上涨 2.2%，为 2023 年 4 月以来最大涨幅，英国、印度、韩国 PPI 均涨幅扩大。**全球通胀上行因素有所增强。**2024 年以来，全球服务业活动较为活跃，旅游住宿、医疗保健等服务价格呈上涨趋势。美欧日等失业率达到历史最低水平，劳动力持续紧张，也将加大劳动力成本压力。IMF 预计 2024 年三季度，有通胀目标的经济体整体通胀率仍较目标中位数高 0.5 个百分点。

(二) 金融市场脆弱性上升

美国高利率或将维持更长时间。4 月份以来美联储降息态度愈加摇摆不定，4 月中旬由于通胀超预期上涨，美联储鹰派表态，认为年内存在不降息可能，5 月初因非农就业数据降温，降息预期重新升温，5 月 22 日，议息会议纪要表态再度转鹰，表示由于通胀回落不及预期，高利率或将维持更长时间。5 月 26 日，CME“美联储观察”工具显示，9 月份不降息概率为 50.2%，较 4 月 26 日上升 7.6 个百分点，11 月份降息概率升至 46.2%，开启降息的时点进一步推迟。**金融市场波动加大。**受美联储政策不确定影响，金融市场预期分化，波动加大。明晟全球股指 4 月 19 日一度跌至近两个月最低，5 月 21 日创下历史最高收盘价，此后再度震荡回落，4 月份以来最大震荡幅度达 6.7%；美国道指、纳指、标普 500 最大震荡幅度均超 6%。美债收益率因降息预期受挫再度上涨。截至 5 月 24 日，美国十年期国债收益率较 3 月末上涨 26.0 个基点至 4.46%，其中 4 月 25 日创 2023 年 11 月以来新高。

（三）全球债务风险上升

全球债务水平再度攀升。高利率令公共和私人债务持续累积，加剧全球特别是新兴经济体的债务压力，据国际金融协会（IIF）数据，2024 年一季度新兴市场债务规模为 105 万亿美元，全球债务规模升至 315 万亿美元，均创历史新高；全球债务占 GDP 比重在连续三个季度下降后再度上升。**部分经济体主权债务风险持续较大。**4 月份 IMF 发布《全球财政监测》报告预测，2024 年发达经济体政府债务占 GDP 比重将升至 111.2%，远超 90%的国际警戒水平，新兴和发展中经济体将升至 70.3%，创有记录以来最高。在高利率、高债务、低增长背景下，部分经济体面临较大的偿债压力，债务可持续性风险及引发主权债务危机的可能性显著加大。

（四）世界经济循环阻碍较多

2024 年以来，中东、俄乌等地区冲突持续，贸易保护主义、单边主义盛行，大国博弈及制裁限制措施加剧，扰乱产业链供应链稳定性，加重全球经济碎片化，阻碍经济复苏进程。**地缘政治冲突外溢影响较大。**由于中东地区冲突加剧，2024 年以来地缘政治风险显著上升，据世界银行数据，截至 5 月 20 日，全球地缘政治风险指数较 2023 年末增长 48.5%，其中 4 月 16 日升至 2022 年 3 月俄乌冲突以来最高。据 OECD 数据，红海危机影响了全球约 9%的海上贸易和 18%的长途海运量。受红海紧张局势影响，5 月 24 日当周，上海出口集装箱运价指数（SCFI）为 2703，创 2022 年 9 月以来新高，较 3 月 29 日当周低点上涨 56.2%。地缘政治冲突限制商品及要素跨境流动，增加供应商运输及时间成本，进一步推高通胀，阻碍经济复苏步伐。**贸易限制措施负面影响持续。**近期，美国宣布对中国价值 180 亿美元的进口商品加征关税，包括钢铁和铝、半导体、电动汽车、锂电池及部件、关键矿产、光伏电池等商品。其中，针对电动汽车的关税由 25%提升至 100%。以美国为首的发达经济体无视国际贸易规则，以公平竞争为借口推行保护主义，对别国先进产业进行打压遏制，损害全球产业发展，对全球供应链安全稳定造成严重破坏。

综合来看，2024 年以来，世界经济持续复苏，积极因素累积增多，但全球通胀仍具黏性，高利率、高债务问题突出，金融市场脆弱性加大，不稳定不确定因素较多。面对错综复杂的外部环境，要坚持稳中求进工作总基调，统筹国内国际两个大局，统筹发展和安全，全面贯彻落实党中央决策部署，着力增强内生动力，着力扩大对外开放，着力化解风险隐患，巩固和增强经济回升向好态势。**一是扎实推进高水平对外开放。**把握当前全球贸易积极变化，推进高水平对外开放，稳住美欧日等传统市场，妥善处理经贸摩擦，深化中欧、中日韩在经贸、科技和产业链供应链等领域合作，拓宽与东盟、“一带一路”国家经贸合作领域，加快推进中国—东盟自贸区项目建设，提升中国与新兴市场经贸和投融资合作水平。**二是有针对性支持实体经济发展。**加大对受贸易限制措施影响行业支持力度。鼓励企业积极调整战略布局，引导企业用好自由贸易协定等制度性安排，挖掘自贸伙伴市场潜力和空间。支持外贸企业拓展国内市场，组织开展外贸优品拓内销系列活动，加强与国内市场对接和推广。加大对外贸企业的信贷支持力度，做好对外贸困难行业的跟踪服务。**三是强化重点能源资源供应保障。**加强能源、粮食、原材料等重要资源国际市场监测，强化国内大宗商品市场监管。鼓励企业通过套期保值、长单锁价等方式妥善应对大宗商品价格波动风险。加强大宗商品进出口和储备调节，搭建上下游供需对接平台，引导上下游企业签订长期采购协议，稳定关键产品供应。**四是有效防范外部金融风险冲击。**加强跨境资金流动监管，密切关注主要经济体货币政策走向及我国境内外汇市场变化，做好跨境资金流动监测分析。根据宏观经济和金融市场形势，稳定市场预期。引导金融机构加强流动性风险管理，加快推进金融稳定保障体系建设，进一步健全金融风险防范、化解、处置长效机制。

（执笔：李婧婧，郝悦，朱祎，王猛猛，赵宇欣；成文于 2024 年 5 月）

世界经济复苏仍面临诸多风险挑战

2024年以来，世界经济保持良好的增长态势，主要经济指标显示世界经济软着陆可能性有所上升，国际货币基金组织（IMF）上调2024年世界经济增速预期至3.2%，但受地缘政治冲突升级、全球经济碎片化加剧及政府债务压力加大等因素影响，世界经济复苏仍面临诸多风险挑战。

一、地缘政治冲突升级加剧大宗商品价格波动

伊以冲突、俄乌冲突等地缘政治冲突升级可能加剧食品、能源等运输成本及价格波动，或将导致全球通胀回落减速。近期，地缘政治风险指数大幅上升。截至2024年4月15日，地缘政治风险指数为238.37（2019年=100），较2023年末上涨116.5%。受此影响，国际大宗商品价格震荡上行。3月份，大宗商品价格指数由1月的103.1（2010年=100）连续3个月上涨至105.9，能源和非能源价格指数分别为104.3和109.2，均为近4个月最高。国际油价宽幅震荡。今年以来，OPEC一揽子油价由1月初的76.8美元/桶波动升至4月5日91.1美元/桶，而后小幅回落至4月17日89.6美元/桶。IMF预计，2024年国际原油价格同比下降2.5%，降速较上年回落13.9个百分点；非燃料商品价格同比增长0.1%，较上年由负转正。

二、部分经济体通胀反复或将导致金融市场重新定价

随着全球去通胀进入“最后一英里”，主要经济体货币政策转向预期上升，带动全球股市大幅上涨。然而，近期地缘政治紧张局势加剧和通胀反复降低市场乐观情绪，可能导致金融市场重新定价和资产价格波动加剧。3月份，美国、印尼CPI同比分别上涨3.5%和3.1%，均连续两个月

回升。由于美国、伊朗和部分低收入国家通胀小幅回升,叠加地缘政治紧张局势升级加剧航运和大宗商品价格波动,IMF 将 2024 年全球通胀较 1 月份预测值上调 0.1 个百分点至 5.9%。一方面,通胀反复导致主要经济体政策转向有所延后,部分新兴和发展中经济体汇率、债务持续承压;另一方面,若通胀长期居高不下且利率维持较高水平,金融环境或将收紧,导致投资者资产亏损风险升高。

三、政府债务可持续性压力仍存

疫情以来,在大规模财政刺激催化下,全球债务规模持续攀升。根据国际金融协会(IIF)数据,截至 2023 年底,全球债务达到创纪录的 313 万亿美元。根据 IMF 数据,预计 2024 年,发达经济体一般政府债务总额占 GDP 比重为 112.8%,较疫情前(2019 年)上升 8.7 个百分点,新兴和发展中经济体一般政府债务总额占 GDP 比重为 68.6%,较疫情前(2019 年)上升 13.5 个百分点。IMF 预计,2024 年约 54%的低收入国家和 16%的新兴市场国家债务风险处于较高水平。为重建政府预算回旋空间和确保债务可持续性,部分经济体或将通过增税和削减开支进行财政整顿。一方面,若财政整顿力度过大可能导致预算赤字大幅削减,对经济增长产生负面影响;另一方面,2024 年,占全球人口或 GDP 一半以上的美国、欧洲、印度等国家或经济体已经或将要在年内举行选举,选举年财政政策往往较为宽松,财政滑坡可能性上升。

四、经济碎片化趋势日益凸显

由于供应链扰动、地缘政治紧张局势加剧以及限制性贸易政策频出,全球产业链供应链碎片化趋势日益凸显。根据《全球经贸摩擦指数 2023 年度报告》,2023 年,全球经贸摩擦指数持续处于高位,美国、欧盟、印度、俄罗斯、阿根廷、英国、韩国、墨西哥、日本等半数及以上月份全球经贸摩擦指数均处于较高水平,表明大国经贸摩擦和冲突仍在持续。受此影响,全球贸易和直接投资放缓。根据 IMF 数据,2023 年,全球货物和服务贸易同比增长 0.3%,较上年回落 5.3 个百分点,预计 2024 年小幅回升至 3.0%,但仍低于 2000—2019 年 4.9%的平均增速;预计 2024 年全球投资占 GDP 的比重为 26.5%,为近 7 年次低。2024 年 1 月联合国《全球投资趋势监测》报告指出,2023 年全球外国直接投资势头羸弱,流向发展中国家的资金减少。2023 年,若除去卢森堡和荷兰的资金流入,流入欧盟其他国家的资金实际减少 23%,流入北美地区资金零增长,流入发展中国家的外国直接投资同比下降 9%。全球经济碎片化加剧不仅给全球贸易带来更多限制,阻碍跨境资本和技术流动,还妨碍各国在气候变化等领域的合作,导致全球经济韧性减弱。IMF 分析指出,贸易碎片化或将导致全球经济产出萎缩 0. 2%—0. 7%不等。

(执笔:王猛猛;成文于 2024 年 4 月)

全球政府赤字和债务"双高"风险凸显

近年来,为应对新冠肺炎疫情冲击,全球主要经济体加大财政刺激力度,通过增加支出来托底经济,主要经济体财政赤字与政府债务规模明显上升。随着疫情逐渐消退,部分国家财政刺激力度减弱,但在全球中期经济增长前景放缓、实际利率高企的背景下,全球政府高赤字、高债务压力凸显,财政政策回归常态仍前路漫漫,政府财政压力持续较大。

一、疫情期间超常规财政刺激提高全球政府财政赤字

为了应对突如其来的疫情,全球主要经济体出台扩张性财政政策,2020 年全球一般政府财政赤字占 GDP 比例创 9.5%新高。随着疫情影响逐渐消退,为保持财政可持续性,各经济体通过削减赤字重建财政空间,财政扩张力度较疫情期间有所下降,2021 年、2022 年全球一般政府赤字占 GDP 比例连续两年回落,分别为 6.3%和 3.9%。2023 年,部分经济体选择暂时扩大财政赤字以缓解短期经济下行压力,政府财政赤字逆势扩张,全球一般政府财政赤字占 GDP 比例较 2022 年回升 1.6 个百分点至 5.5%。

从中期来看,未来五年全球政府财政赤字或仍高于疫情前(2019 年)水平。IMF 预测,2024 年全球一般政府财政赤字占 GDP 比例为 4.9%,2029 年小幅回落至 4.3%,仍高于 2019 年 0.7 个百分点。其中,2024 年发达经济体一般政府财政赤字占 GDP 比例为 4.4%,2029 年小幅回落至 3.6%,仍高于 2019 年 0.6 个百分点;2024 年新兴和发展中经济体一般政府财政赤字占 GDP 比例为 5.5%,2029 年小幅回落至 5.0%,仍高于 2019 年 0.6 个百分点。

二、持续的财政赤字推高政府债务规模

为对抗疫情期间的公共卫生危机并帮助经济复苏，全球多数经济体实施扩张性财政政策，导致政府债务规模迅速膨胀，2020 年全球一般政府债务占 GDP 比例为 99.4%，较 2019 年大幅上升 15.2 个百分点。随着疫情影响逐渐消退，财政支出规模有所缩小，政府债务占 GDP 比例有所降低。2021 年、2022 年全球一般政府债务占 GDP 比例连续两年回落，分别为 94.7% 和 91.3%。2023 年全球一般政府债务占 GDP 比例为 93.2%，较 2022 年回升 1.9 个百分点。

从中期来看，未来五年大多数经济体债务规模或仍高于疫情前水平。 IMF 预测，全球一般政府债务占 GDP 比例在 2020 年至 2023 年连续 4 年超 90%的背景下，2029 年将升至 98.8%，且 2024 年至 2029 年大部分发达经济体和发展中经济体的一般政府债务占 GDP 比例将有所抬升。其中，2024 年**美国**一般政府债务占 GDP 比例为 123.3%，2029 年将进一步攀升至 133.9%，高于 2019 年 25.8 个百分点；**日本**一般政府债务占 GDP 比例达 254.6%，2029 年为 251.7%，高于 2019 年 15.3 个百分点；**欧元区**一般政府债务占 GDP 比例为 88.7%，2029 年为 87.7%，高于 2019 年 3.6 个百分点；**印度**一般政府债务占 GDP 比例为 82.5%，2029 年为 77.5%，高于 2019 年 2.5 个百分点。

三、全球财政可持续性压力仍存

一是财政支出规模难以削减。疫情期间各国加大对社会保障与福利、医疗、就业等民生领域的财政支出，尽管疫情后，部分财政支出政策退出，但大部分民生领域的支出存在刚性，易升难降。同时，全球地缘政治冲突加剧财政支出压力。地缘政治冲突加剧导致能源等大宗商品价格波动，推高各国物价，导致与抗通胀挂钩的财政支出难以压缩；而部分经济体为加强国防建设，与国防相关的财政支出显著上升。2024 年，全球约 88 个经济体或经济地区（占全球人口和 GDP 的一半以上）已经或将要在年内进行选举。选举年执政党为争取选民，往往加大财政刺激力度，通过增加对消费端的补贴或采取其他手段提高选民收入，导致财政赤字升高。IMF 数据显示，选举年赤字占 GDP 比例比非选举年平均高出 0.3 个百分

点，实际赤字占 GDP 比例比前一年预测值高出 0.4 个百分点。

二是政府偿债成本居高不下。全球利率目前仍处较高水平，叠加疫情期间积累的大量债务，导致各国利息支出负担较重。世界银行指出，2023 年，低收入经济体和部分中等偏低收入国家在公共及公共担保债务方面的外债偿债支出约为 740 亿美元，若加上内债的还本付息，2024 年偿债总额将超过 1850 亿美元，约占其 GDP 总和的 7.5%。

三是部分经济体政府债务风险上升。在全球利率高企、经济增长乏力的背景下，新兴和发展中经济体偿债成本攀升、再融资风险上升，部分经济基本面较为脆弱的发展中国家或将陷入债务危机。IMF 指出，2023 年陷入债务困境的新兴和发展中经济体数量从 2016 年的 5 个增加到 19 个；未来两年低收入国家年度外债再融资需求达约 600 亿美元，约为 2020 年前十年平均水平的三倍。

（执笔：王猛猛；成文于 2024 年 6 月）

美国经济形势初步分析及政策建议

2024年上半年，美国生产供给有所修复，市场需求保持扩张，就业物价基本稳定，经济保持较快增长，但随着货币紧缩效应渐显，美国经济面临下行压力，控通胀与稳增长平衡难度增大，财政金融风险上升。据英国共识公司预测，2024年美国GDP增速将由2023年的2.5%放缓至2.3%。下阶段，美国政策调整外溢影响不容忽视，要强化监测分析，妥善应对。

一、上半年美国经济增势较好，主要指标总体稳定

（一）经济保持较快增长，消费和投资为主要拉动项

在个人消费和私人投资驱动下，美国经济保持较快增长。一季度GDP环比折年率增速为1.4%，同比增长2.9%，为2022年一季度以来次高增速。其中，个人消费支出拉动GDP环比折年率增速0.98个百分点，国内私人投资拉动0.77个百分点，政府消费支出和投资拉动0.31个百分点，净出口拖累0.65个百分点。7月10日，亚特兰大联储预计美国二季度GDP环比折年率增速为2.0%。据此推算，二季度GDP将环比增长0.5%，比上季度加快0.2个百分点；同比增长2.9%，与上季度持平；上半年GDP同比预计增长2.9%。

（二）劳动力市场降温，居民收入增长承压

美国失业率上行，新增非农就业人数回落，劳动力市场有所降温。上半年，美国平均失业率为3.9%，比2023年上升0.3个百分点；新增非农就业人数为133.4万人，为近三十年较高水平。分月度看，失业率从1月份的3.7%波动回升至6月份的4.1%，创2021年10月以来新高；新增非农就业人数由1月份的25.6万人回落至6月份的20.6万人，为2023年

11 月以来次低。失业金申请人数增加，截至 6 月 22 日当周，美国续领失业金人数为 185.8 万人，创 2 月 17 日当周以来最高水平。时薪增速放缓，6 月份，私人非农企业员工平均时薪环比增长 0.3%，增速较上月回落 0.1 个百分点；同比增长 3.9%，回落 0.2 个百分点。

（三）物价涨幅波动下行，核心 CPI 涨幅偏高

自 2022 年 3 月美联储采取货币紧缩政策以来，美国通胀水平逐步回落。上半年美国 CPI 同比上涨 3.2%，为 2021 年以来最低。分月度看，6 月份 CPI 同比上涨 3.0%，较上年末回落 0.4 个百分点。核心通胀仍处高位，上半年扣除食品和能源价格的核心 CPI 同比上涨 3.6%，6 月份涨幅为 3.3%，较上年末回落 0.6 个百分点，但仍处于 2020 年 5 月以来的相对高位，且远高于美联储 2%的政策目标。其中，住房价格同比上涨 4.4%，其他商品与服务价格上涨 4.2%，涨幅偏高。

（四）对外贸易持续增长，贸易逆差有所扩大

上半年，美国对外贸易持续增长。1—5 月，美国货物和服务进出口额累计为 29786 亿美元，同比增长 3.5%，其中出口额增长 3.4%，进口额增长 3.6%，贸易逆差为 3540 亿美元，比上年同期扩大 144 亿美元。分月度看，5 月份进出口总额同比增长 5.4%，为 2023 年 1 月以来最快增速，且连续 4 个月正增长。其中，出口额连续 5 个月正增长，5 月份增长 4.3%；进口额连续 4 个月正增长，5 月份增长 6.2%。贸易逆差扩大，5 月份为 751 亿美元，近 9 个月呈扩大趋势。

二、美国经济增长动能趋弱，潜在风险上升

（一）消费和房地产投资有所降温，经济下行压力增大

受利率高企、居民储蓄减少以及收入增长放缓影响，美国消费和房地产投资对 GDP 的拉动作用减弱。从消费来看，一季度，个人消费支出拉动 GDP 环比折年率 0.98 个百分点，比上年同期回落 1.56 个百分点。消费者信心指数持续回落。7 月份，美国密歇根大学消费者信心指数为 66.0%，连续 4 个月回落，为 2023 年 11 月以来最低水平。从房地产投资来看，5 月份，新房开工许可折年数为 139.9 万套，创 2020 年 6 月以来新低，环比下降 2.8%，连续 3 个月下降；新房实际开工折年数为 127.7 万套，为 2020 年 6 月以来最低，环比下降 5.5%。受消费和房地产投资降温

拖累,美国经济增长动能转弱。英国共识公司预测,下半年美国经济增长将继续放缓,2024 年三季度和四季度美国 GDP 同比增速分别为 2.0%和 1.5%。

(二)通胀仍具黏性,再通胀风险仍存

今年以来,美国通胀水平相比上年同期明显回落,但 CPI 涨幅维持在 3%以上,回落幅度有限,其中核心 CPI 涨幅持续高于全部 CPI,表明美国降通胀难度依然较大。从结构看,住房价格涨幅偏高和医疗保健价格涨幅扩大是制约美国通胀下行的重要因素。6 月份美国住房价格同比上涨 4.4%,高于 CPI1.4 个百分点;医疗保健价格同比上涨 3.3%,今年以来涨幅持续扩大。通胀黏性较强增加企业生产成本,削弱消费者购买能力,拖累经济增长。从下阶段情况看,国际大宗商品市场存在不确定性、美国大选年财政扩张等因素可能引发美国再通胀风险。

(三)政府债务压力上升,金融市场波动风险加大

近年来,为应对疫情冲击,美国实施大规模的财政刺激政策,加之注重通过财政补贴实现其产业政策目标,以达到供应链的去风险化,导致美国财政赤字率大幅攀升,2023 年美国财政赤字率为 6.3%,较 2022 年上升 0.8 个百分点。财政赤字居高和利率高企导致美国政府债务压力攀升。据 IMF4 月份《财政监测报告》显示,2023 年美国一般政府债务占 GDP 的比重为 122.1%,远高于世界和发达国家的平均水平,2024 年将进一步攀升至 123.3%。一季度,美国联邦政府利息支出为 2648 亿美元,占经常性支出总额的 16.1%,为 2001 年三季度以来最高水平。还要看到,今年以来,受经济较快增长、市场预期较好等因素提振,美国股市连创新高。但随着美国经济增长趋缓,企业收益预期下降,降低投资者信心,加之美国大选和美联储政策不确定性仍然较大,美国金融市场波动风险上升。上半年,纳指和标普 500 指数波动幅度超过 20%。

三、美国宏观政策走向及对我国影响

(一)美国政策走向判断

一是财政货币政策趋松。今年以来美国经济增长趋缓、通胀有所回落,加之大选临近,美国财政货币政策转向宽松可能性增长。**从货币政策看,**市场对美联储降息预期升温。7 月 14 日,芝加哥商品交易所“美联储

观察”工具显示，9 月份降息 25 个基点的概率为 88.1%，较 6 月末的 57.9%显著上升。**从财政政策看，**6 月 18 日，美国国会预算办公室指出，由于美国政府对外军事援助、学生贷款减免、医疗补助和存款保险等支出增加，2024 财年，美国联邦政府预算赤字将达到 1.9 万亿美元，较 2 月份预测值上调 27%，较 2023 财年增长 13.0%。此外，大选期间美国两党候选人对于缓解赤字均倾向“开源”而非“节流”，在党派政策倾向支撑下财政政策或继续扩张。

二是产业政策趋严。美国积极推动产业本土化、近岸化、盟友化和去风险化。**对内，**围绕半导体、生物、新能源等新兴产业，相继出台《芯片与科学法案》《国家生物技术和生物制造计划》《通胀削减法案》等政策法案，为产业发展提供资金和技术支持，加大新兴技术群研发投入。**对外，**抢占新兴产业发展制高点，以国家安全为由遏制他国先进技术升级，尤其是加快推进“去中国化”。6 月份美国财政部公布一项草案，意图限制美国实体在半导体、微电子、量子信息技术、人工智能等高科技领域对华投资，旨在打压遏制我国高新技术领域发展。2018 年至今年 4 月份，美国对华发布“实体清单”共计 37 次。面对我国产业升级发展，高新技术领域竞争力不断增强，美国对我产业打压遏制政策将继续加码。

三是贸易政策趋紧。美国对外贸易长期奉行保护主义、单边主义，近年来积极加强与加拿大、墨西哥等盟友间贸易联系，形成并加强以美国为中心的供应链同盟体系，同时大力边缘化中国深度参与的地区贸易体系，企图重构“去中国化”的国际贸易格局。截至 4 月份，美国已将近 800 家中国企业列入出口管制实体清单；5 月份，宣布对中国新能源、医疗、半导体、钢铝等产品加征高额关税。大选背景下，目前美国国会两党在对华问题上已达成共识，制裁及限制措施将进一步趋紧。除直接制裁外，美国已联合墨西哥、欧盟等盟友加大贸易制裁范围及力度。未来美国或将进一步收紧贸易政策，对进口东南亚地区产品发起反倾销和反补贴调查，以打击中国转口贸易。

（二）美国政策对我国的影响

下阶段，美国宏观政策趋于宽松，有利于改善我国贸易投资环境，降低人民币汇率压力，扩大我国货币政策空间，但美国对华产业和贸易政策收紧，将继续对我国贸易投资、产业链供应链以及金融市场等产生负面影响。

一是与美贸易及投资下行压力较大。受美国产业及贸易制裁措施影响,我国与美国贸易和投资交流总体弱化。**从货物贸易看,**1—6 月,我国对美货物出口额累计同比增长 1.5%,拉动我国出口增速仅 0.2 个百分点;我国对美国出口份额降至 14.1%,较 2018 年 19.3%的高点下降 5.2 个百分点,为有记录以来最低。**从跨境投资看,**据美国商务部经济分析局数据,2023 年美国对华新增直接投资额仅为 6.2 亿美元,较制裁起始时 2018 年的 22.9 亿美元明显减少,在美国新增对外投资额中占比不足 1%。

二是产业链供应链风险增大。在美国的持续打压下,**一方面,**我国部分领域依然面临"卡脖子"威胁。目前,我国部分生产环节的核心基础零部件、关键设备和基础材料仍依赖进口,对关键生产环节的掌控力较弱,供给局部受阻、断裂风险较大。**另一方面,**产业链供应链外移趋势加剧。为达到"去风险"目的,美国强化贸易及投资壁垒,调整产业空间布局,半导体、精密制造等高端制造业回流至国内,电子制造、食品、鞋服等中低端制造业转移至东南亚。产业外移将冲击我国产业链供应链的完整性和可控性,若不能尽快在技术、品牌和产品等领域形成国际竞争新优势,将会削弱我国在全球价值链中的话语权和竞争力。

三是国际市场波动对我冲击风险加大。美国财政赤字率、政府债务杠杆率均保持高位,美联储政策转向步伐尚存不确定性,容易引发国际金融市场波动,可能对我国经济和金融稳定造成冲击。还要看到,美联储降息可能引起国际大宗商品价格上涨,我国作为大宗商品重要进口国,对能源、粮食、部分金属进口需求较大,国际大宗商品价格上涨将通过贸易、金融等渠道向国内传导,加大我国重要资源要素价格波动风险。

四、主要政策建议

(一)扩大对外开放,积极拓宽国际市场

合理缩减外资准入负面清单,持续优化外商投资环境,扩大外资市场准入;积极构建面向全球的高标准自贸区网络,对接国际经贸规则,积极打造更大范围、更宽领域、更深层次的对外开放格局;稳住对欧美等发达经济体出口,积极拓展东盟、"一带一路"等新兴市场,不断扩大我国贸易

伙伴网络。

(二)锻长板补短板,提升产业链供应链韧性

加强国际合作,进一步稳固重点资源的海外供应体系,确保重点资源供应安全;优化产业链供应链布局,培育和发展高技术产业和战略性新兴产业,加快传统产业高端化、智能化转型升级;加大基础研发和科技投入,突破关键核心技术和薄弱环节,增强产业链供应链抗风险能力。

(三)加强金融市场监测,维护金融市场稳定

加强外汇市场监管,引导人民币汇率在合理均衡水平上基本稳定;加强跨境资本流动监测和研判,完善宏观审慎和微观监管两位一体管理框架,防止资本异动对我国金融市场造成冲击;加强系统性金融风险监测和评估,引导金融机构审慎、稳健经营。

(四)提高供给保障能力,防范化解供给风险

夯实国内粮食稳产增产、能源市场平稳运行基础,加强关键要素自身供给能力;开辟多元化进口渠道,提升大宗商品供应链韧性;加强大宗商品市场监测,强化风险评估和预警机制,及时应对价格波动,化解供给风险。

(执笔:李婧婧,郝悦,王猛猛,赵宇欣;成文于 2024 年 7 月)

中美经济发展态势比较及应对建议

近年来，中国经济高质量发展取得显著成就，经济总量不断扩大，经济结构持续优化，产业结构转型升级平稳推进，经济发展呈现稳中向好态势，与美国经济差距逐渐收窄。同时，应认识到当前我国经济发展仍面临国内总需求不足、产业升级受限、外部环境恶化等问题，粮食供给和产业链供应链风险犹存，应统筹发展与安全，巩固增强经济回升向好态势，妥善应对外部风险挑战。

一、中美经济发展态势对比

（一）中美经济差距逐渐缩小，中国经济结构持续优化

中国 GDP 占美国 GDP 的比重波动上升。据世界银行数据，2023年，中国 GDP 为 17.8 万亿美元，是美国的 65.0%，较 2012 年上升 12.5 个百分点，其中，2021 年达到 75.5%的历史新高。据 IMF 预测，2024 年中国 GDP 占美国比重为 64.4%，2025 年开始逐步上升，到 2029 年升至 71.1%。

消费对中国经济增长的拉动作用有所增强。2023 年，中国消费、投资、净出口占 GDP 的比重分别为 55.7%、42.1%、2.1%，其中，消费占比较 2012 年上升 4.6 个百分点，投资和净出口占比分别下降 4.0 个和 0.6 个百分点。2023 年，中国 GDP 同比增长 5.2%，其中，消费拉动 4.3 个百分点，高于 2012—2019 年平均水平。**消费是美国经济增长的主要拉动项。**2023 年，美国消费、投资、净出口和政府支出占 GDP 的比重分别为 67.9%、17.7%、-2.9%和 17.3%，其中，消费和政府支出占比较 2012 年分别下降 0.1 个和 2.0 个百分点，投资和净出口占比分别上升 1.6 个和 0.5 个百分点。2023 年，美国 GDP 同比增长 2.5%，其中，消费拉动 1.5

个百分点，低于2012—2019年平均水平。

中国出口规模高于美国，货物出口远高于服务出口。据WTO数据，2023年，中国货物和服务出口总额为3.8万亿美元，占世界出口额的比重为11.9%，较2012年上升2.1个百分点，美国货物和服务出口总额为3.0万亿美元，占世界出口额的比重为9.5%，与2012年基本持平。从出口结构看，2023年中国货物出口额为3.4万亿美元，是美国的1.7倍，占世界货物出口额的比重为14.2%，较2012年上升3.1个百分点，其中服装、家具、家电“老三样”出口优势仍存，电动汽车、锂电池、光伏产品“新三样”增长较快；服务出口额为0.4万亿美元，为美国的38.2%，占世界服务出口额的比重为4.9%，较2012年上升0.4个百分点。

（二）中国产业结构不断升级，但与美国差距仍存

中国农业生产规模高于美国，但农产品出口竞争力和生产效率仍显不足。2023年，中国农业增加值①为1.3万亿美元，是美国的5.1倍，占GDP的比重为7.1%，高于美国的0.9%。中国农产品出口规模较小，贸易逆差较大。据WTO数据，2022年，中国农产品出口额为964亿美元，占全球农产品出口额的比重为4.1%，贸易逆差为1942亿美元。美国农产品出口额为2222亿美元，占全球农产品出口额的比重为9.6%，贸易逆差仅为376亿美元。中国农业生产效率显著低于美国。2022年，中国农业劳动生产率②为7328美元/人，仅为美国的6.1%。

中国制造业规模较大，但高端制造领域与美国差距仍存。2023年，中国制造业增加值为4.7万亿美元，占GDP的比重为26.2%，美国为2.8万亿美元，占GDP的比重为10.3%，中国制造业增加值约为美国的1.7倍。据WTO数据，2022年，中国制造业出口额占全球的比重为21.2%，远高于美国的7.6%。中国在一些高端制造领域发展空间较大。如半导体领域，中国出口产品主要处于附加值较低的下游装备环节，高附加值的集成电路设计和芯片关键组件制造环节与美国存在较大差距。据美国半导体行业协会数据，2022年，美国半导体销售占全球市场份额为48%，中

① 基于中国人民银行发布的美元兑人民币中间价汇率换算得到以美元计价的农业、制造业和服务业增加值。

② 农业劳动生产率为农业增加值除以农业就业人数计算得到。

国为 7%。中国在半导体领域的研发投资不足,2022 年研发支出占销售额的比重为 7.6%,远低于美国的 18.7%。

中国服务业发展较快,但产业附加值和竞争力有待提升。 2023 年,中国服务业增加值为 9.8 万亿美元,占 GDP 的比重为 54.6%,较 2012 年上升 9.1 个百分点。美国为 19.2 万亿美元,占 GDP 的比重为 70.2%,中国服务业增加值仅为美国的 50.9%。中国服务业产业附加值较低。2020 年,中国服务业增加值率①为 50.7%,低于美国的 59.1%,其中,信息业、科学研究和技术服务业增加值率分别为 46.4%和 37.4%,远低于美国的 57.2%和 62.2%。中国资本和知识密集型服务业比较优势不及美国。2022 年,中国服务贸易竞争力指数②为-0.05,低于美国的 0.14。其中,中国知识产权使用费贸易竞争力指数为-0.53,低于美国的 0.41;金融服务贸易竞争力指数为 0.16,低于美国的 0.49。

二、需重点关注的问题

国内需求潜能尚未得到充分释放。一是收入水平较低和收入差距较大制约消费需求增长。 尽管我国拥有市场规模优势,但人均可支配收入相对较低。2023 年中国人均可支配收入③仅为美国的 9.2%。城乡及地区间收入差距较大,抑制全社会消费需求增长。2023 年,城镇居民人均可支配收入为 5.2 万元,农村居民人均可支配收入仅为 2.2 万元,城乡人均可支配收入之比达 2.4,东西部地区人均可支配收入之比达 1.6。根据边际消费倾向递减规律,收入差距较大不利于全社会边际消费的提高,导致全社会消费潜力无法有效释放。**二是企业利润率低和现金流不足阻碍投资增长。** 2024 年 1—7 月,我国民间投资与上年同期持平,为 2013 年以来同期最低水平,民间投资占总投资比重为 51.2%,为 2010 年以来低位。企业利润率有所下滑,投资能力受到制约。1—7 月,我国工业企业

---

① 服务业增加值率为服务业增加值除以服务业总产出计算得到,数据来源于投入产出表。

② 服务贸易竞争力指数为一国服务贸易净出口额占进出口总额的比重,占比越大表明竞争力越强,数据来源于联合国贸发会议。

③ 基于中国人民银行公布的美元兑人民币中间价汇率换算得到以美元计价的中国人均可支配收入。

利润率为5.4%，低于2015—2019年6.1%的平均水平，亏损企业数量达到有记录以来高位；企业利润增长放缓，1—7月工业企业利润同比增长3.6%，较2015—2019年6.8%的平均增速明显放缓。企业资金回流慢，投资效率偏低。1—7月，工业企业应收账款同比增加8.1%，应收账款平均回收期为66.5天，为历史高位。企业应收账款增加、资金回笼慢导致资金压力较大，投资意愿降低。

国际贸易环境复杂严峻。一是地缘冲突和大国博弈加剧。受地缘冲突影响，全球贸易不确定性加大，同时大国间围绕科技及产业的竞争博弈加剧，限制贸易自由往来，推升跨境运输成本，加剧贸易碎片化程度，全球贸易复苏前景不容乐观。据IMF预测，2024年全球货物和服务贸易量同比增长3.1%，低于2010—2019年4.6%的平均水平。**二是贸易限制措施增多。**面对我国产业升级发展，高新技术领域竞争力不断增强，美国联合西方国家加大对我新兴产业打压遏制力度。2018年以来，美国对华发布出口管制实体清单共计30余次，近800家中国企业列入清单，欧盟频繁对来自我国的5G技术引进、光伏产品和电动汽车进口等设置贸易壁垒。据海关总署数据，2024年1—7月，我国高新材料技术产品出口累计同比下降26.8%，连续6个月单月同比降幅超20%，航空航天技术产品出口仅增长3.3%，计算机与通信技术产品、计算机集成制造产品、电子技术产品出口增速均低于2018年贸易摩擦前同期水平。

欧美制造业回流推升产业链供应链风险。近年来，美国倡导重构以自身为主体的供应链体系，欧日效仿美国，巩固自身产业链核心地位，对我国产业链供应链安全构成挑战。**一是部分领域面临"卡脖子"和"断供"风险。**目前，我国部分生产环节的核心基础零部件、关键设备和基础材料仍较为依赖进口，产业自主创新、自主研发能力相对薄弱，对关键生产环节的掌控力偏弱，面临供给局部受阻、断裂风险。**二是我国持续面临产业转移和贸易转移风险。**中美商会调查显示，2023年，79家受访的美国在华技术和研发企业中，约32%已经或考虑将生产采购转移海外。据海关总署数据，2024年1—7月我国对美国出口份额从2018年19.2%的高点下降至14.3%，为有记录以来最低，对欧盟、日本出口份额分别降至7.8%和4.3%，均为历史相对低位。**三是我国在全球价值链中的地位或将受到冲击。**从中长期看，美欧推动产业回流，加大对我国产业打压遏制，我国在参与全球产业链供应链高端生产环节的壁垒增加，在中低端环节面临的竞争更为激烈。若我国不能尽快在技术、品牌、产品等领域形成新竞争优势，在全球价值链中的竞争力将受到削弱。

服务业发展转型升级面临挑战。一是服务业与制造业融合度低。我国服务业对制造业的支撑不足。据亚洲开发银行投入产出表数据，2022年我国制造业中间投入中服务业占比为22.2%，远低于美国的40.8%。同时，我国制造业侧重有形资产投资，无形资产投资偏弱，因此对知识产权、技术研发、专业和商业服务等服务业的需求不足，产业融合度不高。**二是行业准入限制及障碍相对较多。**从服务业对内开放看，目前我国通信、金融、教育等行业准入门槛较高，市场竞争机制作用发挥尚不充分，生产效率偏低。从对外开放看，据OECD数据，2023年我国服务贸易限制指数为0.24，高于美国及全球平均水平。**三是小微企业较多，创新能力不足。**以生产性服务业为例，我国服务业小微企业数量庞大，据全国组织机构统一社会信用代码数据服务中心数据，截至2024年7月末，我国生产性服务业经营主体约3800万家，其中企业、个体工商户、农民专业合作社占比分别为47.2%、52.7%、0.1%，个体工商户占比超过一半。由于服务业小微企业较多，技术人才和研发投入相对偏低，较难形成集群效应和规模效应，导致企业及行业整体创新能力较弱。

粮食安全风险仍存。在全球粮食供需格局更趋复杂背景下，我国作为全球粮食进口大国，面临资源环境的硬性约束和粮食需求的刚性增长，粮食供需紧平衡状态仍将长期存在。据国际贸易中心数据，2023年我国粮食进口额占全球进口额的11.6%，位居世界首位。联合国粮农组织指出，近年来地区冲突、极端天气等不利因素推高全球粮食进口价格，加剧粮食安全风险。

三、政策建议

一是立足国内发展需要，充分释放内需潜力。着力提高居民收入水平，优化收入分配，稳定居民收入预期，完善扩大消费长效机制。加大促消费政策力度，培育打造消费新场景新业态，进一步释放消费潜力。进一步优化营商环境，多措并举支持民营企业高质量发展，加大对民间投资的支持力度，激发民营经济发展活力和社会资本投资活力。

二是扩大对外开放，稳住外贸外资基本盘。 妥善处理经贸摩擦，建立应对贸易保护主义的长效机制，主动对接国际高标准经贸规则，降低贸易限制措施对我国出口的扰动。加强与新兴国家全方位多领域合作，扩大外贸“朋友圈”，深化经贸和投融资合作。推动货物贸易优化升级，创新提升服务贸易，全面实施跨境服务贸易负面清单。持续优化外商投资环境，放宽外资市场准入，保障外商投资企业国民待遇。

三是提高供给保障能力，防范化解供给风险。 夯实国内粮食稳产增产基础，加强关键要素自身供给能力，完善供给保障体系。开辟多元化进口渠道，健全大宗商品海运和物流体系，加快补齐储备设施短板，提升大宗商品供应链韧性。加快推进大宗商品跨境贸易人民币计价结算，加强大宗商品市场监测，强化风险评估和预警机制，及时应对价格波动，化解供给风险。

四是加强关键核心技术攻关，增强产业链供应链韧性。 充分发挥我国超大规模市场优势和新型举国体制优势，加快实施产业基础再造工程和重大技术装备攻关工程，集聚优势资源，尽快补齐短板，促进产业高质量发展，实现高水平自立自强。优化产业链供应链布局，保证产业体系自主可控，提升产业链供应链韧性和安全水平。加强产业链供应链国际合作和协同创新，更好融入国际产业链供应链。

五是放宽服务业准入限制，加快构建优质高效的服务业新体系。 全面实施市场准入负面清单制度，鼓励和引导社会资本参与发展服务业。扩大鼓励外商投资产业目录，合理缩减外资准入负面清单，推动电信、互联网、教育、文化、医疗等领域有序扩大开放。优化服务业内部结构，制定和完善统一的行业标准和服务标准，推进服务业标准化建设，促进产业结构优化升级，满足日益增加的专业化生产性服务业和品质化生活性服务业的需求。

（执笔：李婧婧，郝悦，朱祎，赵宇欣；成文于 2024 年 9 月）

中日通缩比较及政策建议

20世纪90年代资产泡沫破裂后,日本陷入长期通缩,经历了“失去的三十年”。为摆脱通缩和刺激经济增长,日本推行了一系列政策,这些政策在一定程度上缓解了经济长期低迷的困境,但也给日本经济运行带来了弊端。总结日本应对长期通缩举措的经验教训,对于我国应对通胀下行具有一定的借鉴意义。

一、日本应对通缩的举措

(一)经济泡沫破裂及随后“失落的二十年”

1991—1996年,日本央行降低利率,政府多次补充预算。90年代初,日本资产泡沫破灭,资产负债表衰退,地价和股价暴跌,企业大量破产,投资低迷,居民收入缩水,消费倾向降低及金融风险上升。为应对经济衰退,日本央行持续大幅降低利率,贴现率由1991年7月的5.5%降至1995年9月的0.5%;政府进行大规模财政刺激,1993—1995年,日本共进行4次补充预算超11万亿日元,主要用于基础设施建设、住房投资和中小企业等。政策作用下经济有所好转,1996年GDP增速达到3.1%。

1997—2007年,实行零利率和量化宽松政策,大力处理不良债权。1997年,日本遭遇亚洲金融危机冲击,出口下滑,为应对税收收入不足、财政支出激增,同年4月国内提高消费税,导致消费增速转负,进入慢性通缩状态。同时,金融业内部长期存在不良贷款的结构性问题导致银行业危机,经济陷入长期停滞。这一时期,货币政策持续宽松。1999年2月,日本央行将无抵押隔夜拆借利率降至0.15%,随后降至0.03%左右,首次实行零利率政策。2000年经济好转,零利率政策取消,但由于美国互联网泡沫破裂冲击日本出口,且国内通胀仍未改善,2001年3月,日本央行再度启用零利率政策，首次实行量化宽松政策压低长期利率。推进结构性改革。这一时期日本大力推进结构性改革，通过处理不良债权增强企业活力，包括加强财政整顿，制定“金融再生计划”，建立产业再生机构等。在改革作用下经济景气逐渐好转，GDP、消费、投资均有回升，2006年银行不良贷款率从2001年的8.4%下降到1.8%。

2008—2012年，日本采用全面货币宽松政策，进行多轮财政刺激。全球金融危机使日本经济遭受重创，经济增速和通胀水平大幅回落。货币政策由量化宽松进入全面宽松。2008年10月，日本央行下调贴现率至0.5%，下调政策目标利率至0.3%，2008年12月再度施行零利率，并提高国债购买规模。2010年10月，推行全面宽松政策。多轮财政刺激应对次贷危机。2008—2009年，先后实施四轮经济刺激计划，总规模超130万亿日元，主要用于减税、促进就业和消费及帮助中小企业解决资金短缺问题等。但此轮刺激政策并未带来经济、资产价格和物价的实质性回暖。

（二）“安倍经济学”及“后安倍时代”

2012年底，安倍晋三启动一揽子经济刺激政策，包括宽松的货币政策、灵活的财政政策及促进增长的结构性改革。

一是采取量化质化宽松、负利率政策以及收益率曲线控制的宽松货币政策。2013年4月，日本央行推出量化质化宽松政策，将金融市场调控中介目标从无担保隔夜拆借利率调整为基础货币，并延长央行资产购买期限、丰富项目种类；2016年1月，进一步推出负利率政策，对金融机构新增超额准备金实施-0.1%的利率；2016年9月，引入国债收益率曲线控制，承诺持续购买10年期国债，直至收益率保持在零附近，并持续扩大基础货币供应量，直至实现2%的通胀目标。

二是灵活的财政政策，主要表现在调整财政收支结构。从支出端来看，2013—2019年，先后实施4轮经济刺激计划，总规模超92万亿日元，主要用于2011年大地震后重建支出、应对少子高龄化的社保支出以及政府偿债支出。从收入端来看，安倍经济时期日本财政收入主要来源于国债发行与税收，其中政府发债收入占总收入的比重持续高于30%，同时2014年将企业所得税税率从38%下调至35.6%，为弥补财政收入不足，将消费税率从2014年的5%上调至2019年的10%。

三是结构性改革。2013—2016 年实施结构性改革,内容包括支持中小企业、鼓励科技创新、扶持农林水产业、扶持年轻人就业与人才培养、支持防灾减灾及灾后重建和改善劳资关系与收入等 14 个方面的政策。

安倍经济政策取得了一定效果,2013 年开始日本经济持续温和回升,国内股指和土地价格触底反弹,劳动力市场、对外贸易等出现明显改善。

2020 年至今,岸田文雄基本沿用了安倍的经济政策框架,货币政策上,维持现有收益率曲线控制下的量化质化宽松政策框架不变,持续扩大风险资产的购买规模;财政政策上,为应对疫情冲击,2020 年共出台三轮经济刺激计划,总规模超 220 万亿日元,为史上最大规模。2022 年以来,随着地缘冲突等加剧全球大宗商品价格上涨,日本通胀水平明显上升,2023 年 CPI 同比涨幅升至 3. 2%,经济增速达 1. 7%。

二、日本应对通缩举措的利弊

(一)日本应对通缩举措取得的成果

一系列宽松政策在短期内有效地刺激了日本的经济发展,推动日本经济温和复苏,但效果仍不及预期。

一是避免了经济的大幅衰退。90 年代初,日本经济增速大幅下滑,通过一系列举措,2002 年日本经济增速逐渐回升,2002 年三季度实现了正增长,避免了大幅衰退。金融危机期间,日本经济受到较大冲击,2009 年一季度经济增速达到-9. 0%的低点。2010 年实施全面宽松政策以来,日本经济重新回归温和复苏。2012—2023 年,除疫情期间增速大幅回落外,日本经济基本保持正增长,但此期间日本 GDP 年均增长率仅有 0. 8%。

二是一定程度上缓解了日本长期通缩的状况。2003—2007 年,CPI 同比涨幅在零附近小幅波动。2013 年以来,CPI 同比涨幅有所扩大。2014 年 5 月达到了 3. 7%的相对高位,但此后波动回落,表明在此期间通胀虽有所回升,但稳定性较差。2016 年收益率曲线控制实施以来,CPI 同比涨幅持续位于零以上。2022 年,在大宗商品价格暴涨等因素推动下,日本通胀开始大幅回升,2022 年 4 月以来 CPI 同比涨幅持续高于 2%。

三是劳动力市场有所改善。在日本宽松政策的刺激下，长期低利率在一定程度上推动了日本企业的复苏，企业收益上升，用人需求增加，日本失业率有所下降。自 2010 年日本采取全面货币宽松政策以来，失业率持续处于下行通道。

四是资产价格有所回暖。超宽松的货币政策为日本股市流动性提供支撑，同时在日本央行和外资持续买入及上市公司治理改革等举措的支持下，日本股市有所上涨。2013—2023 年间，日经 225 股指年内最高涨幅超 66%。

（二）日本应对通缩举措的弊端

一是央行购买国债导致金融市场定价扭曲。一方面，日本央行为了实行收益率政策控制，当利率触发区间上限时，会按照利率上限进行固定利率无限量操作，而此时日本央行购买的利率普遍低于市场利率，导致日本金融市场定价扭曲，8 年期和 9 年期的国债收益率也时常高于 10 年期国债收益率。另一方面，随着 2022 年美欧开启加息周期，美债利率快速上行，受货币政策限制，日本 10 年期国债收益率上行幅度较小，与 15 年期和 20 年期等不直接受日本央行政策控制的国债利差有所扩大。

二是财政支出增加推升政府债务压力。日本以极度宽松的货币政策来配合财政扩张，导致政府债务率持续攀升。2020 年，日本一般政府债务占 GDP 的比重为 258.3%，较 1990 年的 69.4%大幅攀升，而 2020 年美国和英国仅有 132.0%和 105.8%。2024 年 3 月 19 日，日本央行宣布退出负利率政策，并在 7 月 31 日将政策目标利率上调至 0.25%，若未来利率上行，将进一步加大政府部门的债务压力。

三是日元大幅贬值加大资本外流。长期低利率环境使美日利差持续扩大，导致日元兑美元贬值，资本外流加大。2023 年末，美日十年期国债利差为 326 个基点，较 2020 年末扩大了 236 个基点。特别是 2022 年美国进入加息周期以后，日元持续贬值。2023 年末，日元兑美元较上年末贬值 6.5%。资本外流增加，2023 年资本账户余额平均赤字为 333.4 亿日元，较上年扩大 238.1 亿日元。

四是不利于银行资产负债修复。一方面，长期负利率以及收益率曲线控制等货币政策导致日本商业银行存贷息差收窄，降低商业银行的盈利能力。2023 年末，日本银行贷款的平均合同利率与定期存款平均利率之差仅为0.72%，较2012年末的1.25%大幅下降。另一方面，低利率环境使日本金融市场的各类利差普遍收窄，银行投资收益下降。

五是滞胀风险有所上升。2021年以来，日本GDP同比增速持续回落，2024年前两个季度均为负增长，而环比增速也于零附近波动，表明日本经济增长出现放缓迹象。同时日本物价水平大幅上升，在一定程度上加大滞胀风险。

三、中国目前情况与日本当年的比较

（一）中国目前情况与日本当年的相似点

一是物价走势低迷。日本在20世纪90年代初经历了物价走弱并持续低位徘徊。1994—2020年，尽管日本政府不断出台政策以提高通胀水平，但CPI同比涨幅基本在零附近徘徊。2020年以来，中国物价水平持续下行，2020年11月CPI同比下跌0.5%，为2009年以来首次负增长，2023年2月以来持续低于1%。

二是房地产价格下行。随着股市崩盘、房地产资金链断裂，1991—2009年，日本地产市场持续处于下行周期，2009年末，日本实际房价指数较1991年末下跌42.1%。2020年以来，疫情冲击叠加“三道红线”紧缩性政策的实施，中国房地产行业也进入下行周期。2022年4月以来，70个大中城市新建商品住宅销售价格指数持续下降，2024年7月同比降幅扩大至5.3%。

三是人口老龄化问题显现。日本自20世纪70年代初开始步入老龄化社会。2000年，日本65岁及以上的老年人口占总人口的比例已经超过17%，此后进一步上升，2020年达到了28.6%。2023年，中国65岁及以上人口为2.17亿人，占比15.4%，已处于中度人口老龄化阶段。

（二）中国目前情况与日本当年的不同点

一是中日所处的经济发展阶段不同，中国经济仍有较大的增长潜力。20世纪70年代，日本就已经步入发达国家行列，1992年日本人均GDP已突破3万美元，而中国2023年人均GDP仅为1.3万美元，目前正处于经济增速换挡期，经济高质量发展持续推进，产业转型升级成果显著，仍有较大发展空间。

二是中国消费增长仍具潜力。2023年，中国居民最终消费支出占

GDP 的比重为 39.0%,日本私人消费支出占 GDP 的比重为 54.4%。随着扩内需、促消费各项政策措施落地显效,居民消费信心逐步恢复,消费需求加快释放,以绿色消费、健康消费等为代表的新型消费规模持续壮大,未来中国消费仍有较大增长潜力。

三是中国房地产市场发展空间仍存。一方面,随着中国城镇化进程的持续推进,农村人口涌入城镇,创造了大量的购房需求。20 世纪 90 年代,日本的城镇化率已超 77%,2020 年达到 91.8%。2023 年,中国城镇化率为 66.2%,据联合国预测,2030 年将达到 70.6%,2050 年将进一步上升至 80.0%。另一方面,中国居民储蓄率更高,潜在购买力更强。2022 年,中国国内总储蓄占 GDP 的比重为 46.6%,显著高于日本的 22.8%,随着对于房地产市场的预期逐步修复,较强的购买力将会成为支撑住房需求的重要基础。

四、对我国的启示和建议

一是财政政策与货币政策应协同配合,共同发力。日本货币政策在 1991 年后整体趋于宽松,但认知的迟缓和财政的摇摆,使得货币当局难以独自对抗经济泡沫破灭后的通缩局面。因此在面对通货紧缩时,财政宽松和货币宽松的结合更为有效。这启示我们应该采用多管齐下的策略,通过货币、财政和改革措施共同促进经济增长和价格稳定,探索财政与货币相结合的政策路径。

二是推动结构性改革。日本应对通缩的政策重心倾向于“量化质化宽松货币政策+灵活财政政策”,在结构性改革方面着力不多,也未取得明显进展。我国经济面临“三重压力”以及人口老龄化、产业升级、贫富差距等中长期结构性问题,需要实施系统性政策措施解决。

三是强化金融市场的监管。资产泡沫破裂后,日本政府担心引起道德风险,政策后知后觉,导致金融风险蔓延,最终演变成银行业危机。因此,我国在推动金融市场创新的同时,应加强监管,防范系统性风险,确保金融稳定;加强对房地产市场和股票市场的监控,及时调整政策;提升金融系统的透明度,增强金融机构的风险管理能力。

四是汇率与出口并非单向因果关系,应着力提升我国出口竞争力。例如 2016 年日元持续贬值,但日本的出口增速却开始回落,说明与汇率相比，海外经济体的基本面表现以及本国出口部门的竞争力可能才是决定出口的主要因素。因此，在全球经济增长前景承压、全球供应链加速调整的背景下，不能过度依赖于人民币汇率贬值来刺激出口增长。应着力化解外部风险，提升出口产品质量，增强对外贸易竞争力。

（执笔：李婧婧，王猛猛，赵宇欣；成文于 2024 年 9 月）

全球粮食价格波动对我影响的初步分析

从历史看，国际粮价呈现周期性变化，表现为长短周期交替，周期整体波动幅度逐渐加大，周期内快涨慢降。随着我国与世界经济贸易联系加深，总体看我国粮食价格与国际粮价呈现相似周期性，国际粮价波动对我国粮食进口、生产、消费和期货市场价格均产生一定影响，对此应予以关注。面对国际粮价周期性波动，应适时把握调控时机和政策力度，稳定粮食生产、进口，促进国内粮价平稳，保障经济社会发展大局。

一、全球粮食价格呈现周期性波动特征

根据刘易斯相关周期理论，按照阶段性价格高点划分，1960 年至今国际粮价经历六轮周期。**第一轮周期为 1974—1981 年，**国际粮食价格指数(2010 年=100)由 88.7 跌至 1977 年的 44.4，下跌 50%，而后涨至 1981 年的 83.8，上涨 89%。此轮价格上涨主要受宽松货币政策、油价上涨以及极端天气所致。1976—1978 年全球宽松货币政策环境下，资本流入粮食市场炒作，1978 年底伊斯兰革命运动爆发，伊朗停止原油出口，油价上涨抬升粮食价格，同时极端气候导致全球小麦等粮食作物减产。**第二轮为 1981—1989 年，**国际粮食价格指数由 83.8 下跌 55%至 1986 年的 37.8，而后涨至 1989 年的 66.9，上涨 77%；此轮价格上涨主要由于灾害天气导致粮食主产国减产，世界粮食库存连续三年下降，苏联、东欧等部分经济体大规模采购粮食，市场供需失衡加剧。**第三轮为 1989—1996 年，**国际粮食价格指数由 66.9 下跌 29%至 1993 年的 47.6，随后上涨 106%至 1996 年的 98.2。此轮价格上涨主要源于粮食减产和需求反弹导致供需失衡。1995 年 WTO 成员实施《农业协议》削减粮食出口补贴导致全球粮食减产，加之海湾战争后全球经济复苏，粮食需求增加，全球粮食

供求不均衡问题凸显。**第四轮为 1996—2008 年**，国际粮食价格指数由 98.2 跌至 2000 年的 42.1，下跌 57%，而后涨至 2008 年的 156.6，大幅上涨 272%。此轮价格上涨受种粮成本上升、原油价格上涨和宽松货币政策影响。国际化肥价格上涨推升粮食种植成本，粮食主产国纷纷减产，原油价格大涨引发小麦、玉米等生物燃料需求增加，2003—2008 年发达经济体实施宽松货币政策，过剩流动性涌入粮食期货市场，抬升粮价。**第五轮为 2008—2012 年**，国际粮食价格指数由 156.6 跌至 2010 年的 82.0，下跌 48%，而后涨至 2012 年的 153.7，上涨 87%。此轮价格上涨主要受洪涝、干旱等自然灾害导致全球粮食大面积减产，部分国家限制粮食出口，粮食供给短缺加剧的影响。2008 年金融危机爆发后，主要经济体实施量化宽松政策，资本利用粮食减产大肆炒作，推高粮价。**第六轮为 2012—2022 年**，国际粮食价格指数由 153.7 跌至 2016 年的 74.7，下跌 51%，而后涨至 2022 年的 169.0，上涨 126%。此轮价格上涨由于极端天气和疫情冲击导致全球粮食减产、粮食供应链中断，中东、俄乌等地缘冲突引发粮食出口限制，加剧供给紧张，同时为应对疫情冲击和恢复经济，多国采取宽松货币政策，推升大宗商品价格。

国际粮价周期波动呈现以下特征：**一是周期波动呈长短交替特点**，回顾过去 60 年全球粮食价格指数，六轮周期时间跨度分别约为 7、8、7、12、4 和 10 年，全球粮食价格以长周期为主，呈现长短交替态势。**二是周期波动幅度逐渐加大**，六轮主要周期整体标准差分别为 11.2、11.3、9.7、18.4、22.3 和 23.2，标准差整体呈上升态势，表明全球粮食价格波动剧烈，稳定性逐渐降低。**三是周期内呈现快涨慢降**，从时长看，六轮周期收缩时长普遍长于扩张时长；从变化幅度看，六轮周期平均涨幅为 126%，平均跌幅为 48%，国际粮价周期内呈现迅速上涨，缓慢下跌，平均扩张程度大于平均收缩程度。**四是引发全球粮价波动的原因较为集中**，主要包括自然灾害、地缘冲突、贸易政策等不确定因素导致粮食减产、流通受阻、需求激增，原油价格上涨引发粮食作为生物燃料的需求增加，宽松货币政策下粮价的投机炒作。

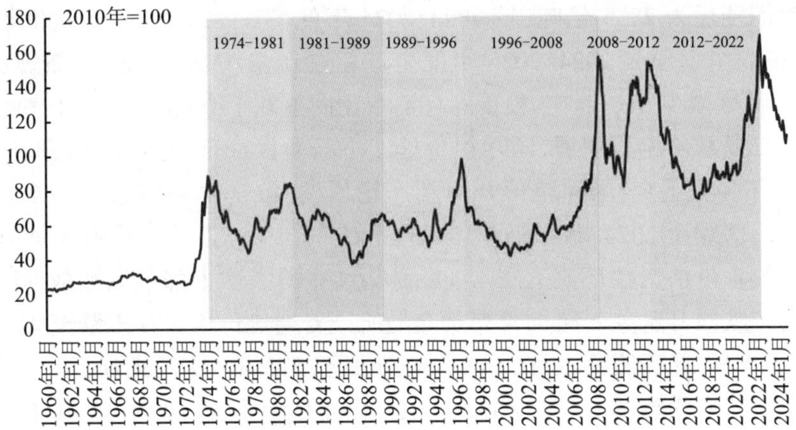

图 1　国际粮食价格指数

数据来源:世界银行。

表　国际粮食价格周期划分

周期	阶段起点	阶段终点	整体趋势	时长	涨跌幅	标准差
第一轮周期	1974 年 2 月	1977 年 8 月	下跌	42 个月	-50%	12. 8
	1977 年 8 月	1981 年 1 月	上涨	41 个月	+89%	9. 9
第二轮周期	1981 年 1 月	1986 年 9 月	下跌	68 个月	-55%	10. 6
	1986 年 9 月	1989 年 5 月	上涨	32 个月	+77%	10. 1
第三轮周期	1989 年 5 月	1993 年 6 月	下跌	49 个月	-29%	4. 1
	1993 年 6 月	1996 年 5 月	上涨	35 个月	+106%	13. 1
第四轮周期	1996 年 5 月	2000 年 8 月	下跌	51 个月	-57%	12. 7
	2000 年 8 月	2008 年 4 月	上涨	92 个月	+272%	20. 9
第五轮周期	2008 年 4 月	2010 年 6 月	下跌	26 个月	-48%	22. 3
	2010 年 6 月	2012 年 8 月	上涨	26 个月	+87%	17. 5
第六轮周期	2012 年 8 月	2016 年 12 月	下跌	52 个月	-51%	24. 7
	2016 年 12 月	2022 年 5 月	上涨	65 个月	+126%	21. 9

数据来源:世界银行。

从近期情况看,国际粮食价格将进入上升周期。

一是从供需基本面看,需求回升叠加供给走弱将令全球粮食供求缺口加大。从需求端看,10 月份联合国粮农组织预测 2024/2025 年度全球粮食消费量为28.6亿吨,较2023/2024年度增长1250万吨。从供给端看,粮农组织预测2024/2025年度全球粮食产量为28.5亿吨,较2023/2024年度减少310万吨,粮食库存消费比回落0.1个百分点至30.6%。

二是从价格周期看,国际粮价处于下行阶段底部,近期现回升迹象。2022年5月至今,国际粮价开启新一轮周期,粮食价格指数由169.0的高点震荡跌至2024年8月的106.3,下跌37.1%。近期价格有所回升,9月份粮食价格指数环比上涨4.5%,为近4个月首次上涨。高频数据同样呈现止跌回升迹象。芝加哥期货交易所小麦期货价格8月末跌至497美分/蒲式耳,此后震荡上涨,10月30日涨至573美分/蒲式耳;玉米期货价格8月末跌至362美分/蒲式耳,而后震荡上涨至10月30日412美分/蒲式耳;大豆期货价格8月中旬跌至938美分/蒲式耳,随后连续多周反弹,10月份以来在960—1060美分/蒲式耳区间波动。

三是从流通环节看,地缘冲突通过阻碍物流运输、刺激短期需求影响粮食价格。今年以来俄乌冲突胶着,中东地区冲突与对峙升级,对粮食供需扰动加大。此外,国际粮价与原油价格高度相关,地缘冲突加剧推动油价上行,通过粮食"能源化"间接推高粮价。目前植物油价格已先于粮价上涨,9月份椰子油、棕榈仁油价格较年初涨幅超50%,菜籽油、葵花籽油价格涨幅超10%。

四是从政策环境看,9月以来美联储引导全球货币政策转向宽松,欧元区、韩国、印尼等开启降息的经济体明显增多,宽松货币政策环境下大量资本涌入大宗商品市场,推动粮价筑底回升。

二、国际粮食价格波动对我国主要影响

(一)国内部分粮食价格受国际影响较大

我国作为全球粮食生产和消费大国,粮食产量、消费量约占全球的1/5,同时,我国也是全球粮食进口大国,国际粮价对我国部分农产品价格影响较大。国内与国际粮价波动整体具有相似性,国内粮食价格同样经历了1996—2008年、2008—2012年、2012—2022年三轮周期,但整体波动幅度小于国际粮价。稻米和小麦是我国两大口粮作物,自给率达97%以上,2023年在全球进口所占份额仅为4.2%和6.6%,进口依赖度低,定价较为独立,与国际价格相关系数在0.5左右。玉米尽管自给率较高,但

为满足国内养殖业和加工业高品质需求，在全球进口份额为 14.8%，位居第一；大豆自给率不足 20%，在全球进口份额高达 61.2%，位居第一，两者与国际价格相关系数在 0.7 左右，易受国际价格波动影响。

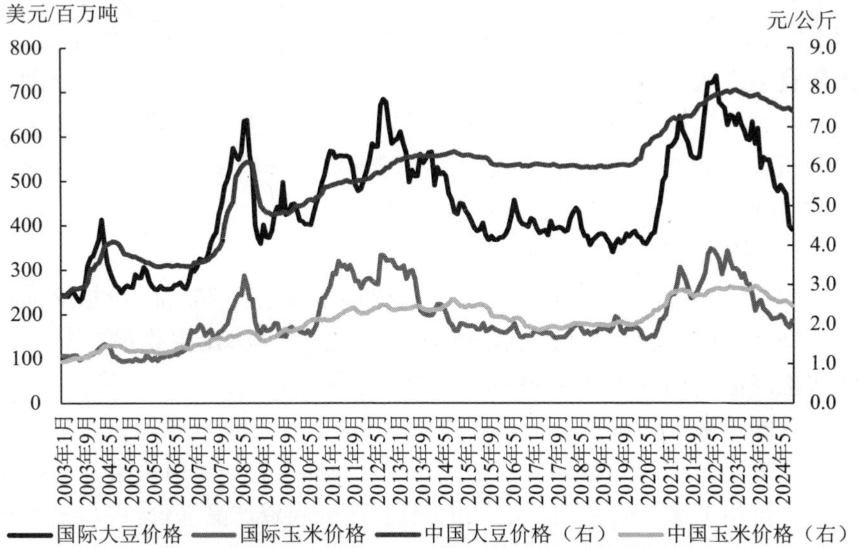

图 2　国际大豆、玉米价格与中国大豆、玉米价格走势

数据来源：世界银行、国家统计局。

（二）我国粮食进口成本受国际粮价波动影响较大

我国作为粮食进口大国，进口来源地较为集中，玉米、大豆等进口依赖度较高。2023 年我国从巴西、美国进口大豆占我国大豆进口总量比重为 94.7%，从巴西、美国、乌克兰进口玉米占进口总量的 93.9%，从澳大利亚、加拿大进口小麦占进口总量的 79.9%，从泰国、越南进口稻米占进口总量的 53.8%。当国际粮价上涨时，我国粮食进口成本被动抬高，进口负担加大。同时还易引发其他国家通过限制贸易往来等手段防范国际粮价波动对本国粮食安全可能造成的冲击，干预政策将加剧国际粮价波动，甚至形成“上涨—干预—上涨”的恶性循环，增大我国粮食进口成本。例如，国际粮食价格第五轮周期的上涨阶段，我国粮食进口单价由 2010 年 6 月的 399 美元/吨的低点升至 2012 年 12 月的 597 美元/吨，创 2008 年以来最高，上涨 49.5%。

(三)对农业生产造成一定影响

当国际粮价下跌时,若国际国内粮价形成倒挂,低价进口粮挤压国内粮食市场空间,给国内粮食生产带来不利影响。当国际粮价推动国内粮价下跌时,若粮价低于平均种粮成本,将会打击粮食生产积极性,导致供应下降,造成"谷贱伤农"。例如,2012 年 8 月以来国际粮价持续下行,国内粮食生产成本高企,2015 年我国每吨国产玉米、稻米、小麦价格分别较同品种进口完税价高出 750 元、900 元和 500 元左右,玉米价差一度超过 1000 元。国内外粮价严重倒挂导致我国粮食市场购销低迷,企业库存高企,农民收益大幅下降,生产积极性下滑。

(四)影响国内居民生活消费

当国际粮价推动国内粮价上涨时,粮食作为生活必需品,价格上涨将增加城乡居民特别是低收入居民的生活负担,造成"米贵伤民"。同时,还将推高国内饲料养殖禽畜成本,加大禽畜产品供给压力。例如,2022 年 5 月国际粮价处于第六轮周期的最高点,国内玉米、豆粕饲料价格涨至疫情以来高位,育肥猪配合饲料价格涨至 2009 年有记录以来最高。若任由粮食价格上涨,还易引起种子、化肥、农药等农资产品涨价,提高农业经营成本,引起成本推动型的价格上行。

(五)加剧粮食期货市场波动

粮食作为大宗商品同样具有资本品属性,其价格周期波动易形成预期,引发市场投机性炒作,加剧粮食价格波动。例如,2022 年国际粮价周期性上涨期间,芝加哥期货交易所大豆、玉米非商业多头持仓分别于 2022 年 2 月和 2022 年 5 月升至近一年新高,金融市场看涨情绪升温。在市场投机情绪影响下,国内期货市场同频上涨,2022 年 5 月我国玉米期货持仓量升至 2021 年以来高位,大豆期货持仓量升至年内新高。

三、政策建议

国内粮食定价主要以市场供需为主,政策协调为辅,国际粮价波动对我国影响有限,但要看到,我国粮食供求紧平衡态势将长期存在,国际粮食价格周期性波动对我影响应予以关注。应适时把握调控的时机和政策力度,消减国际粮食价格周期性波动对我影响,有效保障国家发展大局。

一是夯实粮食国内供给能力。深入实施国家粮食安全战略,加强衔接配合和技术集成创新,着力推进稳政策、稳面积、稳产量,健全激励性利益补偿机制,提高主产区和农民种粮积极性,强化粮食生产能力建设,确保谷物基本自给、口粮绝对安全;压实责任和强化扶持两手发力,加大产粮大县支持力度,调动地方抓粮积极性,形成支持粮食产能提升的工作合力。

二是健全粮食储备流通体系。完善中央储备粮结构布局,加强重要农产品市场调控和仓储物流设施建设,畅通跨省粮食物流骨干通道,健全应急加工配送体系,提升粮食等重要农产品收储调控能力。

三是加强国际合作保障粮食进口安全。优化我国粮食对外合作区域布局,拓展与"一带一路"共建国家的粮食合作,拓展与中东欧、中亚和非洲等大豆潜在产区的合作,加强与南美、独联体等区域玉米合作。

四是加强国际粮食价格监测分析预警。加强对国际粮食市场供需及价格走势的监测和分析研判,用好粮食进口关税配额管理政策,合理把握大豆及粮食进口节奏和力度,减少国际市场对我国粮食进口的炒作,做好监测预警。

五是推进国际粮价定价权能力建设。发展人民币标价的粮食期货,增强大宗商品议价权,完善交易规则制度,加强基础设施建设,提高我国粮食期货市场的国际影响力,加大对国际投资者吸引力度;强化粮油期现货市场监管,维护市场秩序。

(执笔:郝悦,王猛猛;成文于2024年11月)

美国新一轮301关税对我国影响初步分析

5月22日，美国贸易代表办公室（Office of the United States Trade Representative，USTR）公布了对华新一轮301[①]关税的草拟细则，将此前公布的拟加征关税的产品大类进一步细化到具体的产品名称及海关编号。其中，钢铝、电动汽车和电动汽车锂电池等产品的加征关税将在8月1日生效，对半导体加征的关税于2025年1月1日生效，对天然石墨、永久磁铁等加征的关税于2026年1月1日生效。从短期来看，本轮301关税对我国的实际影响有限。从中长期来看，新关税对我国锂电池、钢铝制品以及医疗产品行业的影响值得关注。

一、新一轮301关税的特点

USTR在2022年开始重新审查特朗普执政时期的301关税行动，并于近日发布报告。该报告认为，上一轮301关税行动使得中国持续采取技术转移行动和政策，使中国的光伏产品、锂电池和电动汽车的全球出口量大幅增长并逐渐占据全球主导地位，对美国经济造成较大压力。

本轮301关税更有针对性，旨在遏制我国先进技术的发展，同时特别考虑加强美国自身供应链的安全和国家安全。具体来看有如下几个特点（详见附表）：

第一，本轮加征关税的幅度更高。特朗普任期内对我国四轮加征关税，税率最高不超过25%，而本轮加征关税中，已被加征25%关税的太阳能电池、半导体，税率提高到50%，电动汽车关税税率更是增长三倍，达到100%，注射器及针头等税率直接从0%提高至50%。

① 美国《1974年贸易法》第301条的俗称。

第二，本轮加征关税的规模较小。特朗普任期内四轮加征关税规模分别为340亿美元、160亿美元、2000亿美元和1200亿美元，本轮加征关税规模仅为180亿美元，占2023年我国对美出口总额的3.6%，占2023年我国总出口额的0.5%。

第三，本轮加征关税涉及上游原材料行业。前四轮征税对象涉及机械设备、电机及电气设备、精密仪器、汽车零部件等产品，主要是中下游产成品。本轮对天然石墨、永磁体及其他关键矿产征收25%的关税，其中，对其他关键矿产从2024年开始征税，对天然石墨、永磁体从2026年开始征税。

二、新一轮301关税对我国的影响

拜登政府临近2024年美国大选推出审查结果并提高关税，一方面是为大选造势，另一方面则是进一步打压我国新兴产业。新关税对我国的影响主要有：

第一，新关税对电动汽车、太阳能电池、半导体影响较小。从电动汽车来看，乘联会数据显示，2023年我国出口到美国的新能源乘用车总量为1.86万辆，仅占我国新能源汽车出口总量的0.4%。虽然美国对我国电动汽车的关税提高到100%，但实际影响不大。从光伏产业来看，在美国反倾销、反补贴以及201保障措施关税等各种关税的压制下，2023年我国太阳能电池对美国出口额仅占总出口额的0.51%。我国光伏企业已在东南亚布局，目前已经基本形成完整的海外光伏产业链，此次加征关税影响较小。从半导体来看，在美国多重禁令的限制下，包括限制先进工艺代工、光刻机许可、EDA管控、GPU出口限制等，2023年我国出口到美国的半导体仅占出口总额的4.63%，此次加征关税的影响较小。

第二，新关税对锂电池、钢铝制品和医疗产品影响较大。从锂电池来看，美国是我国锂电池出口的第一大市场，根据化学与物理电源行业协会数据显示，2023年我国对美国的锂电池出口额高达135.49亿美元，同比增长33.94%，占我国锂电池出口总额的20.8%。此前，美国《通胀削减法案》已经规定了非常严格的电动汽车税收抵免条件，旨在将我国从北美的电动汽车供应链中剥离出去。此次加征关税将推动美国及其合作伙伴国家电池制造业的进一步增长。失去美国市场可能导致我国电池进一步降价，并加剧我国电池出口商的竞争。从钢铝产业来看，根据海关总署数据，2023 年我国向美国出口钢铁及钢铁制品 139.27 亿美元，约占我国钢材出口总量的 8.38%，2023 年我国向美国出口铝及铝制品 37.9 亿美元，占出口数量的 10.86%。此次加征关税，对我国钢铝产品的出口需求形成压制。从医疗产品来看，美国是我国医用手套、口罩、注射器和针头等医疗产品的主要出口国，此次征收关税显示出美国试图减少对我国的医疗产品依赖。

三、下阶段关注的主要问题

新一轮 301 关税对我国的实际影响相对有限，但美国加征新关税显示出其持续推进“对华脱钩”，后续还要关注美国的进一步措施。

第一，美国后续可能会采取进一步的贸易限制措施。美国正试图严格审查我国在墨西哥和韩国等美国自由贸易协定伙伴的投资交易并加征关税。在光伏产品方面，2024 年 4 月，美国一些太阳能制造商已向美方提交了一份新的反倾销和反补贴税申请，要求对柬埔寨、马来西亚、泰国和越南制造的太阳能电池和电池板进行调查，未来可能将进一步影响我国在东南亚设厂的光伏企业；在半导体方面，美国商务部目前正在研究一项行业调查的结果，可能会对含有我国产芯片的零部件实施 232 条款关税[①]。该措施一旦实施，会提高我国芯片产品的成本，减少我国芯片的出口，对我国芯片产业产生较大影响；在钢铝方面，美国白宫在 4 月 17 日的公告中提到，美国正在与墨西哥合作，防止我国及其他国家的钢铝产品通过间接途径进入美国市场，从而规避 232 或 301 关税，这会对我国钢铝出口产生进一步影响。

第二，美国在国际上继续炒作“产能过剩论”，影响欧盟与其他国家一起来限制我国新兴产业的发展。近日，美国财政部长耶伦在 G7 财长会上呼吁美欧以“战略和团结的方式”，来应对中国所谓的“产能过剩”，并敦促欧盟采取“紧急干预措施”，遏制中国日益增长的“低成本”绿色技

① 消息来源为荣鼎咨询（Rhodium Group）。“232 条款”是指美国 1962 年《贸易扩展法》第 232 条款涉及的内容，条款的核心内容是，以所谓的国家安全为由，对包括我国在内的多个国家和地区，出口到美国的钢铁产品加征 25%的关税。

术出口。欧盟委员会主席冯德莱恩也强烈暗示，欧盟在完成对我国电动汽车行业“反补贴”调查后，将加入美国制裁中国的行列，对我国出口的电动汽车征收关税。

附表：

美国本轮加征 301 关税所涉及产品税率、规模及占比

产品名称	当前税率	拟征税率	拟征税时间	美国从中国进口规模（亿美元），2023 年	占美国总进口的份额	占中国总出口的份额
电动汽车	25%	100%	2024 年	3.68	2%	0.4%
电池零部件（非锂离子电池）	7.5%	25%	2024 年	6	7%	30.1%
锂离子电动车电池	7.5%	25%	2024 年	650.07	65%	20.8%
锂离子非电动车电池	7.5%	25%	2026 年		72%	
天然石墨	0%	25%	2026 年	0.6	70%	18.7%
永久磁铁	0%	25%	2026 年	6.34	80%	13.2%
船岸桥起重机	0%	25%	2024 年	4.42	41%	12.43%
半导体	25%	50%	2025 年	6.51	6%	4.63%
太阳能电池	25%	50%	2024 年	2.61	0.06%	0.51%
医用手套	7.5%	25%	2026 年	10.13	25%	29.8%
注射器和针头	0%	50%	2024 年	8.25	10%	21.7%
口罩	0—7.5%	25%	2024 年	28.2	68%	38.1%
铝及铝制品	0—7.5%	25%	2024 年	37.9	2%	10.86%
钢铁及钢铁制品	0—7.5%	25%	2024 年	139.27		8.38%

数据来源：美国白宫官网，海关总署，中信建投，兴业证券、荣鼎咨询。

（执笔：朱原则；成文于 2024 年 6 月）

简析美国劳工统计局如何调整新增非农就业人数

今年以来,美国劳工统计局大幅下调新增非农就业人数,引发广泛关注。劳工统计局采用月度企业调查(CES)和季度就业和薪资普查(QCEW)统计就业人数(CES 与 QCEW 对比分析详见附表)。月初发布上月 CES 新增非农就业人数,同时对此前两个月发布的 CES 数据进行修订,每年 2 月份根据 QCEW 数据对上一财年的 CES 数据进行年度基准修订。今年上半年,各月 CES 数据(除 3 月份外)均有所下调,1—6 月累计新增非农就业人数由 158.4 万人下调至 130.5 万人,累计下调 27.9 万人,为 2020 年以来同期最大下调幅度。8 月 21 日,劳工统计局发布 2024 年一季度就业和薪资普查报告显示,在 2023 年 4 月至 2024 年 3 月统计周期内,QCEW 新增非农就业人数较 CES 数据减少 81.8 万人,由 290.0 万人下调至 208.2 万人,为 2009 年以来最大下调幅度。但此次发布的 QCEW 数据为初值,2025 年 2 月将发布终值,届时将对 2023 年 4 月至 2024 年 3 月期间各月 CES 数据进行修订。

新增非农就业人数是衡量美国劳动力市场状况的核心指标,是影响美联储货币政策调整、金融市场情绪和微观企业预期的重要指标。今年以来大幅下调干扰政府和投资者对劳动力市场的判断,扰动市场预期,加剧金融市场波动。我们高度关注美国新增非农就业人数的统计调整,通过对统计方法和数据修订情况的梳理,我们推断今年以来新增非农就业人数大幅下调的原因如下:

一是企业调查回复率较低加大统计偏误。由于企业调查不具有强制性,调查回复率较低,疫情后回复率约为 45%,拉大调查过程中的无回答误差。此外,由于调查样本回复速度不同,部分受访者未能在首次发布数据前回复,劳工统计局将在数据发布后继续收集和补充数据,进行重新估计,并对前两个月的数据进行修订。

二是企业诞生/倒闭模型与实际情况有所偏离。由于诞生企业一般会在一年后纳入抽样框,而倒闭企业并未及时被剔除,因此,在企业调查数据基础上,劳工统计局采用企业诞生/倒闭模型(Birth/Death Adjustment)估算因企业经营状态改变带来的净就业变化,使得倒闭企业产生的失业与诞生企业带来的新增就业相抵消,以降低抽样框误差。但当经济政策预期变动较大时,企业经营状态变化与模型基准假设差距拉大,模型估计偏误将增大。例如,2023 年以来受货币政策紧缩影响,企业诞生数量超预期减少,倒闭数量超预期增加,因此模型基准假设相较于实际情况相对乐观,导致高估新增非农就业人数。据高盛公司分析,企业诞生/倒闭模型每月高估约 2.5 万个新增就业岗位,高估的部分可能占本次下修 81.8 万个就业岗位中的约 30 万个,占比为 36.7%。

三是企业调查涵盖部分非法移民。CES 数据包含部分非法移民,因为企业调查采用电话、网络、传真等方式进行,较难识别被调查者身份,QCEW 数据不含非法移民,因为就业和薪资普查基于企业提交的失业保险记录进行统计,新进入的非法移民由于工作时长和身份问题不被失业保险覆盖。随着近年来非法移民流入增多,CES 数据可能高于 QCEW 数据。

此外,8 月 21 日劳工统计局发生就业数据公开发布前流出事故。由于就业数据对于判断美国经济走势、政策走向以及金融市场交易至关重要,加之今年大幅调整引发市场密切关注,提前泄露导致市场反应激烈,加剧外界对劳工统计局发布敏感数据公平性的质疑。

附表：

企业调查与季度就业和薪资普查对比

	企业调查（CES）	季度就业和薪资普查（QCEW）
发布频率	月度，每月第一个周五	季度，滞后6个月
调查方法	抽样调查：由受访者通过电话、网络、传真等回复调查	普查：涵盖美国95%以上的就业，从企业向政府提交的失业保险记录中获取就业数据
样本量	从普查企业名录中抽取约62.9万个工作场所，但不包含调查期内新诞生的企业，且未剔除调查期内倒闭的企业	完全统计美国存续的1100万个工作场所，包含调查期内新诞生的企业，且已剔除调查期内倒闭的企业
统计口径	非农部门所有给付薪酬的工作，包括私人和政府部门，不包括自雇人员、无偿家庭工作者、在家庭企业以及农业和相关行业工作者、休假期间的无薪工作者等	所有受失业保险法约束的企业提供的工作，包括私人和政府部门，不包括自雇人员、无偿家庭工作者、在家庭企业以及休假期间的无薪工作者
回复率	2020年疫情前回复率约为60%，疫情后约为45%	各州回复率不同，绝大部分州政府强制回复，整体回复率超过90%
特殊调整	通过企业诞生/倒闭模型调整，以降低抽样框误差	无
统计指标	细分至行业和城市层面的就业、工时和工资数据	细分至行业和城市层面的就业和工资数据

资料来源：美国劳工统计局。

（执笔：朱祎；成文于2024年9月）

国际比较项目概览

什么是国际比较项目?

国际比较项目(International Comparison Program,简称ICP)是联合国统计委员会、世界银行等国际机构组织实施的一项全球最大的国际统计合作项目。目的在于通过收集各经济体价格数据和GDP支出数据来测算购买力平价(PPP),并以PPP作为货币转换因子,测度和比较各经济体实际经济规模和价格水平,为国际比较提供一个新视角。目前该项目每3年开展一轮,最近一轮是2024年轮,全球有170多个经济体参加。各轮次PPP测算方法可能存在差异。新一轮结果公布后,需调整之前轮次的测算结果。

什么是购买力平价?

购买力平价(Purchasing Power Parity,简称PPP)是ICP生成的主要指标。PPP是反映经济体间交换同一组货物和服务的货币比率。以一篮子商品和服务为例,假设在美国购买一篮子商品和服务需要花费100美元,在中国购买类似一篮子商品和服务需要花费400元人民币。因此,以美国为基准,一篮子商品和服务的PPP=400元人民币/100美元=4,即1美元的实际购买力等于4元人民币。在实际生活中,按照人民币兑美元7.05的汇率进行换算,则1美元可兑换7.05元人民币,这与购买力平价测算结果会有明显差异。

为什么采用PPP法?

汇率和PPP都可以作为货币转换因子,把各经济体以本币计算的GDP转换成同一货币单位,进行国际比较。但汇率易受国际资本流动、宏观经济波动的影响,且只体现了不同经济体可贸易品间的货币比率关系,未体现不可贸易品间的货币比率关系,也未能消除经济体间价格水平差异。因此，利用汇率法进行国际比较，在一定程度上扭曲了比较结果。为克服汇率作为货币转换因子的缺陷，经济学家发明了 PPP 这一指标，为国际经济比较提供了一种新方法。与汇率法相比，PPP 更为稳定，有助于排除因短期汇率波动引起的结果偏差。但是，PPP 是人为构造出的一个货币转换因子，其准确性受基础数据、测度方法的影响较大，因此也存在一定局限性。

测算 PPP 需要什么数据？

测算 PPP 需要两组数据。

· 第一组数据来自国民经济核算中支出法的相关数据。各经济体需将支出法 GDP 拆分为 155 个基本分类（如大米、牛肉、住宅建筑、机械设备等）的支出，这些基本分类的支出额加总后必须与 GDP 相等。

· 第二组数据来自 ICP 价格调查。ICP 参与经济体开展居民消费价格、住房租金、机械设备价格、建筑品价格和政府职务报酬调查，收集规格品价格数据，作为 ICP 结果测算的基础数据。

如何测算 PPP？

PPP 计算的基本思路是，先利用规格品价格数据计算 155 个基本分类的 PPP，再以国民经济核算的基本分类支出为权重，向上加权计算得到最终（小类、中类、大类、主要总量和 GDP）的 PPP。我国所在的亚太区对于基本分类 PPP 使用国家产品虚拟（CPD）法计算，基本分类以上的 PPP 使用 GEKS 法计算。

PPP 的测算分两阶段进行。第一阶段，由经济体将价格数据和支出数据提交至区域执行机构（全球共有六个区域，亚太区区域执行机构为亚洲开发银行），区域执行机构负责测算区域结果。第二阶段，由区域执行机构将数据提交至世界银行，由世界银行 ICP 全球办公室测算全球最终结果。

PPP 应用都有哪些？

PPP 在决策者、多边机构、私营部门等进行的分析中发挥着重要作用。PPP 的用途和用户包括：

· 可持续发展目标（SDG）监测（联合国）；

· 人类发展指数 HDI 编制（联合国开发计划署）；

·《世界发展指标》中的国际贫困线下的贫困发生率、经济规模和价

格水平测算(世界银行);

·《世界经济展望》中经济体经济总量和增长率及经济体配额公式计算(国际货币基金组织);

· 欧洲结构和投资基金配置(欧盟);

· 经济体竞争力分析(决策者);

· 福利政策、消费模式、贸易、生产力和竞争力、能源效率、健康和教育成本计算以及其他用途(学术和研究机构);

· 各经济体投资成本评估(私营部门)。

使用 PPP 值应注意什么?

· 商品类的 PPP 值比服务类的 PPP 值更精确;

· PPP 值不能替代汇率,也不能用一个经济体的 PPP 值来判断该经济体汇率应该升值还是贬值;

· 世行使用 PPP 值计算的贫困线不能用来反映一个经济体扶贫成效或减贫成果;

· PPP 值更适用于经济结构相似的经济体之间的比较。

下表列出了按 PPP 法计算的世界经济规模前 10 位的经济体 GDP 总量和占比,以及按市场汇率法计算的各经济体的总量和占比(2021 年数据)。与按汇率法计算的 GDP 世界排名相比,发展中经济体按 PPP 法计算的 GDP 世界排名都跃升了,发达经济体的排名都后移了。这是由于发展中经济体中非贸易品的比重较大,服务价格相对较低,导致经济规模在 PPP 计算下被过度放大,因此 PPP 法测度的结果需要更加审慎地解读。

表　GDP 总量居世界前 10 位的经济体（2021 年）

经济体	按 PPP 法计算的 GDP（10 亿美元）			按市场汇率法计算的 GDP（10 亿美元）		
	总量	占世界比重（%）	排名	总量	占世界比重（%）	排名
中国	28821.6	18.91	1	17813.5	18.52	2
美国	23594.0	15.48	2	23594.0	24.53	1
印度	10963.1	7.19	3	3074.3	3.20	6
俄罗斯	5732.4	3.76	4	1843.6	1.92	10
日本	5566.7	3.65	5	5005.5	5.20	3
德国	5153.1	3.38	6	4278.4	4.45	4
巴西	3710.1	2.43	7	1633.4	1.70	13
法国	3648.1	2.39	8	2959.3	3.08	7
英国	3541.8	2.32	9	3141.5	3.27	5
印度尼西亚	3530.6	2.32	10	1186.5	1.23	16

（执笔：杨家亮、薛宁；成文于 2025 年 2 月）

五 统计数据

1.01 国际货币基金组织对世界及主要国家经济预测

单位：%

	2022 年	2023 年	2024 年 估计值	2025 年 预测值	2026 年 预测值
世　界	**3.6**	**3.5**	**3.3**	**2.8**	**3.0**
发达国家	2.9	1.7	1.8	1.4	1.5
美　国	2.5	2.9	2.8	1.8	1.7
欧元区	3.5	0.4	0.9	0.8	1.2
日　本	0.9	1.5	0.1	0.6	0.6
发展中国家	4.1	4.7	4.3	3.7	3.9
印　度	7.6	9.2	6.5	6.2	6.3
俄罗斯	-1.4	4.1	4.1	1.5	0.9
巴　西	3.0	3.2	3.4	2.0	2.0

资料来源：国际货币基金组织《世界经济展望》(2025 年 4 月)。

注：1. 本表数据按照购买力平价方法进行汇总。

2. 印度数据为财政年度数据。

1.02 世界银行对世界经济预测

单位：%

	2022 年	2023 年	2024 年 估计值	2025 年 预测值	2026 年 预测值
世　界	**3.2**	**2.7**	**2.7**	**2.7**	**2.7**
发达国家	2.8	1.7	1.7	1.7	1.8
发展中国家	3.7	4.2	4.1	4.1	4.0

资料来源：世界银行《全球经济展望》(2025 年 1 月)。

注：本表数据按照汇率法进行汇总。

1.03 英国共识公司对世界及主要国家经济预测

单位：%

	2022 年	2023 年	2024 年 估计值	2025 年 预测值	2026 年 预测值
世　界	**2.9**	**2.7**	**2.7**	**2.3**	**2.4**
美　国	2.5	2.9	2.8	1.4	1.7
欧元区	3.5	0.4	0.9	0.9	1.2
日　本	0.9	1.5	0.1	1.0	0.7
印　度	7.0	8.2	6.3	6.3	6.5

资料来源：英国共识公司《国际经济调查与预测》(2025 年 4 月)。

注：1. 本表数据按照汇率法进行汇总。

2. 印度数据为财政年度数据。

1.04 国际货币基金组织对世界贸易量预测

单位:%

	2022 年	2023 年	2024 年 估计值	2025 年 预测值	2026 年 预测值
世　界	**5.7**	**1.0**	**3.8**	**1.7**	**2.5**
进口					
发达国家	7.3	-0.6	2.4	1.9	2.0
发展中国家	4.0	3.1	5.8	2.0	3.4
出口					
发达国家	5.9	1.1	2.1	1.2	2.0
发展中国家	4.6	1.1	6.7	1.6	3.0

资料来源:国际货币基金组织《世界经济展望》(2025 年 4 月)。

注:包括货物和服务。

1.05 国际货币基金组织对世界 CPI 预测

单位:%

	2022 年	2023 年	2024 年 估计值	2025 年 预测值	2026 年 预测值
世　界	**8.6**	**6.6**	**5.7**	**4.3**	**3.6**
发达国家	7.3	4.6	2.6	2.5	2.2
发展中国家	9.5	8.0	7.7	5.5	4.6

资料来源:国际货币基金组织《世界经济展望》(2025 年 4 月)。

1.06 英国共识公司对世界及主要国家 CPI 预测

单位:%

	2022 年	2023 年	2024 年 估计值	2025 年 预测值	2026 年 预测值
世　界	**7.4**	**5.6**	**3.8**	**3.0**	**2.6**
美　国	8.0	4.1	3.0	3.2	2.7
欧元区	8.4	5.4	2.4	2.2	1.9
日　本	2.5	3.3	2.7	2.9	1.8
印　度	6.7	5.4	4.7	4.2	4.4

资料来源:英国共识公司《国际经济调查与预测》(2025 年 4 月)。

注:印度数据为财政年度数据。

1.07　全球消费者价格涨跌率

单位:%

年份	月份	世界	发达国家	发展中国家
2018 年		**2.4**	**1.7**	**3.2**
2019 年		**2.1**	**1.4**	**2.8**
2020 年		**1.5**	**0.4**	**2.8**
2021 年		**3.3**	**2.4**	**4.5**
2022 年		**8.3**	**7.9**	**8.8**
2023 年		**5.9**	**4.9**	**6.0**
	1 月	8.4	7.6	8.9
	2 月	8.4	7.6	9.0
	3 月	7.3	6.7	7.3
	4 月	6.5	5.8	7.0
	5 月	6.2	5.7	6.3
	6 月	5.4	5.4	5.4
	7 月	4.6	4.5	4.7
	8 月	4.7	4.2	4.9
	9 月	4.6	3.9	5.0
	10 月	4.2	3.7	4.5
	11 月	3.8	3.3	4.3
	12 月	3.8	3.6	4.2
2024 年		**3.0**	**2.4**	**3.7**
	1 月	3.4	3.1	3.8
	2 月	3.3	2.9	3.8
	3 月	3.2	2.8	3.7
	4 月	3.1	2.6	3.5
	5 月	3.1	2.7	3.8
	6 月	2.8	2.4	3.8
	7 月	2.9	2.5	4.1
	8 月	2.8	2.0	3.6
	9 月	2.5	1.7	3.3
	10 月	2.6	1.9	3.3
	11 月	2.7	2.1	3.4
	12 月	2.9	2.2	3.4

资料来源:世界银行。

1.08 世界工业生产同比增速

单位:%

年份 月份	世界	发达国家	发展中国家
2018 年	**3.6**	**1.8**	**5.5**
2019 年	**1.5**	**-0.9**	**2.9**
2020 年	**-4.3**	**-6.6**	**-0.9**
2021 年	**8.6**	**5.9**	**10.3**
2022 年	**2.8**	**1.8**	**3.4**
2023 年	**1.4**	**-0.8**	**3.3**
1 月	0.5	-0.5	1.0
2 月	0.5	-0.1	0.0
3 月	1.1	-0.2	2.0
4 月	1.6	-0.4	3.7
5 月	2.2	-0.4	4.0
6 月	1.1	-0.8	2.9
7 月	1.6	-1.2	2.9
8 月	1.6	-1.8	3.9
9 月	1.1	-2.0	3.9
10 月	1.6	-1.3	4.9
11 月	2.2	-1.0	4.9
12 月	2.7	0.1	4.9
2024 年	**2.2**	**-1.1**	**4.8**
1 月	1.6	-2.0	4.9
2 月	1.6	-2.1	5.8
3 月	1.6	-1.5	3.8
4 月	2.7	-1.3	5.8
5 月	2.2	-1.1	4.8
6 月	1.6	-1.3	3.8
7 月	2.1	-0.6	4.8
8 月	1.6	-0.4	3.8
9 月	1.6	-1.0	3.7
10 月	2.1	-0.2	3.7
11 月	1.6	-1.2	4.7
12 月	2.6	-0.6	4.6

资料来源：世界银行。

注：为经季节调整数据。

1.09 国际市场初级产品价格指数

（2010年=100）

年份	月份	能 源	非能源	农产品	肥 料	金属矿
2018年		**89.4**	**85.1**	**86.6**	**82.5**	**82.5**
2019年		**78.3**	**81.6**	**83.1**	**81.4**	**78.4**
2020年		**52.7**	**84.1**	**87.1**	**74.6**	**79.1**
2021年		**95.4**	**112.1**	**107.7**	**152.3**	**116.4**
2022年		**152.6**	**122.1**	**119.3**	**235.7**	**115.0**
2023年		**107.0**	**110.2**	**110.9**	**153.5**	**104.0**
	1月	119.3	115.0	112.2	174.7	114.0
	2月	110.5	114.7	113.3	164.0	112.0
	3月	103.5	111.9	111.0	158.0	108.4
	4月	109.3	113.5	114.1	156.0	107.4
	5月	96.9	109.5	111.5	152.5	100.5
	6月	95.2	107.7	109.1	138.3	101.2
	7月	100.9	108.6	109.9	145.6	101.6
	8月	108.7	107.6	108.7	157.6	99.6
	9月	117.7	109.4	110.8	157.5	101.2
	10月	115.7	107.8	109.3	161.8	98.5
	11月	106.2	109.6	111.0	157.2	101.2
	12月	99.6	107.8	109.7	119.4	102.4
2024年		**101.5**	**112.5**	**115.0**	**117.6**	**106.7**
	1月	101.2	107.2	109.2	115.9	102.0
	2月	102.2	107.5	110.5	118.0	100.1
	3月	104.2	109.9	113.7	115.3	101.5
	4月	109.6	115.6	118.1	113.8	110.5
	5月	102.6	115.6	115.5	108.5	116.6
	6月	103.8	114.2	115.7	118.2	110.6
	7月	106.0	111.7	113.6	120.3	106.8
	8月	102.6	109.6	112.0	120.0	103.5
	9月	95.4	112.2	115.1	118.7	105.4
	10月	97.7	114.6	116.0	123.5	110.6
	11月	96.5	114.7	118.1	119.7	107.2
	12月	96.5	117.0	121.1	119.6	105.9

资料来源：世界银行。

1.10 国际市场初级产品年平均价格预测

	单　位	2022 年	2023 年	2024 年	2025 年预测	2026 年预测	2024 年涨幅（%）	2025 年涨幅（%）
能源								
煤炭（澳大利亚）	美元/吨	344.9	172.8	137.0	120.0	105.0	-20.7	-12.4
原油（布伦特）	美元/桶	99.8	82.6	80.7	73.0	72.0	-3.2	-8.8
天然气（欧洲）	美元/百万英国热值单位	40.3	13.1	11.0	11.5	10.5	-17.6	6.5
天然气（美国）	美元/百万英国热值单位	6.4	2.5	2.2	3.4	3.7	-13.3	54.5
液化天然气（日本）	美元/百万英国热值单位	18.4	14.4	13.0	13.5	12.5	-9.6	3.8
非能源								
农产品								
饮品								
可可	美元/千克	2.4	3.3	6.9	6.0	5.9	110.3	-13.0
咖啡（阿拉比卡）	美元/千克	5.6	4.5	5.5	5.0	4.8	20.0	-8.3
咖啡（罗巴斯塔）	美元/千克	2.3	2.6	4.5	4.2	3.9	71.3	-6.7
茶（平均）	美元/千克	3.1	2.7	3.0	3.2	3.2	13.1	1.6
食品								
植物油及油品								
椰子油	美元/吨	1634.6	1075.2	1518.7	1550.0	1400.0	41.2	2.1
花生油	美元/吨	2202.6	2034.7	1795.5	1750.0	1700.0	-11.8	-2.5
棕榈油	美元/吨	1276.0	886.5	963.4	860.0	850.0	8.7	-10.7
豆粕	美元/吨	547.9	541.4	442.3	435.0	444.0	-18.3	-1.6
豆油	美元/吨	1666.8	1118.5	1022.0	1020.0	1053.0	-8.6	-0.2

1.10 续表 1

	单　位	2022 年	2023 年	2024 年	2025 年预测	2026 年预测	2024 年涨幅（%）	2025 年涨幅（%）
大豆	美元/吨	675.4	597.9	462.5	430.0	440.0	−22.6	−7.0
谷物								
玉米	美元/吨	318.8	252.7	190.6	185.0	188.0	−24.6	−2.9
稻米（泰国，5%碎粒）	美元/吨	436.8	553.7	588.4	530.0	518.0	6.3	−9.9
小麦（美国硬红冬小麦）	美元/吨	430.0	340.4	268.7	265.0	268.0	−21.1	−1.4
其他食品								
香蕉（美国）	美元/千克	1.5	1.6	1.2	1.3	1.2	−22.8	1.4
牛肉	美元/千克	5.6	4.9	5.9	5.9	5.9	21.0	−0.5
鸡肉	美元/千克	1.7	1.5	1.5	1.4	1.4	−4.6	−4.3
柑橘	美元/千克	0.9	1.6	2.3	1.7	1.6	43.6	−24.8
虾（墨西哥）	美元/千克	13.5	10.2	8.6	9.0	9.5	−15.6	4.7
糖（世界平均）	美元/千克	0.4	0.5	0.4	0.5	0.5	−13.1	2.5
原材料								
木材								
原木（非洲）	美元/立方米	368.9	378.6	378.7	390.0	395.0	0.0	3.0
原木（东南亚）	美元/立方米	228.0	212.4	196.7	210.0	215.0	−7.4	6.7
锯材（东南亚）	美元/立方米	674.5	677.7	696.5	710.0	720.0	2.8	1.9
其他原材料								
棉花	美元/千克	2.9	2.1	1.9	2.0	2.1	−8.8	4.7

1.10 续表 2

	单　位	2022 年	2023 年	2024 年	2025 年预测	2026 年预测	2024 年涨幅（%）	2025 年涨幅（%）
橡胶	美元/千克	1.5	1.4	1.8	1.8	1.9	26.6	2.9
烟草	美元/吨	4269.9	5015.7	5899.4	4900.0	4800.0	17.6	-16.9
化肥								
磷酸二铵	美元/吨	772.2	550.0	563.7	510.0	505.0	2.5	-9.5
磷酸盐矿石	美元/吨	266.2	321.7	321.7	160.0	165.0	0.0	-50.3
氯化钾	美元/吨	863.4	383.2	295.1	290.0	295.0	-23.0	-1.7
磷酸三钠	美元/吨	716.1	480.2	474.6	425.0	425.0	-1.2	-10.4
尿素（东欧）	美元/吨	700.0	358.0	338.3	335.0	340.0	-5.5	-1.0
金属和金属矿								
铝	美元/吨	2705.0	2255.7	2419.0	2500.0	2600.0	7.2	3.3
铜	美元/吨	8822.4	8490.3	9142.1	9300.0	8500.0	7.7	1.7
铁矿石	美元/干吨	121.3	120.6	109.4	95.0	90.0	-9.3	-13.2
铅	美元/吨	2150.6	2135.8	2069.4	2050.0	2100.0	-3.1	-0.9
镍	美元/吨	25833.7	21521.1	16814.0	17500.0	18500.0	-21.9	4.1
锡	美元/吨	31335.4	25938.1	30066.3	32000.0	34000.0	15.9	6.4
锌	美元/吨	3481.4	2652.6	2775.8	2600.0	2500.0	4.6	-6.3
贵金属								
金	美元/盎司	1800.6	1942.7	2387.7	2325.0	2250.0	22.9	-2.6
银	美元/盎司	21.8	23.4	28.3	30.0	31.0	20.8	6.1
铂金	美元/盎司	961.7	966.4	955.2	1050.0	1100.0	-1.2	9.9

资料来源：世界银行。

1.11 国际市场初级产品价格指数预测

（2010 年 = 100）

	2022 年	2023 年	2024 年	2025 年预测	2026 年预测	2024 年涨幅（%）	2025 年涨幅（%）
按现价美元计算							
能源	152.6	107.0	101.5	83.8	92.5	-5.1	-17.4
非能源	122.1	110.2	112.5	108.8	106.9	2.0	-3.3
农产品	119.3	110.9	115.0	114.0	107.9	3.7	-0.9
饮料	106.3	107.8	176.4	211.1	150.8	63.7	-19.7
食品	138.1	125.4	115.8	107.7	109.8	-7.6	-7.0
植物油及油品	145.2	118.9	106.9	99.6	102.0	-10.1	-6.8
谷物	150.4	133.0	112.9	101.0	107.9	-15.2	-10.5
其他食品	117.7	127.2	130.4	124.3	121.9	2.5	-4.6
原材料	80.3	77.1	80.9	79.8	81.4	4.9	-2.2
木材	80.1	79.1	79.6	79.3	83.2	0.6	-0.4
其他原材料	80.5	74.9	82.4	80.5	79.4	10.0	-4.0
化肥	235.7	153.5	117.6	126.1	117.1	-23.4	7.2
金属和金属矿	115.0	104.0	96.2	106.8	103.7	2.6	-9.8
工业金属	122.4	109.0	114.1	103.5	113.5	4.7	-9.3
贵金属	136.8	147.3	180.2	239.6	174.3	22.3	33.0

资料来源:世界银行。

1.12 国际市场石油平均价格

单位:美元/桶

年份　月份	石油现货价格		石油期货价格
	OPEC 一揽子原油	北海布伦特	纽约期货市场轻质原油
2018 年	**69.78**	**71.34**	**64.83**
2019 年	**64.04**	**64.30**	**57.10**
2020 年	**41.47**	**41.96**	**39.84**
2021 年	**69.89**	**70.86**	**68.07**
2022 年	**100.08**	**100.93**	**94.25**
2023 年	**82.95**	**82.49**	**77.61**
1 月	81.62	82.5	78.30
2 月	81.88	82.59	76.83
3 月	78.45	78.43	73.31
4 月	84.13	84.64	79.45
5 月	75.82	75.47	71.65
6 月	75.19	74.84	70.28
7 月	81.06	80.11	76.05
8 月	87.33	86.15	81.27
9 月	94.60	93.72	89.44
10 月	91.78	90.6	85.54
11 月	84.92	82.94	77.31
12 月	79.00	77.63	72.21
2024 年	**79.89**	**80.52**	**75.72**
1 月	80.04	80.12	73.86
2 月	81.23	83.48	76.59
3 月	84.22	85.41	80.35
4 月	89.12	89.94	84.35
5 月	83.59	81.75	78.62
6 月	83.22	82.25	78.54
7 月	84.43	85.15	80.37
8 月	78.41	80.36	75.43
9 月	73.59	74.02	69.38
10 月	74.45	75.63	71.65
11 月	72.98	74.35	69.55
12 月	73.07	73.86	69.62

资料来源:OPEC 和美国能源部。

1.13 国际市场石油供应与需求

单位：百万桶/天

	年度				季度							
					2024年				2025年			
	2022年	2023年	2024年	2025年	Q1	Q2	Q3	Q4	Q1	Q2	Q3	Q4
国际市场石油需求												
世界①	**99.9**	**102.0**	**102.8**	**103.9**	**101.4**	**102.5**	**103.5**	**103.7**	**102.6**	**103.6**	**104.6**	**104.6**
经合组织成员国	**45.6**	**45.6**	**45.7**	**45.6**	**44.8**	**45.5**	**46.1**	**46.2**	**45.0**	**45.4**	**46.1**	**45.8**
美洲	24.7	25.0	25.0	25.0	24.4	25.0	25.3	25.1	24.6	25.0	25.3	25.1
欧洲	13.6	13.4	13.5	13.4	12.9	13.6	13.9	13.5	12.9	13.5	13.8	13.2
亚洲、大洋洲	7.3	7.2	7.2	7.2	7.5	7.0	6.9	7.5	7.6	6.9	6.9	7.5
非经合组织成员国	**54.3**	**56.3**	**57.1**	**58.3**	**56.6**	**56.9**	**57.4**	**57.6**	**57.6**	**58.2**	**58.6**	**58.8**
原苏联	4.9	5.0	5.0	5.1	4.9	4.9	5.2	5.1	4.9	5.0	5.2	5.2
欧洲	0.8	0.8	0.8	0.8	0.8	0.8	0.8	0.8	0.8	0.8	0.8	0.8
中国	15.1	16.4	16.6	16.8	16.6	16.6	16.6	16.5	16.6	16.9	16.9	16.8
亚洲其他国家	14.1	14.4	14.9		15.1	14.9	14.3	15.2	15.5	15.4	14.8	15.6
美洲	6.1	6.3	6.4	6.5	6.2	6.4	6.5	6.5	6.3	6.5	6.6	6.6
中东	9.0	9.1	9.2	9.4	8.8	9.1	9.7	9.1	9.0	9.3	9.8	9.3
非洲	4.4	4.3	4.3	4.4	4.3	4.2	4.4	4.4	4.4	4.4	4.5	4.5

1.13　续表

	年度				季度							
					2024 年				2025 年			
	2022 年	2023 年	2024 年	2025 年	Q1	Q2	Q3	Q4	Q1	Q2	Q3	Q4
国际市场石油供应												
世界[②]	**100.2**	**102.3**	–	–	**101.9**	**103.0**	**103.3**	–	–	–	–	–
欧佩克成员国	33.2	32.9	–	–	32.5	32.7	32.8	–	–	–	–	–
非欧佩克成员国	66.9	69.3	70.2	71.9	69.5	70.2	70.5	70.6	70.8	71.9	72.3	72.6
经合组织成员国	29.5	31.1	31.9	32.7	31.3	31.8	31.9	32.5	32.4	32.8	32.6	33.1
美洲	25.8	27.5	28.3	28.9	27.6	28.2	28.4	28.9	28.6	28.9	28.9	29.3
欧洲	3.2	3.2	3.2	3.4	3.3	3.2	3.1	3.2	3.3	3.5	3.3	3.4
亚洲、大洋洲	0.5	0.5	0.5	0.4	0.5	0.4	0.5	0.5	0.4	0.4	0.4	0.4
非经合组织成员国	32.3	32.7	32.6	33.4	33.0	32.6	32.4	32.5	33.1	33.2	33.5	33.7
加工损益[③]	2.3	2.4	2.4	2.4	2.3	2.4	2.4	2.4	2.4	2.4	2.4	2.4
生物燃料	2.9	3.1	3.3	3.4	2.8	3.4	3.7	3.3	2.9	3.5	3.8	3.4

资料来源:国际能源署。

注:①石油需求量指炼油厂和初级库存的交付量。包括国内运输燃料、国际运输燃料、炼油厂燃料、直接用于燃烧的原油,非常规来源的石油和其他供应来源。包括生物燃料。

②石油供应量包括原油、凝析油、天然气凝析液(NGL)和非常规来源的石油等。

③指炼油过程和海上运输时的损益。

1.14 OECD 国家能源库存情况

单位：百万桶

	年度			月度				
	2021 年	2022 年	2023 年	2024 年 6 月	2024 年 7 月	2024 年 8 月	2024 年 9 月	2024 年 10 月
OECD 国家合计	**2762.4**	**2772.0**	**2792.1**	**2846.5**	**2825.7**	**2843.8**	**2809.1**	**2778.2**
原油	1031.0	1048.0	1035.3	1066.2	1041.1	1043.4	1021.9	1026.3
车用汽油	357.0	349.3	356.6	374.8	361.2	357.5	360.0	352.8
照明灯油	526.3	483.4	492.5	531.8	533.8	544.0	538.0	520.9
残余燃油	110.6	121.3	114.0	122.4	116.3	113.8	111.6	109.3
石油产品	1434.4	1414.8	1453.6	1486.3	1492.3	1509.2	1499.8	1461.8
OECD 美洲	**1531.1**	**1491.5**	**1521.6**	**1551.9**	**1545.1**	**1538.4**	**1528.2**	**1513.6**
原油	608.5	594.6	581.3	609.6	583.8	573.4	567.7	575.7
车用汽油	243.1	237.7	246.3	258.4	249.5	246.8	247.5	240.7
照明灯油	202.8	174.6	177.9	197.8	203.7	200.5	198.3	191.9
残余燃油	35.6	35.8	33.2	33.4	31.7	31.0	31.1	30.9
石油产品	758.3	732.7	772.0	776.2	796.1	799.5	797.5	776.3
OECD 欧洲	**875.7**	**915.4**	**908.6**	**949.3**	**930.2**	**944.6**	**924.1**	**911.8**
原油	311.9	331.5	332.9	341.5	333.5	342.4	330.5	333.7
车用汽油	85.9	86.9	86.0	90.6	86.5	85.1	86.9	86.2
照明灯油	250.9	239.9	242.5	264.5	262.0	270.7	267.4	254.3
残余燃油	58.6	66.9	62.5	71.1	66.4	65.0	63.5	60.8
石油产品	490.9	499.8	502.8	537.7	525.4	533.1	527.7	508.9
OECD 亚洲、大洋洲	**355.6**	**365.1**	**361.9**	**345.3**	**350.4**	**360.7**	**356.9**	**352.8**
原油	110.6	121.9	121.1	115.1	123.8	127.5	123.7	116.8
车用汽油	28.0	24.7	24.4	25.8	25.1	25.6	25.6	26.0
照明灯油	72.6	68.9	72.1	69.5	68.1	72.9	72.3	74.7
残余燃油	16.4	18.6	18.2	17.8	18.2	17.9	17.0	17.7
石油产品	185.2	182.3	178.8	172.3	170.7	176.6	174.5	176.6

资料来源：国际能源署。

注：均指期末库存。

1.15 全球主要股票指数

年份　月份	美国		欧元区	日本
	道琼斯30种股票平均价格（美元）	纳斯达克指数	德国DAX股票指数	日经225种股票平均价格（日元）
2018年	**23327.46**	**6635.28**	**10558.96**	**20014.77**
2019年	**28538.44**	**8972.60**	**13249.01**	**23656.62**
2020年	**30606.48**	**12888.28**	**13718.78**	**27444.17**
2021年	**36338.30**	**15644.97**	**15884.86**	**28791.71**
2022年	**33147.25**	**10466.48**	**13923.59**	**26094.50**
2023年	**37689.54**	**15011.35**	**16751.64**	**33464.17**
1月	34086.04	11584.55	15128.27	27327.11
2月	32656.70	11455.54	15365.14	27445.56
3月	33274.15	12221.91	15628.84	28041.48
4月	34098.16	12226.58	15922.38	28856.44
5月	32908.27	12935.29	15664.02	30887.88
6月	34407.60	13787.92	16147.90	33189.04
7月	35559.53	14346.02	16446.83	33172.22
8月	34721.91	14034.97	15947.08	32619.34
9月	33507.50	13219.32	15386.58	31857.62
10月	33052.87	12851.24	14810.34	30858.85
11月	35950.89	14226.22	16215.43	33486.89
12月	37689.54	15011.35	16751.64	33464.17
2024年	**42544.22**	**19310.79**	**19909.14**	**39894.54**
1月	38150.30	15164.01	16903.76	36286.71
2月	38996.39	16091.92	17678.19	39166.19
3月	39807.37	16379.46	18492.49	40369.44
4月	37815.92	15657.82	17932.17	38405.66
5月	38686.32	16735.02	18497.94	38487.90
6月	39118.86	17732.60	18235.45	39583.08
7月	40842.79	17599.40	18508.65	39101.82
8月	41563.08	17713.62	18906.92	38647.75
9月	42330.15	18189.17	19324.93	37919.55
10月	41763.46	18095.15	19077.54	39081.25
11月	44910.65	19218.17	19626.45	38208.03
12月	42544.22	19310.79	19909.14	39894.54

资料来源：Wind。

1.16 全球主要汇率

年份 月份	期末汇率			实际有效汇率指数		
	欧元兑美元	美元兑日元	欧元兑日元	美元	欧元	日元
2018 年	**1.182**	**110.4**	**130.4**	**104.08**	**101.12**	**96.21**
2019 年	**1.119**	**109.0**	**122.0**	**107.18**	**98.50**	**99.06**
2020 年	**1.141**	**106.8**	**121.8**	**108.76**	**100.00**	**100.00**
2021 年	**1.183**	**109.8**	**129.9**	**106.28**	**100.28**	**91.30**
2022 年	**1.053**	**131.5**	**138.0**	**115.07**	**96.92**	**78.76**
2023 年	**1.082**	**140.5**	**152.0**	**114.46**	**100.94**	**74.89**
1 月	1.086	130.2	141.3	113.98	98.25	78.95
2 月	1.060	136.1	145.2	114.55	98.52	77.16
3 月	1.087	132.8	144.8	114.77	99.46	77.49
4 月	1.104	136.0	149.4	113.54	101.11	77.54
5 月	1.065	139.8	149.1	113.92	100.73	76.04
6 月	1.092	144.5	157.2	113.75	101.50	74.34
7 月	1.102	142.2	156.7	112.46	102.59	74.37
8 月	1.084	145.7	158.5	114.09	102.62	73.08
9 月	1.058	149.4	158.1	115.80	102.02	72.33
10 月	1.057	151.5	160.3	117.43	101.55	72.50
11 月	1.091	147.9	161.2	115.42	101.59	71.44
12 月	1.106	140.9	156.3	113.86	101.36	73.40
2024 年	**1.082**	**151.5**	**163.9**	**116.75**	**101.43**	**70.84**
1 月	1.086	146.3	160.2	114.17	100.87	72.58
2 月	1.081	149.9	162.5	115.08	100.49	70.72
3 月	1.079	151.2	163.5	114.96	101.82	70.81
4 月	1.068	157.5	168.3	116.39	101.84	69.87
5 月	1.085	157.2	170.5	115.94	102.11	68.90
6 月	1.071	160.9	171.9	117.38	101.99	68.37
7 月	1.082	150.4	162.8	116.83	102.08	68.27
8 月	1.106	146.0	161.2	116.16	102.20	72.87
9 月	1.115	143.3	159.8	115.69	101.93	73.49
10 月	1.086	152.4	166.3	117.28	101.45	71.23
11 月	1.055	150.4	158.6	119.91	100.43	71.11
12 月	1.035	157.4	163.1	121.23	99.97	71.84

资料来源:美国联邦储备委员会、欧洲央行和国际清算银行。

注:期末数据。实际有效汇率指数,美元以 2006 年 1 月为 100,欧元和日元以 2020 年为 100。年度数据为平均数。

2.1.01 美国国内生产总值及其构成增长率(环比折年率)

单位:%

指标	2023年	2024年	2023年				2024年			
			一季度	二季度	三季度	四季度	一季度	二季度	三季度	四季度
国内生产总值	**2.9**	**2.8**	**2.8**	**2.4**	**4.4**	**3.2**	**1.6**	**3.0**	**3.1**	**2.3**
个人消费支出	2.5	2.8	4.9	1.0	2.5	3.5	1.9	2.8	3.7	4.2
消费品	1.9	2.4	7.4	-0.3	3.5	3.4	-1.2	3.0	5.6	6.1
耐用消费品	3.9	3.3	17.1	-0.3	4.2	2.9	-1.8	5.5	7.6	12.1
非耐用消费品	0.8	1.9	2.5	-0.4	3.1	3.6	-0.8	1.7	4.6	3.0
服务	2.9	3.0	3.8	1.6	2.1	3.5	3.4	2.7	2.8	3.3
私人投资总额	0.1	4.0	-8.9	8.0	10.1	0.7	3.6	8.3	0.8	-5.7
固定资产投资	2.4	3.7	3.1	8.6	2.6	3.5	6.5	2.3	2.1	-1.4
非住宅投资	6.0	3.6	5.3	9.9	1.1	3.8	4.5	3.9	4.0	-3.2
建筑	10.8	3.4	14.9	16.4	1.7	6.5	6.3	0.2	-5.0	1.1
设备	3.5	3.3	0.9	12.5	-1.1	0.7	0.3	9.8	10.8	-9.0
知识产权产品	5.8	3.9	4.5	3.9	2.8	5.2	7.5	0.7	3.1	0.0
住宅投资	-8.3	4.2	-4.3	4.5	7.7	2.5	13.7	-2.8	-4.3	5.4
库存变动	…	…	…	…	…	…	…	…	…	…
净出口	…	…	…	…	…	…	…	…	…	…
出口	2.8	3.2	2.0	-4.8	4.9	6.2	1.9	1.0	9.6	-0.5
货物	2.3	2.2	5.3	-10.9	7.5	5.3	-0.2	0.9	10.3	-4.8
服务	3.8	5.3	-4.5	8.8	0.0	8.0	6.1	1.2	8.4	7.7
进口	-1.2	5.4	-0.8	-3.1	4.7	4.2	6.1	7.6	10.7	-1.2
货物	-1.8	4.8	0.1	-5.0	5.1	1.8	6.5	8.4	10.7	-5.0
服务	1.6	7.7	-4.8	5.0	2.6	14.8	4.8	4.3	11.0	15.3
政府消费支出和投资	3.9	3.4	5.1	2.9	5.7	3.6	1.8	3.1	5.1	2.9
联邦政府	2.9	2.6	4.6	-1.1	5.3	-0.3	-0.4	4.3	8.9	4.0
国防	3.2	3.1	4.9	0.8	6.7	-1.3	-2.5	6.4	13.9	4.7
其他	2.5	1.8	4.3	-3.5	3.4	0.9	2.6	1.5	2.6	2.9
州及地方政府	4.4	3.9	5.3	5.4	5.9	6.1	3.1	2.3	2.9	2.2
备注										
国内总收入	6.6	5.3	6.6	4.3	7.7	4.8	4.7	5.6	5.0	4.8

资料来源:美国商务部经济分析局。

注:季度数据为经季节调整后的环比增长速度折合为年率。

2.1.02 美国国内生产总值及其构成增长率(同比)

单位:%

指标	2023 年	2024 年	2023 年				2024 年			
			一季度	二季度	三季度	四季度	一季度	二季度	三季度	四季度
国内生产总值	**2.9**	**2.8**	**2.3**	**2.8**	**3.2**	**3.2**	**2.9**	**3.0**	**2.7**	**2.5**
个人消费支出	2.5	2.8	2.6	2.2	2.4	3.0	2.2	2.7	3.0	3.1
消费品	1.9	2.4	0.7	1.0	2.4	3.4	1.3	2.1	2.7	3.3
耐用消费品	3.9	3.3	2.5	2.9	4.5	5.8	1.2	2.6	3.5	5.7
非耐用消费品	0.8	1.9	-0.3	-0.1	1.3	2.2	1.4	1.9	2.2	2.1
服务	2.9	3.0	3.5	2.8	2.4	2.8	2.7	2.9	3.1	3.1
私人投资总额	0.1	4.0	-4.5	-0.5	3.4	2.2	5.5	5.6	3.3	1.6
固定资产投资	2.4	3.7	0.3	1.9	3.0	4.4	5.3	3.7	3.6	2.4
非住宅投资	6.0	3.6	6.5	7.1	5.4	5.0	4.8	3.3	4.1	2.2
建筑	10.8	3.4	10.6	12.5	10.5	9.7	7.6	3.6	1.9	0.6
设备	3.5	3.3	2.4	5.2	3.2	3.1	3.0	2.4	5.3	2.7
知识产权产品	5.8	3.9	8.2	6.1	4.8	4.1	4.9	4.0	4.1	2.8
住宅投资	-8.3	4.2	-16.4	-12.8	-4.5	2.5	7.0	5.1	2.1	2.8
库存变动	…	…	…	…	…	…	…	…	…	…
净出口	…	…	…	…	…	…	…	…	…	…
出口	2.8	3.2	6.8	2.4	0.2	2.0	2.0	3.5	4.6	2.9
货物	2.3	2.2	7.4	1.7	-1.2	1.5	0.1	3.3	4.0	1.4
服务	3.8	5.3	5.6	3.7	3.1	2.9	5.7	3.8	5.9	5.8
进口	-1.2	5.4	-1.3	-3.5	-1.0	1.2	2.9	5.6	7.1	5.7
货物	-1.8	4.8	-2.3	-4.3	-1.0	0.4	2.0	5.4	6.8	4.9
服务	1.6	7.7	3.6	0.1	-1.2	4.2	6.7	6.5	8.7	8.8
政府消费支出和投资	3.9	3.4	2.6	3.7	4.8	4.3	3.5	3.5	3.4	3.2
联邦政府	2.9	2.6	2.4	2.9	4.4	2.1	0.8	2.2	3.1	4.2
国防	3.2	3.1	2.8	2.5	5.0	2.7	0.9	2.2	3.9	5.5
其他	2.5	1.8	1.8	3.5	3.6	1.2	0.8	2.1	1.9	2.4
州及地方政府	4.4	3.9	2.7	4.2	5.0	5.7	5.1	4.3	3.6	2.6
备注										
国内总收入	6.6	5.3	1.0	1.6	1.3	2.9	3.2	3.2	2.9	…

资料来源:美国商务部经济分析局。

2.1.03 美国国内生产总值构成对经济增长的拉动

单位:百分点

指　　标	2023 年	2024 年	2023 年				2024 年			
			一季度	二季度	三季度	四季度	一季度	二季度	三季度	四季度
国内生产总值	**2.9**	**2.8**	**2.8**	**2.4**	**4.4**	**3.2**	**1.6**	**3.0**	**3.1**	**2.3**
个人消费支出	1.72	1.87	3.27	0.65	1.72	2.33	1.30	1.90	2.48	2.79
消费品	0.42	0.51	1.59	-0.08	0.76	0.73	-0.25	0.63	1.18	1.27
耐用消费品	0.31	0.24	1.24	-0.03	0.32	0.22	-0.13	0.40	0.54	0.86
非耐用消费品	0.12	0.27	0.36	-0.05	0.44	0.51	-0.12	0.23	0.63	0.41
服务	1.30	1.36	1.67	0.73	0.96	1.60	1.55	1.27	1.31	1.53
私人投资总额	0.02	0.73	-1.63	1.42	1.80	0.16	0.64	1.47	0.16	-1.05
固定资产投资	0.43	0.66	0.53	1.48	0.45	0.62	1.14	0.42	0.38	-0.24
非住宅投资	0.81	0.49	0.71	1.30	0.16	0.52	0.61	0.53	0.55	-0.45
建筑	0.32	0.11	0.43	0.49	0.06	0.20	0.20	0.01	-0.16	0.04
设备	0.18	0.17	0.04	0.61	-0.05	0.04	0.02	0.49	0.54	-0.49
知识产权产品	0.31	0.21	0.24	0.21	0.15	0.28	0.40	0.04	0.17	0.00
住宅投资	-0.37	0.17	-0.18	0.17	0.30	0.10	0.53	-0.11	-0.18	0.21
库存变动	-0.41	0.07	-2.16	-0.06	1.34	-0.47	-0.49	1.05	-0.22	-0.81
净出口	0.49	-0.38	0.33	-0.11	-0.10	0.09	-0.61	-0.90	-0.43	0.12
出口	0.31	0.35	0.23	-0.54	0.53	0.66	0.21	0.12	1.01	-0.05
货物	0.17	0.16	0.39	-0.86	0.53	0.37	-0.02	0.07	0.70	-0.34
服务	0.14	0.20	-0.17	0.31	0.00	0.29	0.23	0.05	0.31	0.29
进口	0.17	-0.74	0.10	0.44	-0.63	-0.57	-0.82	-1.01	-1.44	0.17
货物	0.22	-0.53	-0.04	0.57	-0.56	-0.19	-0.69	-0.90	-1.14	0.58
服务	-0.05	-0.21	0.14	-0.13	-0.07	-0.38	-0.13	-0.12	-0.29	-0.41
政府消费支出和投资	0.66	0.57	0.84	0.48	0.94	0.61	0.30	0.52	0.86	0.49
联邦政府	0.19	0.16	0.28	-0.08	0.33	-0.02	-0.02	0.27	0.55	0.25
国防	0.12	0.11	0.17	0.03	0.24	-0.05	-0.09	0.23	0.48	0.17
其他	0.07	0.05	0.11	-0.11	0.09	0.02	0.07	0.04	0.07	0.08
州及地方政府	0.47	0.41	0.56	0.56	0.62	0.63	0.32	0.25	0.31	0.23

资料来源:美国商务部经济分析局。

注:季度数据为经季节调整后折合年率的环比增长速度。

2.1.04 美国工业生产指数和工业生产能力利用率

年份 月份	工业生产指数（2017 年 = 100）	制造业	工业生产能力利用率（%）	制造业
2018 年	**103.2**	**101.4**	**79.8**	**78.7**
2019 年	**102.4**	**99.5**	**78.6**	**77.3**
2020 年	**95.1**	**93.0**	**72.9**	**72.8**
2021 年	**99.3**	**97.7**	**77.7**	**77.3**
2022 年	**102.7**	**100.3**	**80.7**	**79.4**
2023 年	**102.9**	**100.0**	**79.0**	**78.1**
1 月	102.8	98.7	79.8	78.9
2 月	102.9	100.4	79.6	78.8
3 月	103.4	100.9	79.4	78.2
4 月	101.8	100.6	79.6	78.7
5 月	101.9	100.4	79.2	78.5
6 月	103.5	101.1	78.6	77.9
7 月	103.4	98.4	79.0	78.1
8 月	105.1	100.8	78.9	78.0
9 月	103.3	100.1	78.9	78.0
10 月	102.2	100.1	78.3	77.3
11 月	102.1	99.4	78.4	77.7
12 月	102.2	98.6	78.1	77.5
2024 年	**102.6**	**99.6**	**77.6**	**76.8**
1 月	101.7	96.9	77.2	76.4
2 月	102.7	100.1	78.1	77.4
3 月	102.7	101.0	77.8	77.5
4 月	101.4	100.2	77.7	76.8
5 月	101.9	100.1	78.1	77.3
6 月	104.5	101.4	78.2	77.1
7 月	103.0	98.0	77.6	76.6
8 月	105.1	100.7	77.9	76.9
9 月	102.8	99.8	77.5	76.6
10 月	101.8	99.7	77.1	76.1
11 月	101.1	98.7	76.8	76.1
12 月	102.7	98.4	77.6	76.4

资料来源：美国联邦储备委员会。

2.1.05 美国劳动生产率变化

（2017 年=100）

年度	季度	非农产业		制造业		商业	
		劳动生产率	单位工作产出	劳动生产率	单位工作产出	劳动生产率	单位工作产出
2016 年		**98.0**	**98.8**	**100.7**	**101.0**	**98.6**	**98.8**
2017 年		**98.6**	**100.0**	**100.0**	**100.0**	**100.1**	**100.0**
2018 年		**100.1**	**101.6**	**100.2**	**100.3**	**101.6**	**101.7**
2019 年		**101.5**	**103.4**	**97.9**	**97.3**	**103.7**	**103.4**
2020 年		**104.0**	**107.6**	**97.8**	**94.8**	**109.0**	**107.5**
2021 年		**109.8**	**111.0**	**99.5**	**98.0**	**111.4**	**111.0**
	1 季度	105.3	111.0	98.9	97.3	111.3	110.9
	2 季度	111.1	111.4	100.2	98.9	111.4	111.3
	3 季度	111.9	110.5	99.7	98.1	110.9	110.6
	4 季度	110.8	111.3	99.2	97.9	111.8	111.4
2022 年		**111.2**	**108.8**	**98.2**	**96.7**	**109.8**	**108.8**
	1 季度	111.5	109.5	98.6	97.4	110.3	109.4
	2 季度	111.4	108.5	98.8	97.5	109.4	108.5
	3 季度	110.7	108.4	98.1	96.8	109.4	108.4
	4 季度	111.4	108.9	97.3	95.3	110.2	108.9
2023 年		**109.1**	**110.1**	**98.0**	**95.6**	**112.0**	**110.2**
	1 季度	109.8	109.0	97.3	95.4	110.4	109.1
	2 季度	108.7	109.5	98.2	95.7	111.3	109.6
	3 季度	108.7	110.6	98.1	95.6	112.6	110.7
	4 季度	109.3	111.3	98.5	95.6	113.6	111.4
2024 年		**110.6**	**112.3**	**98.7**	**95.9**	**115.0**	**112.5**
	1 季度	109.1	111.3	98.5	95.6	114.1	111.5
	2 季度	109.9	112.0	98.6	96.1	114.7	112.2
	3 季度	111.2	112.7	98.8	95.9	115.4	112.9
	4 季度	112.1	113.3	98.9	96.0	116.0	113.5

资料来源:美国劳工统计局。

2.1.06 美国就业率和失业率

年份 月份	就业率（%）	失业率（%）
2018 年	**60.4**	**3.9**
2019 年	**60.8**	**3.7**
2020 年	**56.8**	**8.1**
2021 年	**58.4**	**5.4**
2022 年	**60.0**	**3.6**
2023 年	**60.3**	**3.6**
1 月	60.2	3.5
2 月	60.3	3.6
3 月	60.4	3.5
4 月	60.4	3.4
5 月	60.3	3.6
6 月	60.3	3.6
7 月	60.4	3.5
8 月	60.4	3.7
9 月	60.4	3.8
10 月	60.2	3.9
11 月	60.4	3.7
12 月	60.1	3.8
2024 年	**60.1**	**4.0**
1 月	60.2	3.7
2 月	60.1	3.9
3 月	60.3	3.9
4 月	60.2	3.9
5 月	60.1	4.0
6 月	60.0	4.1
7 月	60.0	4.2
8 月	60.0	4.2
9 月	60.1	4.1
10 月	60.0	4.1
11 月	59.8	4.2
12 月	60.0	4.1

资料来源：美国劳工统计局。

注：数据经季节调整。

2.1.07　美国价格涨跌率

单位:%

年份	月份	消费价格涨跌率		核心消费价格涨跌率①		生产价格涨跌率	
		环比	同比	环比	同比	环比	同比
2018 年			**2.4**		**2.1**		**2.9**
2019 年			**1.8**		**2.2**		**1.7**
2020 年			**1.2**		**1.7**		**0.2**
2021 年			**4.7**		**3.6**		**7.0**
2022 年			**8.0**		**6.2**		**9.5**
2023 年			**4.1**		**4.8**		**2.0**
	1 月	0.6	6.4	0.4	5.6	0.4	5.7
	2 月	0.3	6.0	0.5	5.5	−0.1	4.7
	3 月	0.1	5.0	0.3	5.6	−0.3	2.7
	4 月	0.4	4.9	0.4	5.5	0.2	2.3
	5 月	0.2	4.0	0.4	5.3	−0.2	1.1
	6 月	0.3	3.0	0.2	4.8	0.0	0.3
	7 月	0.2	3.2	0.2	4.7	0.5	1.1
	8 月	0.5	3.7	0.2	4.3	0.7	1.9
	9 月	0.4	3.7	0.3	4.1	0.3	1.8
	10 月	0.1	3.2	0.3	4.0	−0.4	1.1
	11 月	0.1	3.1	0.3	4.0	0.0	0.8
	12 月	0.2	3.4	0.3	3.9	0.0	1.1
2024 年			**2.9**		**3.4**		**2.4**
	1 月	0.3	3.1	0.4	3.9	0.4	1.0
	2 月	0.4	3.2	0.4	3.8	0.5	1.6
	3 月	0.3	3.5	0.4	3.8	0.1	2.0
	4 月	0.3	3.4	0.3	3.6	0.5	2.3
	5 月	0.0	3.3	0.1	3.4	0.0	2.5
	6 月	0.0	3.0	0.1	3.3	0.4	2.9
	7 月	0.1	2.9	0.2	3.2	0.0	2.4
	8 月	0.2	2.5	0.3	3.2	0.3	2.1
	9 月	0.2	2.4	0.3	3.3	0.3	2.1
	10 月	0.2	2.6	0.3	3.3	0.3	2.8
	11 月	0.3	2.7	0.3	3.3	0.1	2.9
	12 月	0.4	2.9	0.2	3.2	0.5	3.4

资料来源:美国劳工统计局。

注:①为不包括食品和能源的消费者价格。

2.1.08 美国进出口贸易

单位:亿美元

年份 月份	进出口额	出口额	进口额	出口额减进口额
2018 年	**56635.2**	**25424.6**	**31210.6**	**−5785.9**
2019 年	**56519.5**	**25462.8**	**31056.7**	**−5593.9**
2020 年	**49739.9**	**21601.5**	**28138.4**	**−6536.9**
2021 年	**59896.7**	**25708.0**	**34188.7**	**−8480.7**
2022 年	**70235.8**	**30394.1**	**39841.7**	**−9447.6**
2023 年	**69285.2**	**30718.2**	**38567.1**	**−7848.9**
1 月	5856.2	2578.3	3277.9	−699.6
2 月	5763.0	2528.9	3234.1	−705.2
3 月	5741.4	2569.1	3172.3	−603.2
4 月	5746.9	2509.7	3237.2	−727.6
5 月	5678.3	2508.8	3169.5	−660.7
6 月	5669.4	2510.7	3158.7	−648.1
7 月	5724.5	2539.2	3185.3	−646.1
8 月	5766.4	2585.1	3181.4	−596.3
9 月	5855.1	2616.4	3238.6	−622.2
10 月	5859.0	2607.8	3251.2	−643.3
11 月	5778.2	2565.3	3212.8	−647.5
12 月	5846.9	2598.9	3248.0	−649.2
2024 年	**72990.5**	**31906.0**	**41084.4**	**−9178.4**
1 月	5852.0	2591.7	3260.3	−668.6
2 月	6008.6	2657.6	3351.0	−693.4
3 月	5904.5	2609.5	3295.0	−685.5
4 月	6010.6	2625.8	3384.8	−759.1
5 月	5987.7	2610.7	3377.0	−766.3
6 月	6050.5	2654.3	3396.1	−741.8
7 月	6139.1	2670.1	3469.0	−798.9
8 月	6166.0	2725.8	3440.2	−714.5
9 月	6246.3	2698.1	3548.2	−850.1
10 月	6061.5	2662.1	3399.4	−737.3
11 月	6252.7	2735.2	3517.6	−782.4
12 月	6311.0	2665.2	3645.8	−980.6

资料来源:美国商务部普查局和美国商务部经济分析局。

注:包括货物和服务贸易。

2.1.09 美国外国直接投资

单位：亿美元

年份	季度	流入	流出	流入减流出
2016 年		**4594.2**	**2844.7**	**1749.5**
2017 年		**3089.6**	**3277.8**	**-188.2**
2018 年		**2032.3**	**-1574.1**	**3606.4**
2019 年		**2425.2**	**318.6**	**2106.6**
2020 年		**958.7**	**2268.5**	**-1309.8**
	1 季度	216.5	128.8	87.7
	2 季度	160.71	1486.1	-1325.4
	3 季度	298.0	571.5	-273.4
	4 季度	283.6	82.2	201.4
2021 年		**3861.1**	**2394.9**	**1466.2**
	1 季度	593.1	807.0	-213.9
	2 季度	846.2	809.7	36.5
	3 季度	1290.2	640.9	649.2
	4 季度	1131.6	137.3	994.4
2022 年		**3357.9**	**3021.6**	**336.2**
	1 季度	820.0	1011.9	-191.9
	2 季度	891.0	1128.0	-237.0
	3 季度	1199.6	444.4	755.2
	4 季度	447.3	437.3	10.0
2023 年		**2712.1**	**3631.4**	**-919.3**
	1 季度	1003.7	1052.7	-49.0
	2 季度	623.3	486.2	137.1
	3 季度	584.3	1203.2	-618.9
	4 季度	500.9	889.4	-388.5
2024 年		**2902.3**	**2676.0**	**226.3**
	1 季度	610.5	1166.0	-555.6
	2 季度	939.0	296.9	642.1
	3 季度	611.9	564.9	47.0
	4 季度	741.0	648.1	92.8

资料来源：美国商务部经济分析局。

2.1.10 美国预警指标和景气指标

年份 月份	先行指标	消费者信心指数	制造业采购经理人指数	服务业采购经理人指数
2021 年				
1 月	110.3	88.9	59.2	58.3
2 月	110.5	90.4	58.6	59.8
3 月	111.5	109.7	59.1	60.4
4 月	113.4	117.0	60.5	64.7
5 月	114.8	117.5	62.1	70.4
6 月	115.6	128.9	62.1	64.6
7 月	116.5	125.1	63.4	59.9
8 月	117.5	115.2	61.1	55.1
9 月	117.2	109.8	60.7	54.9
10 月	118.1	113.8	58.4	58.7
11 月	118.8	111.9	58.3	58.0
12 月	120.1	115.8	57.7	57.6
2022 年				
1 月	118.7	111.1	55.5	51.2
2 月	119.4	105.7	57.3	56.5
3 月	117.6	107.6	58.8	58.0
4 月	116.9	108.6	59.2	55.6
5 月	115.9	103.2	57.0	53.4
6 月	115.1	98.4	52.7	52.7
7 月	114.4	95.3	52.2	47.3
8 月	114.0	103.6	51.5	43.7
9 月	113.5	107.8	52.0	49.3
10 月	112.6	102.2	50.4	47.8
11 月	111.5	101.4	47.7	46.2
12 月	111.0	109.0	46.2	44.7
2023 年				
1 月	110.4	106.0	46.9	46.8
2 月	109.6	103.4	47.3	50.6
3 月	108.3	104.0	49.2	52.6
4 月	107.5	103.7	50.2	53.6
5 月	106.7	102.5	48.4	54.9
6 月	106.2	110.1	46.3	54.4
7 月	105.9	114.0	49.0	52.3
8 月	105.4	108.7	47.9	50.5
9 月	104.5	104.3	49.8	50.1
10 月	103.7	102.6	50.0	50.6
11 月	103.3	101.0	49.4	50.8
12 月	103.1	108.0	47.9	51.4
2024 年				
1 月	102.5	110.9	50.7	52.5
2 月	102.7	104.8	52.2	52.3
3 月	102.3	103.1	51.9	51.7
4 月	101.7	97.5	50.0	51.3
5 月	101.2	101.3	51.3	54.8
6 月	101.0	100.4	51.6	55.3
7 月	100.5	101.9	49.6	55.0
8 月	100.2	105.6	47.9	55.7
9 月	99.8	99.2	47.3	55.2
10 月	101.3	109.6	48.5	55.0
11 月	101.7	112.8	49.7	56.1
12 月	101.8	109.5	49.4	56.8

资料来源：世界大型企业联合会（Conference Board）和标普全球（S&P Global）。
注：先行指标 2016 年为 100。

2.1.11　美国财政指标

单位:亿美元

年份　月份	收入		支出		收入减支出
	总额	同比增长(%)	总额	同比增长(%)	
2018 财年	**33287.5**	**0.4**	**41077.4**	**3.2**	**-7790.0**
2019 财年	**34622.0**	**4.0**	**44465.8**	**8.2**	**-9843.9**
2020 财年	**34199.6**	**-1.2**	**65518.7**	**47.3**	**-31319.2**
2021 财年	**40459.8**	**18.3**	**68215.6**	**4.1**	**-27755.8**
2022 财年	**48961.2**	**21.0**	**62716.0**	**-8.1**	**-13754.8**
2023 财年	**44392.9**	**-9.3**	**61345.3**	**-2.2**	**-16952.4**
10 月	3185.0	12.2	4063.7	-9.5	-878.7
11 月	2521.1	-10.3	5006.5	5.9	-2485.4
12 月	4549.4	-6.5	5399.4	6.3	-850.0
1 月	4472.9	-3.8	4860.7	40.3	-387.8
2 月	2621.1	-9.6	5245.5	3.6	-2624.3
3 月	3132.4	-0.6	6916.8	36.2	-3784.4
4 月	6385.2	-26.1	4623.4	-16.8	1761.8
5 月	3074.9	-21.0	5478.4	20.3	-2403.5
6 月	4183.2	-9.2	6460.9	17.6	-2277.7
7 月	2761.6	2.5	4969.4	3.4	-2207.8
8 月	2831.3	-6.8	1938.8	-63.0	892.6
9 月	4674.8	-4.2	6381.9	-30.4	-1707.2
2024 财年	**49181.1**	**10.8**	**67504.9**	**10.0**	**-18323.9**
10 月	4034.3	26.7	4700.0	15.7	-665.6
11 月	2748.3	9.0	5888.4	17.6	-3140.1
12 月	4293.1	-5.6	5586.7	3.5	-1293.5
1 月	4773.2	6.7	4992.5	2.7	-219.3
2 月	2711.3	3.4	5674.0	8.2	-2962.8
3 月	3320.8	6.0	5686.4	-17.8	-2365.6
4 月	7762.0	21.6	5666.7	22.6	2095.3
5 月	3236.5	5.3	6707.8	22.4	-3471.3
6 月	4662.6	11.5	5372.2	-16.8	-709.7
7 月	3303.8	19.6	5741.2	15.5	-2437.4
8 月	3065.4	8.3	6866.2	254.2	-3800.8
9 月	5269.9	12.7	4623.0	-27.6	646.9

资料来源:美国财政部。

注:美国财年是按上年 10 月至当年 9 月计算的,所列月份为日历月份。

2.1.12 美国联邦基金利率和贴现率

单位:%

年份	日 期	联邦基金利率	贴现率
2018 年			
	3 月 22 日	1.50—1.75	2.25
	6 月 14 日	1.75—2.00	2.50
	9 月 27 日	2.00—2.25	2.75
	12 月 20 日	2.25—2.50	3.00
2019 年			
	8 月 1 日	2.00—2.25	2.75
	9 月 19 日	1.75—2.00	2.50
	10 月 31 日	1.50—1.75	2.25
2020 年			
	3 月 3 日	1.00—1.25	1.75
	3 月 16 日	0.00—0.25	0.25
2022 年			
	3 月 17 日	0.25—0.50	0.50
	5 月 5 日	0.75—1.00	1.00
	6 月 16 日	1.50—1.75	1.75
	7 月 28 日	2.25—2.50	2.50
	9 月 22 日	3.00—3.25	3.25
	11 月 3 日	3.75—4.00	4.00
	12 月 15 日	4.25—4.50	4.50
2023 年			
	2 月 2 日	4.50—4.75	4.75
	3 月 23 日	4.75—5.00	5.00
	5 月 4 日	5.00—5.25	5.25
	7 月 27 日	5.25—5.50	5.50
2024 年			
	9 月 19 日	4.75—5.00	5.00
	11 月 8 日	4.50—4.75	4.75
	12 月 19 日	4.25—4.50	4.50

资料来源:美国联邦储备委员会。

2.2.01　欧元区国内生产总值及其构成增长率(环比)

单位:%

	2023 年	2024 年	2023 年				2024 年			
			一季度	二季度	三季度	四季度	一季度	二季度	三季度	四季度
国内生产总值	**0.4**	**0.9**	**0.0**	**0.1**	**0.0**	**0.1**	**0.3**	**0.2**	**0.4**	**0.2**
按需求构成分类										
国内需求										
私人消费支出	0.5	1.0	0.3	0.4	0.0	0.1	0.5	0.0	0.6	0.4
政府消费支出	1.4	2.8	0.3	0.3	0.8	0.7	0.3	1.1	0.9	0.4
固定资本形成	1.7	−1.9	1.3	−0.3	0.1	1.2	−2.0	−2.5	1.8	0.6
国外需求										
出口	−0.8	1.0	−0.9	−1.0	−1.0	0.3	1.1	1.5	−1.4	−0.1
进口	−1.4	0.2	−1.7	−0.1	−1.6	0.3	−0.2	1.0	0.5	−0.1
按产业构成分类										
农业、林业、渔业	0.3	−0.5	0.5	0.5	−1.2	0.4	0.9	−1.6	−0.5	0.4
工业(除建筑业)	−1.3	−1.0	−1.4	−0.2	−1.0	1.3	−1.6	−0.1	0.1	−0.2
制造业	−1.9	−1.6	−1.6	−0.2	−1.2	−0.7	−0.5	−0.2	0.3	0.0
建筑业	1.3	−1.5	3.2	−0.6	−0.6	−0.6	0.1	−1.0	−0.6	0.2
贸易零售、交通、旅馆、餐饮	−0.1	0.8	−0.4	0.1	0.0	−0.2	0.7	0.2	0.0	0.4
信息、通信	4.6	3.9	1.4	1.3	0.7	1.1	1.0	0.4	1.3	1.5
金融及保险	−1.3	0.4	−1.3	0.1	−0.3	−0.5	1.1	0.0	0.1	−1.1
房地产	1.6	1.9	0.6	0.0	0.1	0.7	1.0	0.3	0.1	0.5
专业技术服务	1.5	1.9	−0.1	0.4	0.6	0.8	0.1	0.7	0.4	0.0
公共管理和其他公共服务	1.1	1.6	0.1	0.0	0.4	0.4	0.3	0.4	0.7	0.6
艺术、娱乐及其他服务	3.9	1.2	1.6	0.8	1.1	−1.3	0.8	0.5	1.1	−0.9

资料来源:欧盟统计局。

注:为经季节调整数据。

2.2.02 欧元区国内生产总值及其构成增长率(同比)

单位:%

指　标	2023 年	2024 年	2023 年				2024 年			
			一季度	二季度	三季度	四季度	一季度	二季度	三季度	四季度
国内生产总值	**0.4**	**0.9**	**1.4**	**0.6**	**0.0**	**0.2**	**0.5**	**0.5**	**1.0**	**1.2**
按需求构成分类										
国内需求										
私人消费支出	0.5	1.0	1.3	0.5	-0.2	0.8	1.0	0.6	1.1	1.5
政府消费支出	1.4	2.8	0.6	1.0	2.0	2.1	2.2	3.0	3.1	2.8
固定资本形成	1.7	-1.9	2.6	1.9	1.1	2.3	-1.0	-3.2	-1.6	-2.1
国外需求										
出口	-0.8	1.0	2.8	0.0	-2.6	-2.5	-0.6	1.9	1.5	1.1
进口	-1.4	0.2	1.9	-0.1	-3.6	-3.1	-1.6	-0.5	1.6	1.2
按产业构成分类										
农业、林业、渔业	0.3	-0.5	0.7	1.5	-0.5	0.1	0.6	-1.5	-0.8	-0.8
工业(除建筑业)	-1.3	-1.0	0.1	-0.6	-2.2	-1.2	-1.4	-1.3	-0.2	-1.7
制造业	-1.9	-1.6	0.6	-0.4	-2.5	-3.8	-2.7	-2.7	-1.1	-0.4
建筑业	1.3	-1.5	1.5	1.6	1.8	1.4	-1.7	-2.1	-2.0	-1.3
贸易零售、交通、旅馆、餐饮	-0.1	0.8	1.7	-0.3	-0.7	-0.5	0.5	0.6	0.6	1.3
信息、通信	4.6	3.9	5.5	5.2	3.6	4.6	4.1	3.2	3.9	4.2
金融及保险	-1.3	0.4	-1.2	-0.7	-0.9	-1.9	0.4	0.3	0.7	0.0
房地产	1.6	1.9	2.3	1.6	1.3	1.4	1.8	2.1	2.0	1.8
专业技术服务	1.5	1.9	1.7	1.5	1.3	1.8	2.0	2.2	2.0	1.1
公共管理和其他公共服务	1.1	1.6	1.6	1.1	0.7	1.0	1.1	1.5	1.7	1.8
艺术、娱乐及其他服务	3.9	1.2	7.6	3.7	2.3	2.2	1.4	1.0	1.0	1.4

资料来源:欧盟统计局。

注:为经季节调整数据。

2.2.03 欧元区国内生产总值及其构成对经济增长的拉动

单位:百分点

	2023 年	2024 年	2023 年				2024 年			
			一季度	二季度	三季度	四季度	一季度	二季度	三季度	四季度
国内生产总值	**0.40**	**0.85**	**0.02**	**0.08**	**-0.01**	**0.06**	**0.32**	**0.17**	**0.42**	**0.23**
按需求构成分类										
国内需求										
私人消费支出	0.28	0.55	0.16	0.20	0.03	0.03	0.25	0.00	0.30	0.23
政府消费支出	0.30	0.59	0.06	0.07	0.17	0.16	0.06	0.24	0.20	0.09
固定资本形成	0.37	-0.41	0.29	-0.06	0.02	0.26	-0.44	-0.54	0.37	0.14
国外需求										
出口	-0.42	0.50	-0.43	-0.52	-0.54	0.17	0.57	0.74	-0.69	-0.04
进口	0.74	-0.09	0.86	0.04	0.82	-0.15	0.08	-0.49	-0.22	0.03
按产业构成分类										
农业、林业、渔业	0.01	-0.01	0.01	0.01	-0.02	0.01	0.01	-0.02	-0.01	0.01
工业(除建筑业)	-0.23	-0.17	-0.24	-0.04	-0.17	0.23	-0.28	-0.01	0.03	-0.03
制造业	-0.28	-0.22	-0.24	-0.04	-0.18	-0.11	-0.07	-0.03	0.05	-0.01
建筑业	0.06	-0.08	0.15	-0.03	-0.03	-0.03	0.00	-0.05	-0.03	0.01
贸易零售、交通、旅馆、餐饮	-0.02	0.14	-0.06	0.02	-0.01	-0.04	0.11	0.03	0.00	0.07
信息、通信	0.21	0.18	0.06	0.06	0.03	0.06	0.04	0.02	0.06	0.07
金融及保险	-0.05	0.02	-0.05	0.00	-0.01	-0.02	0.04	0.00	0.00	-0.05
房地产	0.16	0.19	0.06	0.00	0.01	0.07	0.10	0.03	0.01	0.05
专业技术服务	0.17	0.21	-0.01	0.05	0.07	0.09	0.01	0.07	0.04	0.00
公共管理和其他公共服务	0.18	0.26	0.02	0.00	0.07	0.08	0.04	0.06	0.11	0.09
艺术、娱乐及其他服务	0.11	0.03	0.04	0.02	0.03	-0.04	0.02	0.01	0.03	-0.03

资料来源:欧盟统计局。

注:季度数据为经季节调整后的环比拉动率。

2.2.04 欧元区工业生产指标

单位:%

年份 月份	工业生产增长速度	制造业增长速度	制造业生产能力利用率
2018 年	**0.9**	**1.1**	**83.7**
2019 年	**-1.0**	**-0.8**	**82.2**
2020 年	**-7.7**	**-8.3**	**74.5**
2021 年	**8.9**	**9.9**	**81.5**
2022 年	**1.8**	**2.5**	**82.3**
2023 年	**-1.7**	**-1.3**	**80.6**
1 月	0.9	1.8	
2 月	1.8	2.3	
3 月	0.7	1.6	81.1
4 月	0.3	1.2	
5 月	-1.0	0.0	
6 月	-0.4	0.6	81.3
7 月	-1.6	-0.8	
8 月	-3.6	-3.2	
9 月	-5.5	-5.2	80.5
10 月	-5.4	-5.7	
11 月	-3.9	-4.5	
12 月	-1.7	-2.1	79.6
2024 年	**-3.0**	**-3.3**	**78.2**
1 月	-5.4	-6.2	
2 月	-5.4	-5.4	
3 月	-3.2	-3.3	78.8
4 月	-3.2	-3.4	
5 月	-4.5	-4.8	
6 月	-4.1	-4.5	79.0
7 月	-2.3	-2.4	
8 月	-0.6	-0.7	
9 月	-2.2	-2.4	80.5
10 月	-1.1	-1.3	
11 月	-2.0	-2.2	
12 月	-1.5	-1.8	79.6

资料来源:欧盟统计局。

注:工业生产、制造业生产增长速度均按同比计算。

2.2.05 欧元区劳动力市场

单位:%

年份	月份	失业率	男	女	劳动生产率增长率
2018年		**8.2**	**7.9**	**8.6**	**0.1**
2019年		**7.6**	**7.3**	**8.0**	**0.3**
2020年		**8.0**	**7.7**	**8.3**	**-4.6**
2021年		**7.8**	**7.4**	**8.2**	**4.7**
2022年		**6.8**	**6.4**	**7.2**	**1.1**
2023年		**6.6**	**6.2**	**6.9**	**-1.0**
	1月	6.7	6.3	7.1	
	2月	6.6	6.3	7.0	
	3月	6.6	6.3	6.9	0.0
	4月	6.5	6.2	6.9	
	5月	6.5	6.2	6.9	
	6月	6.5	6.2	6.8	-1.1
	7月	6.6	6.2	7.0	
	8月	6.5	6.2	6.9	
	9月	6.6	6.2	7.0	-1.6
	10月	6.6	6.2	7.0	
	11月	6.5	6.3	6.8	
	12月	6.5	6.2	6.8	-1.3
2024年		**6.4**	**6.1**	**6.6**	**-0.1**
	1月	6.5	6.3	6.8	
	2月	6.5	6.3	6.9	
	3月	6.5	6.2	6.8	-0.9
	4月	6.4	6.1	6.8	
	5月	6.4	6.2	6.8	
	6月	6.4	6.2	6.7	-0.2
	7月	6.4	6.2	6.6	
	8月	6.3	6.1	6.5	
	9月	6.3	6.1	6.5	0.3
	10月	6.2	6.0	6.5	
	11月	6.2	6.0	6.4	
	12月	6.2	6.0	6.4	0.5

资料来源:欧盟统计局和欧洲央行。

注:工业生产、制造业生产增长速度均按同比计算。

2.2.06 欧元区价格涨跌率

单位:%

年度 月度	消费者价格涨跌率		核心 CPI①		生产者价格涨跌率	
	环比	同比	环比	同比	环比	同比
2018 年		**1.8**		**1.0**		**3.3**
2019 年		**1.2**		**1.0**		**0.7**
2020 年		**0.3**		**0.7**		**−2.6**
2021 年		**2.6**		**1.5**		**12.1**
2022 年		**8.4**		**3.9**		**32.7**
2023 年		**5.4**		**4.9**		**−2.0**
1 月	−0.2	8.6	−0.8	5.3	−2.6	14.6
2 月	0.8	8.5	0.8	5.6	−0.5	12.8
3 月	0.9	6.9	1.3	5.7	−1.1	6.2
4 月	0.6	7.0	1.0	5.6	−3.1	1.5
5 月	0.0	6.1	0.2	5.3	−1.8	−0.9
6 月	0.3	5.5	0.4	5.5	−0.3	−2.5
7 月	−0.1	5.3	−0.1	5.5	−0.5	−6.3
8 月	0.5	5.2	0.3	5.3	0.7	−9.2
9 月	0.3	4.3	0.2	4.5	0.6	−10.0
10 月	0.1	2.9	0.2	4.2	0.2	−8.1
11 月	−0.6	2.4	−0.6	3.6	−0.5	−7.8
12 月	0.2	2.9	0.5	3.4	−0.8	−9.3
2024 年		**2.4**		**2.8**		**−4.2**
1 月	−0.4	2.8	−0.9	3.3	−0.9	−7.8
2 月	0.6	2.6	0.7	3.1	−1.0	−8.2
3 月	0.8	2.4	1.1	2.9	−0.6	−7.7
4 月	0.6	2.4	0.7	2.7	−1.0	−5.7
5 月	0.2	2.6	0.4	2.9	−0.2	−4.2
6 月	0.2	2.5	0.4	2.9	0.6	−3.4
7 月	0.0	2.6	−0.2	2.9	0.8	−2.1
8 月	0.1	2.2	0.3	2.8	0.5	−2.3
9 月	−0.1	1.7	0.1	2.7	−0.6	−3.5
10 月	0.3	2.0	0.2	2.7	0.4	−3.3
11 月	−0.3	2.2	−0.6	2.7	1.7	−1.2
12 月	0.4	2.4	0.5	2.7	0.5	0.1

资料来源:欧盟统计局。

注:①不包括未加工食品和能源。

2.2.07 欧元区进出口贸易

单位:亿欧元

年度	月度	进出口额	进口额	出口额	出口额减进口额
2018 年		**43643**	**20922**	**22721**	**1798**
2019 年		**44652**	**21276**	**23376**	**2101**
2020 年		**40267**	**19005**	**21262**	**2257**
2021 年		**47546**	**23242**	**24305**	**1063**
2022 年		**60796**	**32076**	**28719**	**-3357**
2023 年		**56384**	**27905**	**28479**	**574**
	1 月	4799	2564	2235	-330
	2 月	4631	2301	2330	30
	3 月	5221	2519	2702	182
	4 月	4437	2278	2160	-118
	5 月	4865	2434	2432	-2
	6 月	4897	2364	2532	168
	7 月	4532	2236	2295	59
	8 月	4393	2172	2220	48
	9 月	4629	2267	2362	95
	10 月	4886	2394	2492	98
	11 月	4864	2342	2522	180
	12 月	4230	2033	2197	164
2024 年		**55523**	**26892**	**28631**	**1738**
	1 月	4411	2153	2259	106
	2 月	4469	2125	2344	219
	3 月	4701	2237	2464	227
	4 月	4803	2332	2471	140
	5 月	4685	2278	2407	129
	6 月	4519	2155	2364	209
	7 月	4823	2319	2504	185
	8 月	4298	2137	2161	24
	9 月	4610	2244	2366	122
	10 月	5025	2473	2552	79
	11 月	4811	2332	2478	146
	12 月	4367	2107	2260	154

资料来源:欧盟统计局。

注:贸易额不包括欧元区各成员国相互之间的贸易额。

2.2.08 欧元区外国直接投资

单位:亿欧元

年度 月度	流 入	流 出	流入减流出
2018 年	**-3091**	**-1990**	**-1101**
2019 年	**-171**	**434**	**-604**
2020 年	**1503**	**-173**	**1676**
2021 年	**-313**	**4044**	**-4358**
2022 年	**-1435**	**1212**	**-2647**
2023 年	**-3637**	**-3286**	**-351**
1 月	292	133	159
2 月	45	425	-380
3 月	-314	183	-498
4 月	-131	-421	290
5 月	101	-402	504
6 月	-846	-7	-839
7 月	265	-104	369
8 月	-4	70	-74
9 月	-39	72	-111
10 月	-943	-1000	57
11 月	-445	-372	-73
12 月	-1618	-1863	245
2024 年	**-1019**	**740**	**-1758**
1 月	-36	90	-127
2 月	-41	478	-519
3 月	401	714	-313
4 月	-259	200	-459
5 月	-450	-295	-156
6 月	-339	-222	-117
7 月	-119	144	-263
8 月	-19	-96	77
9 月	12	6	5
10 月	77	119	-42
11 月	15	68	-53
12 月	-259	-467	208

资料来源:欧洲央行。

注:外国直接投资额不包括欧元区各成员国相互之间的直接投资额。

2.2.09 欧元区预警指标和景气指标

年份	月份	先行指标	消费者信心指数	企业家信心指数	制造业采购经理人指数	服务业采购经理人指数
2023 年						
	1 月	98.5	-20.7	1.0	48.8	50.8
	2 月	98.7	-18.9	0.1	48.5	52.7
	3 月	98.9	-19.1	-0.8	47.3	55.0
	4 月	99.0	-17.4	-2.7	45.8	56.2
	5 月	99.0	-17.3	-5.2	44.8	55.1
	6 月	99.1	-16.1	-7.0	43.4	52.0
	7 月	99.1	-15.2	-9.1	42.7	50.9
	8 月	99.1	-16.0	-10.0	43.5	47.9
	9 月	99.2	-17.8	-8.8	43.4	48.7
	10 月	99.3	-18.0	-8.9	43.1	47.8
	11 月	99.4	-16.9	-9.5	44.2	48.7
	12 月	99.5	-15.0	-8.8	44.4	48.8
2024 年						
	1 月	99.6	-16.1	-9.2	46.6	48.4
	2 月	99.7	-15.5	-9.6	46.5	50.2
	3 月	99.8	-14.8	-8.9	46.1	51.5
	4 月	99.9	-14.7	-10.5	45.7	53.3
	5 月	100.0	-14.3	-10.1	47.3	53.2
	6 月	100.1	-13.9	-10.3	45.8	52.8
	7 月	100.2	-13.0	-10.7	45.8	51.9
	8 月	100.2	-13.4	-10.3	45.8	52.9
	9 月	100.3	-13.0	-11.1	45.0	51.4
	10 月	100.3	-12.5	-12.9	46.0	51.6
	11 月	100.3	-13.8	-11.4	45.2	49.5
	12 月	100.4	-14.5	-14.0	45.1	51.6

资料来源:OECD、欧盟统计局和 S&P Global。

注:先行指标因 OECD 欧元区经济领先指标停止编制,以欧洲四国(德国、法国、意大利、西班牙)经济领先指标反映欧元区经济未来趋势,长期趋势为 100。

2.2.10 欧元区货币供应量增长速度

单位:%

年度	月度	M_1	M_2	M_3
2018 年		**7.2**	**4.3**	**3.8**
2019 年		**7.7**	**5.6**	**5.2**
2020 年		**12.0**	**8.8**	**8.7**
2021 年		**11.8**	**8.5**	**8.6**
2022 年		**6.5**	**6.1**	**5.9**
2023 年		**-7.2**	**-0.3**	**0.5**
	1 月	-1.3	2.6	3.1
	2 月	-3.1	1.7	2.6
	3 月	-4.7	1.1	2.0
	4 月	-5.7	0.5	1.4
	5 月	-7.1	-0.2	0.9
	6 月	-8.0	-0.6	0.4
	7 月	-9.4	-1.6	-0.6
	8 月	-10.4	-2.4	-1.3
	9 月	-9.7	-2.1	-1.0
	10 月	-10.0	-2.1	-0.9
	11 月	-9.6	-1.9	-0.9
	12 月	-8.4	-0.9	0.1
2024 年		**-3.4**	**1.2**	**2.3**
	1 月	-8.7	-1.1	0.1
	2 月	-7.8	-0.6	0.4
	3 月	-6.4	0.0	1.1
	4 月	-6.1	0.0	1.2
	5 月	-5.0	0.6	1.5
	6 月	-3.1	1.4	2.4
	7 月	-3.1	1.2	2.3
	8 月	-1.8	1.9	3.0
	9 月	-1.4	1.9	3.0
	10 月	0.1	2.3	3.4
	11 月	1.7	3.1	3.9
	12 月	1.6	2.5	3.3

资料来源:欧洲央行。

注:M_1、M_2 和 M_3 的增长速度均按同比计算。

2.2.11 欧洲央行利率

单位:%

年份　　日期	隔夜存款利率	央行基准利率	隔夜贷款利率
2015 年			
12 月 3 日	−0.30	0.05	0.30
2016 年			
3 月 10 日	−0.40	0.00	0.25
2019 年			
9 月 12 日	−0.50	0.00	0.25
2022 年			
7 月 21 日	0.50	0.00	0.75
9 月 8 日	1.25	0.75	1.50
10 月 27 日	2.00	1.50	2.25
12 月 15 日	2.50	2.00	2.75
2023 年			
2 月 2 日	3.00	2.50	3.25
3 月 16 日	3.50	3.00	3.75
5 月 4 日	3.75	3.25	4.00
6 月 15 日	4.00	3.50	4.25
7 月 27 日	4.25	3.75	4.50
9 月 14 日	4.50	4.00	4.75
2024 年			
6 月 6 日	4.25	3.75	4.50
9 月 12 日	3.65	3.50	3.90
10 月 17 日	3.40	3.25	3.65
12 月 12 日	3.15	3.00	3.40
2025 年			
1 月 30 日	2.90	2.75	3.15
3 月 6 日	2.65	2.50	2.90

资料来源:欧洲央行。

2.3.01 日本国内生产总值及其构成增长率(环比)

单位:%

指标	2023 年	2024 年	2023 年				2024 年			
			一季度	二季度	三季度	四季度	一季度	二季度	三季度	四季度
国内生产总值	**1.5**	**0.1**	**1.2**	**0.6**	**-1.0**	**0.0**	**-0.5**	**0.8**	**0.4**	**0.6**
国内需求	0.5	0.2	1.1	-0.8	-1.0	0.1	-0.3	1.1	0.5	-0.2
个人需求	0.6	0.1	1.2	-0.7	-1.3	0.3	-0.3	0.9	0.7	-0.3
个人消费	0.8	0.0	1.1	-0.7	-0.6	-0.1	-0.5	0.8	0.7	0.0
家庭消费	0.8	-0.1	1.0	-0.8	-0.6	-0.1	-0.5	0.8	0.7	0.0
扣除估算租金	0.9	-0.1	1.2	-0.9	-0.7	-0.1	-0.6	0.9	0.9	0.0
个人住宅投资	1.5	-2.4	0.9	1.6	-0.8	-1.1	-2.7	1.4	0.5	-0.2
个人企业设备投资	1.5	1.2	1.8	-1.9	-0.3	1.9	-0.4	1.1	-0.1	0.6
政府需求	0.1	0.5	0.6	-1.2	0.0	-0.3	-0.3	1.8	-0.1	0.1
政府消费	-0.3	0.9	0.1	-1.5	0.5	0.0	0.2	1.0	0.1	0.4
政府投资	1.5	-1.1	3.1	0.1	-2.0	-1.6	-2.1	5.7	-1.2	-0.7
国外需求										
出口	3.0	1.0	-1.7	2.4	0.7	2.9	-4.1	1.7	1.5	1.0
进口	-1.5	1.3	-1.8	-4.1	0.4	3.1	-2.8	3.0	2.0	-2.1
备注										
国内收入	2.5	0.6	1.7	1.4	-0.7	-0.1	-0.5	1.1	0.4	0.7
收入	11.2	11.6	-8.7	6.7	1.4	3.9	1.4	5.7	2.4	-4.2
支付	39.0	15.8	12.8	4.9	6.9	4.0	4.6	2.3	3.3	-1.5
国民收入	2.3	1.1	0.4	1.8	-0.7	0.1	-0.5	1.5	0.5	0.3
固定资本形成总额	1.5	0.3	1.9	-1.0	-0.7	0.7	-1.0	2.0	-0.2	0.2

资料来源:日本内阁府。

2.3.02 日本国内生产总值及其构成增长率(同比)

单位:%

指　　标	2023年	2024年	2023年				2024年			
			一季度	二季度	三季度	四季度	一季度	二季度	三季度	四季度
国内生产总值	**1.5**	**0.1**	**2.3**	**1.7**	**1.1**	**0.8**	**-0.7**	**-0.7**	**0.7**	**1.1**
国内需求	0.5	0.2	2.7	0.5	-0.6	-0.7	-1.8	-0.1	1.5	1.1
个人需求	0.6	0.1	3.3	0.7	-1.0	-0.6	-1.7	-0.6	1.6	0.9
个人消费	0.8	0.0	3.3	0.5	0.0	-0.3	-1.6	-0.5	1.0	1.1
家庭消费	0.8	-0.1	3.5	0.4	-0.2	-0.4	-1.8	-0.5	1.0	1.1
扣除估算租金	0.9	-0.1	4.2	0.4	-0.2	-0.6	-2.2	-0.7	1.2	1.3
个人住宅投资	1.5	-2.4	-0.5	3.7	2.5	0.6	-3.3	-3.3	-2.1	-1.1
个人企业设备投资	1.5	1.2	4.8	0.8	-1.9	1.6	-0.7	2.4	2.5	1.2
政府需求	0.1	0.5	1.2	-0.2	0.4	-1.0	-2.0	1.3	1.2	1.5
政府消费	-0.3	0.9	1.3	-1.1	-0.2	-1.0	-0.8	1.6	1.3	1.7
政府投资	1.5	-1.1	0.3	5.3	2.3	-0.7	-6.2	0.5	0.9	1.4
国外需求										
出口	3.0	1.0	1.9	3.5	2.4	4.0	1.4	1.1	1.9	-0.2
进口	-1.5	1.3	4.0	-1.9	-5.3	-2.4	-3.4	3.8	5.3	-0.1
备注										
国内收入	2.5	0.6	1.8	2.7	3.2	2.4	0.2	-0.3	0.9	1.6
收入	11.2	11.6	10.4	19.3	12.5	2.8	13.3	13.2	14.4	5.0
支付	39.0	15.8	49.2	38.2	46.2	29.4	24.5	17.2	17.8	7.1
国民收入	2.3	1.1	1.6	2.9	3.1	1.6	0.7	0.3	1.7	1.6
固定资本形成总额	1.5	0.3	3.2	2.1	-0.4	1.0	-2.1	1.1	1.4	0.9

资料来源:日本内阁府。

2.3.03 日本国内生产总值构成对经济增长的拉动

单位:百分点

指标	2023年	2024年	2023年				2024年			
			一季度	二季度	三季度	四季度	一季度	二季度	三季度	四季度
国内生产总值	**1.5**	**0.1**	**1.2**	**0.6**	**-1.0**	**0.0**	**-0.5**	**0.8**	**0.4**	**0.6**
国内需求	0.5	0.2	1.1	-0.9	-1.0	0.1	-0.3	1.1	0.5	-0.2
个人需求	0.4	0.0	1.0	-0.6	-1.0	0.2	-0.2	0.7	0.5	-0.2
个人消费	0.5	0.0	0.6	-0.4	-0.3	0.0	-0.2	0.4	0.4	0.0
家庭消费	0.4	0.0	0.6	-0.4	-0.3	-0.1	-0.2	0.4	0.4	0.0
扣除估算租金	0.4	0.0	0.5	-0.4	-0.3	-0.1	-0.2	0.4	0.4	0.0
个人住宅投资	0.1	-0.1	0.0	0.1	0.0	0.0	-0.1	0.1	0.0	0.0
个人企业设备投资	0.3	0.2	0.3	-0.3	0.0	0.3	-0.1	0.2	0.0	0.1
个人存货变化	-0.3	-0.1	0.0	0.1	-0.6	0.0	0.2	0.0	0.1	-0.3
政府需求	0.0	0.1	0.2	-0.3	0.0	-0.1	-0.1	0.5	0.0	0.0
政府消费	-0.1	0.2	0.0	-0.3	0.1	0.0	0.0	0.2	0.0	0.1
政府投资	0.1	-0.1	0.2	0.0	-0.1	-0.1	-0.1	0.3	-0.1	0.0
政府存货变化	0.0	0.0	0.0	0.0	0.0	0.0	0.0	0.0	0.0	0.0
国外需求										
净出口	1.0	-0.1	0.1	1.5	0.0	-0.1	-0.3	-0.3	-0.1	0.7
出口	0.6	0.2	-0.4	0.5	0.1	0.6	-0.9	0.4	0.3	0.2
进口	0.4	-0.3	0.5	1.0	-0.1	-0.7	0.7	-0.7	-0.5	0.5
备注										
贸易收益/损失	0.9	0.5	0.4	0.7	0.3	-0.1	0.0	0.3	0.0	0.1
国内收入	2.5	0.6	1.7	1.4	-0.7	-0.1	-0.5	1.1	0.4	0.7
国外净收入	-0.1	0.5	-1.2	0.4	-0.1	0.2	0.0	0.5	0.1	-0.4
收入	0.9	1.1	-0.8	0.6	0.1	0.4	0.1	0.6	0.2	-0.4
支付	-1.0	-0.5	-0.4	-0.2	-0.2	-0.1	-0.2	-0.1	-0.1	0.1
国民收入	2.3	1.1	0.4	1.8	-0.7	0.1	-0.5	1.5	0.5	0.3
固定资本形成总额	0.4	0.1	0.5	-0.3	-0.2	0.2	-0.3	0.5	-0.1	0.1

资料来源:日本内阁府。
注:环比贡献。

2.3.04 日本工业生产指标

单位:%

年份　月份	工业生产增长率	制造业增长率	制造业产能利用率指数（2015年=100）	服务业活动指数（2010年=100）
2018年	**0.6**	**0.6**	**100.7**	**102.8**
2019年	**-2.6**	**-2.7**	**100.5**	**103.1**
2020年	**-10.4**	**-10.4**	**100.0**	**96.0**
2021年	**5.4**	**5.4**	**99.1**	**97.4**
2022年	**-0.1**	**-0.1**	**98.4**	**99.0**
2023年	**-1.3**	**-1.2**	**98.4**	**100.9**
1月	-3.0	-3.0	98.4	95.6
2月	-0.5	-0.4	98.3	94.8
3月	-0.8	-0.8	98.4	110.9
4月	-0.8	-0.7	98.1	98.1
5月	4.1	4.1	98.3	97.1
6月	-0.1	-0.1	98.4	100.8
7月	-2.6	-2.5	98.4	101.3
8月	-4.7	-4.7	98.3	100.5
9月	-4.5	-4.6	98.5	102.3
10月	0.9	0.9	98.6	101.2
11月	-1.6	-1.6	98.6	100.6
12月	-1.1	-1.2	98.5	107.5
2024年	**-2.6**	**-2.7**	**97.7**	**101.9**
1月	-1.5	-1.5	98.5	96.4
2月	-3.7	-3.7	98.4	97.5
3月	-6.2	-6.2	98.2	109.8
4月	-2.0	-1.9	98.0	99.7
5月	0.7	0.7	98.0	99.0
6月	-8.2	-8.2	97.8	100.8
7月	2.6	2.5	97.7	104.0
8月	-4.9	-4.9	97.3	100.6
9月	-3.2	-3.2	97.3	102.8
10月	0.8	0.8	97.4	102.4
11月	-3.3	-3.4	96.9	101.2
12月	-2.2	-2.2	96.9	108.7

资料来源:日本经济产业省。

注:工业生产和制造业增长率均按同比计算。

2.3.05 日本就业人数和失业率

年份 月份	劳动力总数（万人）	就业人数（万人）	失业人数（万人）	失业率（%）
2018年	**6849**	**6682**	**167**	**2.4**
2019年	**6912**	**6750**	**162**	**2.4**
2020年	**6902**	**6710**	**192**	**2.8**
2021年	**6907**	**6713**	**195**	**2.8**
2022年	**6902**	**6723**	**179**	**2.6**
2023年	**6925**	**6747**	**178**	**2.6**
1月	6912	6738	173	2.5
2月	6892	6713	178	2.6
3月	6925	6734	189	2.7
4月	6927	6749	179	2.6
5月	6918	6744	176	2.5
6月	6923	6749	174	2.5
7月	6928	6749	179	2.6
8月	6932	6748	183	2.6
9月	6936	6758	178	2.6
10月	6930	6752	177	2.6
11月	6949	6770	179	2.6
12月	6932	6758	174	2.5
2024年	**6957**	**6781**	**176**	**2.5**
1月	6935	6762	173	2.5
2月	6957	6775	181	2.6
3月	6944	6763	180	2.6
4月	6939	6758	181	2.6
5月	6946	6765	181	2.6
6月	6959	6783	176	2.5
7月	6956	6774	183	2.6
8月	6962	6790	172	2.5
9月	6954	6785	170	2.4
10月	6967	6794	172	2.5
11月	6978	6805	173	2.5
12月	6988	6814	172	2.5

资料来源：日本统计局。

注：月度为经过季节调整数据。

2.3.06 日本价格涨跌率

单位：%

年份	月份	消费价格涨跌率		生产者价格涨跌率	
		环比	同比	环比	同比
2018年			**1.0**		**2.6**
2019年			**0.5**		**0.2**
2020年			**0.0**		**-1.2**
2021年			**-0.2**		**4.6**
2022年			**2.5**		**9.8**
2023年			**3.2**		**4.3**
	1月	0.5	4.3	0.1	9.6
	2月	-0.6	3.3	-0.2	8.4
	3月	0.4	3.2	0.1	7.4
	4月	0.6	3.5	0.5	6.1
	5月	0.1	3.2	-0.7	5.4
	6月	0.1	3.3	0.0	4.5
	7月	0.5	3.3	0.1	3.7
	8月	0.3	3.2	0.3	3.5
	9月	0.3	3.0	-0.2	2.4
	10月	0.9	3.3	-0.2	1.2
	11月	-0.2	2.8	0.3	0.6
	12月	-0.1	2.6	0.3	0.3
2024年			**2.7**		**2.3**
	1月	0.1	2.2	0.1	0.3
	2月	0.0	2.8	0.2	0.7
	3月	0.3	2.7	0.3	0.9
	4月	0.4	2.5	0.5	0.9
	5月	0.4	2.8	0.7	2.3
	6月	0.1	2.8	0.2	2.6
	7月	0.4	2.8	0.6	3.1
	8月	0.5	3.0	-0.2	2.6
	9月	-0.3	2.5	0.3	3.1
	10月	0.6	2.3	0.4	3.7
	11月	0.4	2.9	0.3	3.8
	12月	0.6	3.6	0.4	3.9

资料来源：日本统计局和日本央行。

2.3.07 日本进出口贸易和外国直接投资

单位:亿日元

年份	月份	进出口贸易			外国直接投资		
		出口额	进口额	出口减进口	流入	流出	流入减流出
2018年		**814788**	**827033**	**-12246**	**27949**	**177041**	**-149092**
2019年		**769317**	**785995**	**-16678**	**43659**	**282251**	**-238592**
2020年		**683991**	**680108**	**3883**	**67015**	**160912**	**-93897**
2021年		**830914**	**848750**	**-17836**	**38140**	**229872**	**-191732**
2022年		**981736**	**1185032**	**-203295**	**63004**	**231058**	**-168054**
2023年		**1008730**	**1103951**	**-95221**	**29482**	**270022**	**-240540**
	1月	65500	100889	-35389	-6551	13581	-20132
	2月	76540	85957	-9417	-104	17041	-17145
	3月	88230	95782	-7552	11018	16242	-5224
	4月	82909	87530	-4621	-7714	15422	-23136
	5月	72918	86799	-13881	244	23404	-23160
	6月	87408	87054	354	6581	23925	-17344
	7月	87241	87921	-680	-1911	34454	-36365
	8月	79942	89464	-9522	-1198	32010	-33208
	9月	91986	91656	331	16235	23044	-6809
	10月	91451	98480	-7029	-1429	15789	-17218
	11月	88180	96318	-8139	6056	23043	-16987
	12月	96424	96101	324	8256	32068	-23812
2024年		**1070879**	**1125591**	**-54712**	**25648**	**316325**	**-290677**
	1月	73327	91238	-17911	-19795	16935	-36730
	2月	82489	86643	-4154	-2027	15946	-17973
	3月	94749	91250	3499	14642	30694	-16052
	4月	89796	94843	-5047	2363	23534	-21171
	5月	82777	95029	-12252	1341	37573	-36232
	6月	92089	89875	2213	12024	28562	-16538
	7月	96116	102399	-6283	-1376	29511	-30887
	8月	84325	91439	-7114	-7828	23159	-30987
	9月	90369	93430	-3061	15356	26225	-10869
	10月	94256	98979	-4723	-4551	13473	-18024
	11月	91520	92676	-1155	4536	28820	-24284
	12月	99067	97790	1277	10964	41892	-30928

资料来源:日本财务省。

注:月度贸易额为经季节调整数据。

2.3.08 日本预警指标和景气指标

年份	月份	先行指数	同步指数	滞后指数	消费者信心指数	企业家信心指数
2023年						
	1月	108.9	112.6	105.4	31.0	48.6
	2月	109.3	114.3	105.2	30.9	48.7
	3月	109.1	114.4	105.2	34.0	51.7
	4月	108.9	114.4	105.6	35.0	52.8
	5月	109.6	114.9	106.3	36.2	53.7
	6月	109.9	114.8	106.5	36.8	53.9
	7月	109.7	114.8	106.1	37.1	53.2
	8月	110.5	115.1	106.2	36.1	50.1
	9月	110.4	115.8	106.6	35.6	49.6
	10月	109.6	115.6	107.2	35.9	49.7
	11月	109.6	114.7	107.1	35.8	48.8
	12月	110.7	115.9	107.8	36.9	49.2
2024年						
	1月	110.3	112.7	106.2	37.7	51.6
	2月	111.8	112.5	107.5	38.6	52.9
	3月	111.8	113.6	107.3	39.7	50.1
	4月	110.8	114.3	107.1	38.3	48.1
	5月	110.7	115.2	108.8	36.7	48.1
	6月	109.2	114.2	108.1	37.1	49.4
	7月	109.0	115.3	108.5	37.1	50.4
	8月	107.2	113.5	108.9	36.7	50.4
	9月	108.3	114.1	108.0	37.0	49.8
	10月	108.5	115.5	108.7	36.1	47.6
	11月	107.7	114.8	109.1	35.8	47.8
	12月	107.9	116.0	109.4	35.9	47.9

资料来源:日本内阁府。

注:先行指数、同步指数和滞后指数以 2020 年为 100。

消费者信心指数和企业家信心指数是 50 为基点的百分点差值。

2.3.09 日本利率

单位:%

年份 月份	官方利率	基本贷款利率	隔夜拆借利率
2018 年	**0.30**	**1.475**	**−0.060**
2019 年	**0.30**	**1.475**	**−0.052**
2020 年	**0.30**	**1.475**	**−0.035**
2021 年	**0.30**	**1.475**	**−0.024**
2022 年	**0.30**	**1.475**	**−0.031**
2023 年	**0.30**	**1.475**	**−0.033**
1 月	0.30	1.475	−0.020
2 月	0.30	1.475	−0.019
3 月	0.30	1.475	−0.017
4 月	0.30	1.475	−0.015
5 月	0.30	1.475	−0.051
6 月	0.30	1.475	−0.066
7 月	0.30	1.475	−0.046
8 月	0.30	1.475	−0.063
9 月	0.30	1.475	−0.054
10 月	0.30	1.475	−0.020
11 月	0.30	1.475	−0.015
12 月	0.30	1.475	−0.012
2024 年	**0.38**	**1.525**	**0.121**
1 月	0.30	1.475	−0.014
2 月	0.30	1.475	−0.006
3 月	0.30	1.475	0.022
4 月	0.30	1.475	0.077
5 月	0.30	1.475	0.077
6 月	0.30	1.475	0.077
7 月	0.30	1.475	0.078
8 月	0.50	1.475	0.227
9 月	0.50	1.625	0.227
10 月	0.50	1.625	0.227
11 月	0.50	1.625	0.227
12 月	0.50	1.625	0.227

资料来源:日本央行。

2.4.01 其他主要国家和地区国内生产总值同比增长率

单位:%

年度	季度	加拿大	英国	南非	巴西	印度	俄罗斯	韩国	墨西哥	中国香港	中国台湾	越南	印度尼西亚
2018年		**2.7**	**1.4**	**1.6**	**1.8**	**6.5**	**2.8**	**3.2**	**2.0**	**2.8**	**2.9**	**7.1**	**5.2**
2019年		**1.9**	**1.6**	**0.3**	**1.2**	**3.9**	**2.2**	**2.3**	**-0.4**	**-1.7**	**3.1**	**7.0**	**5.0**
2020年		**-5.0**	**-10.3**	**-6.2**	**-3.3**	**-5.8**	**-2.7**	**-0.7**	**-8.4**	**-6.5**	**3.4**	**2.9**	**-2.1**
2021年		**6.0**	**8.6**	**5.0**	**4.8**	**9.7**	**5.9**	**4.6**	**6.1**	**6.5**	**6.7**	**2.6**	**3.7**
2022年		**4.2**	**4.8**	**1.9**	**3.0**	**7.6**	**-1.4**	**2.7**	**3.7**	**-3.7**	**2.7**	**8.0**	**5.3**
2023年		**1.5**	**0.4**	**0.7**	**3.2**	**9.2**	**4.1**	**1.4**	**3.2**	**3.2**	**1.1**	**5.0**	**5.0**
	1季度	2.4	0.9	0.5	4.4	6.9	-0.9	1.1	3.8	2.7	-3.5	3.4	5.0
	2季度	1.6	0.6	1.8	3.9	9.7	5.3	1.0	3.4	1.6	1.5	4.3	5.2
	3季度	0.9	0.3	-0.9	2.4	9.3	6.2	1.4	3.5	4.2	1.6	5.5	4.9
	4季度	1.2	-0.3	1.4	2.4	9.5	5.3	2.1	2.4	4.3	4.7	6.7	5.0
2024年		**1.5**	**0.9**	**0.6**	**3.4**	**6.5**	**4.3**	**2.0**	**1.2**	**2.5**	**4.6**	**7.1**	**5.0**
	1季度	0.7	0.5	0.6	2.6	8.4	5.4	3.3	1.5	2.8	6.6	6.0	5.1
	2季度	1.2	0.9	0.4	3.3	6.5	4.3	2.3	2.2	3.1	4.9	7.3	5.1
	3季度	1.9	1.0	0.4	4.0	5.6	3.3	1.5	1.7	1.9	4.2	7.4	5.0
	4季度	2.4	1.4	0.9	3.6	6.2	4.5	1.2	0.5	2.4	2.9	7.6	5.0

资料来源:各经济体官方统计网站。

注:印度数据为财政年度数据。

2.4.02 其他主要国家和地区居民消费价格同比涨跌率

单位:%

年度	季度	加拿大	英国	南非	巴西	印度	俄罗斯	韩国	墨西哥	中国香港	中国台湾	越南	印度尼西亚
2018 年		**2.3**	**2.5**	**4.7**	**3.7**	**3.9**	**2.9**	**1.5**	**4.9**	**2.4**	**1.4**	**3.5**	**3.2**
2019 年		**1.9**	**1.8**	**4.1**	**3.7**	**3.7**	**4.5**	**0.4**	**3.6**	**2.9**	**0.6**	**2.8**	**3.0**
2020 年		**0.7**	**0.9**	**3.3**	**3.2**	**6.6**	**3.4**	**0.5**	**3.4**	**0.3**	**-0.2**	**3.2**	**2.0**
2021 年		**3.4**	**2.6**	**4.5**	**8.3**	**5.1**	**6.7**	**2.5**	**5.7**	**1.6**	**2.0**	**1.8**	**1.6**
2022 年		**6.8**	**9.1**	**6.9**	**9.3**	**6.7**	**13.8**	**5.1**	**7.9**	**1.9**	**2.9**	**3.2**	**4.2**
2023 年		**3.9**	**7.3**	**6.0**	**4.6**	**5.7**	**5.7**	**3.6**	**5.5**	**2.1**	**2.5**	**3.3**	**3.4**
2024 年		**2.4**	**2.5**	**4.4**	**4.4**	**4.9**	**8.5**	**2.3**	**4.7**	**1.7**	**2.2**	**3.6**	**2.3**
	1 月	2.9	4.0	5.3	4.5	5.1	7.4	2.8	4.9	1.7	1.8	3.4	2.6
	2 月	2.8	3.4	5.6	4.5	5.1	7.7	3.1	4.4	2.1	3.1	4.0	2.8
	3 月	2.9	3.2	5.3	3.9	4.9	7.7	3.1	4.4	2.0	2.1	4.0	3.1
	4 月	2.7	2.3	5.2	3.7	4.8	7.8	2.9	4.7	1.1	1.9	4.4	3.0
	5 月	2.9	2.0	5.2	3.9	4.8	8.3	2.7	4.7	1.2	2.2	4.4	2.8
	6 月	2.7	2.0	5.1	4.2	5.1	8.6	2.4	5.0	1.5	2.4	4.3	2.5
	7 月	2.5	2.2	4.6	4.5	3.6	9.1	2.6	5.6	2.5	2.5	4.4	2.1
	8 月	2.0	2.2	4.4	4.2	3.7	9.1	2.0	5.0	2.5	2.4	3.5	2.1
	9 月	1.6	1.7	3.8	4.4	5.5	8.6	1.6	4.6	2.2	1.8	2.6	1.8
	10 月	2.0	2.3	2.8	4.8	6.2	8.5	1.3	4.8	1.4	1.7	2.9	1.7
	11 月	1.9	2.6	2.9	4.9	5.5	8.9	1.5	4.6	1.4	2.1	2.8	1.6
	12 月	1.8	2.5	3.0	4.8	5.2	9.5	1.9	4.2	1.4	2.1	2.9	1.6

资料来源:各经济体官方统计网站。

2.4.03　其他主要国家和地区失业率

单位:%

年度　　月份	加拿大	英国	南非	巴西	印度	俄罗斯	韩国	墨西哥	中国香港	中国台湾	越南	印度尼西亚
2018 年	**5.8**	**4.1**	**27.1**	**12.4**	**5.3**	**4.8**	**3.8**	**3.3**	**2.8**	**3.7**	**2.2**	**5.2**
2019 年	**5.7**	**3.8**	**28.7**	**12.1**	**7.4**	**4.6**	**3.8**	**3.5**	**2.9**	**3.7**	**2.2**	**5.1**
2020 年	**9.7**	**4.6**	**29.2**	**13.5**	**10.4**	**5.8**	**4.0**	**4.4**	**5.8**	**3.9**	**2.5**	**6.0**
2021 年	**7.5**	**4.6**	**34.3**	**13.5**	**7.8**	**4.8**	**3.7**	**4.1**	**5.2**	**4.0**	**3.1**	**6.4**
2022 年	**5.3**	**3.8**	**33.5**	**9.5**	**7.6**	**3.9**	**2.9**	**3.3**	**4.3**	**3.7**	**2.3**	**5.8**
2023 年	**5.4**	**4.1**	**32.4**	**8.0**	**8.1**	**3.2**	**2.7**	**2.8**	**2.9**	**3.5**	**2.3**	**5.4**
2024 年	**6.4**	**4.3**	**32.6**	**6.9**	**8.0**	**2.5**	**2.8**	**2.7**	**3.0**	**3.4**	**2.2**	**4.9**
1 月	5.7	4.1		7.6	7.4	2.9	2.9	2.9	2.9	3.4		
2 月	5.9	4.2		7.8	8.1	2.8	2.7	2.5	2.9	3.4		
3 月	6.1	4.3	32.9	7.9	7.4	2.7	2.8	2.3	3.0	3.4	2.2	4.8
4 月	6.2	4.4		7.5	8.1	2.6	2.8	2.6	3.0	3.4		
5 月	6.3	4.4		7.1	7.0	2.6	2.8	2.6	3.0	3.4		
6 月	6.4	4.2	33.5	6.9	9.2	2.4	2.8	2.8	3.0	3.3	2.3	
7 月	6.4	4.2		6.8	7.9	2.4	2.6	2.9	3.0	3.3		
8 月	6.7	4.1		6.6	8.5	2.4	2.5	3.0	3.0	3.4		
9 月	6.6	4.3	32.1	6.4	7.8	2.4	2.5	2.9	3.0	3.4	2.2	4.9
10 月	6.6	4.3		6.2	8.7	2.3	2.7	2.5	3.1	3.4		
11 月	6.9	4.4		6.1	8.0	2.3	2.7	2.6	3.1	3.4		
12 月	6.7	4.4	31.9	6.2	8.3	2.3	3.7	2.4	3.1	3.4	2.2	

资料来源:各经济体官方统计网站。

注:①南非失业率为所在月度的季度失业率。

②英国、巴西和中国香港月度数据为截至当月的 3 个月移动平均失业率。

③加拿大、英国、韩国和中国香港为经季节因素调整后的失业率。

2.4.04 其他主要国家和地区进出口额

单位:亿美元

年份 月份	加拿大			英 国			南 非			巴 西		
	出口额	进口额	出口减进口	出口额	进口额	出口减进口	出口额	进口额	出口减进口	出口额	进口额	出口减进口
2018 年	**4523.1**	**4691.1**	**-167.9**	**4864.4**	**6724.5**	**-1860.1**	**939.7**	**1139.7**	**-200.0**	**2318.9**	**1853.2**	**465.7**
2019 年	**4488.2**	**4629.9**	**-141.8**	**4600.3**	**6962.1**	**-2361.8**	**900.2**	**1075.4**	**-175.2**	**2211.3**	**1859.3**	**352.0**
2020 年	**3907.6**	**4209.3**	**-301.7**	**3995.3**	**6382.5**	**-2387.2**	**858.3**	**840.6**	**17.7**	**2091.8**	**1587.9**	**503.9**
2021 年	**5079.9**	**5060.5**	**19.4**	**4705.1**	**6946.4**	**-2241.3**	**1235.7**	**1139.9**	**95.8**	**2808.1**	**2194.1**	**614.1**
2022 年	**5990.3**	**5835.5**	**154.8**	**5329.8**	**8235.5**	**-2933.3**	**1229.0**	**1362.1**	**-133.1**	**3341.4**	**2726.1**	**615.3**
2023 年	**5689.4**	**5704.8**	**-15.4**	**5210.4**	**7915.2**	**-2704.8**	**1108.5**	**1307.5**	**-198.9**	**3397.0**	**2407.9**	**989.0**
2024 年	**5679.8**	**5733.0**	**-53.1**	**5128.4**	**8159.7**	**-3031.3**	**1100.8**	**1011.3**	**89.5**	**3370.5**	**2628.7**	**741.8**
1 月	449.9	428.6	21.3	444.8	636.7	-191.9	76.6	81.6	-5.0	267.0	205.1	62.0
2 月	457.7	451.8	5.9	429.4	597.6	-168.2	85.0	77.6	7.3	233.5	182.2	51.3
3 月	485.1	488.8	-3.7	434.7	645.6	-210.9	86.7	83.1	3.6	276.6	204.9	71.7
4 月	475.5	490.3	-14.8	406.8	666.7	-259.8	89.6	84.2	5.5	303.3	219.0	84.3
5 月	480.0	491.9	-12.0	406.3	636.4	-230.1	96.2	85.8	10.4	301.9	218.9	83.0
6 月	486.6	484.0	2.7	398.3	713.0	-314.7	93.1	80.1	13.0	287.3	224.0	63.3
7 月	471.5	475.7	-4.2	383.3	695.2	-311.9	95.8	86.2	9.6	308.4	232.9	75.5
8 月	460.7	495.2	-34.5	403.9	659.3	-255.5	91.7	88.6	3.1	287.4	242.2	45.2
9 月	466.4	483.6	-17.2	419.9	664.6	-244.7	96.7	89.7	7.0	284.7	233.9	50.8
10 月	493.2	503.6	-10.4	448.7	841.4	-392.7	101.4	93.8	7.7	293.0	252.1	40.9
11 月	470.2	476.1	-5.9	491.6	747.4	-255.9	100.5	81.4	19.0	278.6	211.1	67.5
12 月	483.1	463.3	19.8	460.9	655.9	-195.0	87.5	79.3	8.2	248.8	202.5	46.4

资料来源:各经济体官方统计网站和世界贸易组织。

注:加拿大和英国为经季节调整数据。

2.4.04　续表1

单位:亿美元

年份　月份	印度			俄罗斯			韩国			墨西哥		
	出口额	进口额	出口减进口	出口额	进口额	出口减进口	出口额	进口额	出口减进口	出口额	进口额	出口减进口
2018年	**3246.9**	**5136.9**	**-1890.0**	**4439.1**	**2488.6**	**1950.6**	**6048.6**	**5352.0**	**696.6**	**4507.1**	**4643.0**	**-135.9**
2019年	**3242.0**	**4859.2**	**-1617.3**	**4197.2**	**2538.8**	**1658.5**	**5422.3**	**5033.4**	**388.9**	**4606.0**	**4552.4**	**53.6**
2020年	**2764.7**	**3732.8**	**-968.2**	**3335.3**	**2400.9**	**934.4**	**5125.0**	**4676.3**	**448.7**	**4171.7**	**3829.9**	**341.8**
2021年	**3954.7**	**5731.7**	**-1777.0**	**4941.6**	**3010.5**	**1931.2**	**6444.0**	**6150.9**	**293.1**	**4949.5**	**5057.0**	**-107.5**
2022年	**4532.6**	**7202.0**	**-2669.4**	**5920.8**	**2765.1**	**3155.6**	**6835.8**	**7313.7**	**-477.8**	**5777.0**	**6046.1**	**-269.2**
2023年	**4314.4**	**6737.2**	**-2423.0**	**4244.8**	**3028.7**	**1216.2**	**6322.3**	**6425.7**	**-103.5**	**5930.1**	**5984.8**	**-54.7**
2024年	**4409.1**	**7174.2**	**-2765.1**	**4337.8**	**2995.7**	**1342.1**	**6836.1**	**6317.7**	**518.4**	**6171.0**	**6253.1**	**-82.1**
1月	369.2	544.1	-174.9	285.7	214.0	71.7	547.1	544.7	2.4	421.4	462.7	-41.3
2月	414.0	601.1	-187.1	316.4	227.9	88.5	520.8	482.2	38.5	507.4	513.1	-5.6
3月	416.8	572.8	-156.0	414.4	227.4	187.1	565.2	521.1	44.1	506.5	486.5	19.9
4月	349.9	540.9	-191.0	340.4	222.9	117.6	561.5	548.2	13.3	513.2	550.7	-37.5
5月	381.3	619.1	-237.8	366.0	245.3	120.7	580.2	531.3	48.9	556.7	536.8	19.9
6月	352.0	561.8	-209.8	356.9	238.9	118.0	573.4	490.9	82.5	488.7	499.1	-10.4
7月	339.8	574.8	-235.0	356.2	253.4	102.8	574.6	538.4	36.2	547.9	548.6	-0.7
8月	347.1	643.6	-296.5	349.4	255.7	93.7	576.4	540.5	35.9	519.2	567.8	-48.7
9月	345.8	553.6	-207.8	389.8	267.7	122.1	585.4	521.0	64.4	496.3	502.0	-5.8
10月	392.0	663.4	-271.4	376.1	281.6	94.5	575.0	543.3	31.7	576.7	573.0	3.7
11月	321.1	699.5	-378.4	392.4	267.8	124.6	562.9	507.2	55.7	520.2	521.6	-1.3
12月	380.1	599.5	-219.4	393.9	293.0	100.9	613.6	548.7	64.9	516.9	491.2	25.7

资料来源:各经济体官方统计网站。

2.4.04 续表 2

单位:亿美元

年份 月份	中国香港			中国台湾			越南			印度尼西亚		
	出口额	进口额	出口减进口	出口额	进口额	出口减进口	出口额	进口额	出口减进口	出口额	进口额	出口减进口
2018 年	**5684.5**	**6266.2**	**−581.6**	**3340.1**	**2847.9**	**492.2**	**2426.8**	**2355.1**	**71.7**	**1800.1**	**1887.1**	**−87.0**
2019 年	**5348.9**	**5778.3**	**−429.5**	**3291.6**	**2856.5**	**435.1**	**2643.4**	**2539.0**	**104.5**	**1676.8**	**1712.8**	**−35.9**
2020 年	**5487.7**	**5697.7**	**−210.0**	**3451.3**	**2861.5**	**589.8**	**2813.1**	**2629.5**	**183.6**	**1633.1**	**1415.7**	**217.4**
2021 年	**6699.0**	**7123.6**	**−424.6**	**4463.7**	**3819.6**	**644.1**	**3347.4**	**3305.0**	**42.4**	**2315.2**	**1961.9**	**353.3**
2022 年	**6099.3**	**6675.5**	**−576.3**	**4794.2**	**4280.8**	**513.3**	**3704.6**	**3585.2**	**119.4**	**2919.8**	**2374.5**	**545.3**
2023 年	**5738.7**	**6537.0**	**−798.3**	**4324.2**	**3516.3**	**807.9**	**3530.2**	**3262.9**	**267.3**	**2587.8**	**2218.9**	**368.9**
2024 年	**6455.4**	**7041.4**	**−586.1**	**4750.0**	**3943.7**	**806.3**	**4032.3**	**3791.1**	**241.2**	**2647.0**	**2336.6**	**310.4**
1 月	613.8	633.9	−20.2	370.8	345.8	25.0	345.3	309.0	36.3	204.9	184.9	20.0
2 月	396.9	472.2	−75.3	314.2	235.1	79.1	246.9	233.0	13.9	192.7	184.4	8.3
3 月	543.0	610.0	−67.0	418.0	331.0	87.0	340.1	310.8	29.3	225.4	179.6	45.8
4 月	525.1	538.9	−13.8	374.5	311.8	62.7	311.0	299.9	11.1	196.1	169.0	27.2
5 月	520.0	547.6	−27.7	373.3	313.0	60.3	322.7	327.2	−4.5	223.3	194.0	29.3
6 月	517.0	593.0	−76.0	398.8	351.8	47.0	336.6	304.6	32.0	208.5	184.5	23.9
7 月	542.0	571.3	−29.3	399.2	350.6	48.6	362.4	338.8	23.6	222.4	217.4	5.0
8 月	527.4	584.1	−56.7	436.3	321.2	115.0	377.9	337.4	40.5	234.4	206.7	27.8
9 月	559.1	640.8	−81.7	405.5	334.3	71.3	340.5	317.6	22.9	220.6	188.2	32.3
10 月	557.8	605.9	−48.2	412.9	342.5	70.4	356.3	336.0	20.3	244.2	219.4	24.8
11 月	565.8	622.1	−56.3	410.8	331.4	79.4	337.3	326.7	10.6	240.1	195.9	44.2
12 月	587.7	621.5	−33.9	435.7	375.1	60.6	355.3	350.1	5.2	234.6	212.2	22.4

资料来源:各经济体官方统计网站和世界贸易组织。